## G-TELP SPEAKING TEST

# 퀵 기본서
# 지텔프 스피킹

G-TELP 공식주관사

🎙 G-TELP Speaking Test 시험 화면 구성 수록
🎙 G-TELP Speaking Test 공략 Tip!
🎙 실전 모의고사 2회분 수록

**G-TELP** 영어연구소 저

G-TELP
KOREA
공식수험서

## G-TELP 주관사

G-TELP KOREA는 신뢰성, 타당성, 실용성을 갖춘 종합적인 영어평가라는 모토 아래 ITSC의 글로벌 파트너로서 1985년부터 G-TELP 시험을 주관하는 어학평가, 교육, 출판 전문 기업입니다. G-TELP KOREA는 업무 협약을 통해 한국 내 G-TELP 시험의 시행, 마케팅, 홍보, 출판, 교육에 대한 운영을 담당하고 있습니다.

## G-TELP 영어연구소

G-TELP 영어연구소는 국내외 영어 콘텐츠 전문 연구진들로 이루어진 조직으로서, G-TELP 시험을 전문적으로 분석 및 연구해오고 있습니다. 다년간 쌓아온 디지털 데이터베이스와 정확한 데이터를 분석하는 툴을 기반으로 G-TELP의 모든 시험을 대비할 수 있는 수험서, 일반 영어, 비즈니스 영어, 전문 영어 등 다양한 분야의 영어학습서를 기획, 집필, 편집, 출간하고 있습니다.

퀵 기본서 지텔프 스피킹

초판 인쇄 2022년 04월 08일

발행인 김현중
출판사 G-TELP KOREA 출판사업본부
저자 G-TELP 영어연구소
집필 안수진, 강지현

ISBN 978-89-91164-61-1
정가 20,900원

도서 문의 안내
PHONE 1577-3836
FAX 02-454-2137

# PREFACE

안녕하세요. G-TELP 연구소입니다.

G-TELP는 1985년 ITSC 주관으로 개발 검증된 이래 세계 여러 나라 정부 기관과 기업에서 영어 활용능력 평가 도구로 활용되고 있는 국제 공인 영어 시험입니다.

외국어, 특히 영어를 학습하는 가장 큰 목적은 해당 언어를 이용해 원활한 의사소통(communication)을 하기 위해서입니다. 의사소통이라 하면, 두 사람 이상의 대화자 간의 정보교환을 의미하므로 실제적인 의사소통 능력을 평가하기 위해서는 평가자와 수험자의 면대면 평가가 이루어져야 합니다. 그러나 언택트(Untact) 시대가 도래하면서 공간적, 시간적, 경제적 제약으로 현실화가 쉽지 않습니다. 지금까지는 듣기, 읽기, 문법, 어휘 등의 기능을 중심으로 한 지필 시험의 결과를 토대로 개인의 말하기 능력을 간접적으로 가늠할 수 밖에 없었습니다.

개인의 의사소통 능력을 평가하는데 이렇게 간접적인 방식으로 그 능력을 유추해 내는 데는 한계가 있습니다. 이런 이유로 외국인들을 상대하는 일반 기업체는 물론, 해외 산업을 지원하는 민간업체, 공기업 및 국내 학생들이 지원하는 해외 유수 대학들은 좀 더 정확한 말하기 능력을 평가하기 위해 직접적인 방식의 시험을 요구하고 있으며, 그 필요와 요구는 점차적으로 증가하고 있습니다.

대화자 간의 상호 응대(interaction)가 중요하게 인식되고 있는 추세에 따라 단순히 지시문을 듣고 따르거나 정보를 파악하는 정도의 피동적이며 한정적인 영어 능력에 대한 평가를 넘어, 다양한 상황에 적절한 정보를 제공하거나 의견을 피력하면서 상대방의 요구에 대해 즉각적으로 대처할 수 있는 실제적이며 능동적인 말하기 능력에 대한 요구도 증가하고 있습니다.

G-TELP Speaking Test(GST)는 모의 인터뷰 형식의 말하기 평가입니다. 말하기 능력에 대한 평가를 요구하는 시험이며, 개인 신상에 대한 간단한 정보를 제공하는 것에서부터 특정 주제에 대한 자신의 의견 피력, 두 사람 간의 갈등에 대한 해결책을 제시하는 것까지 다양한 주제와 기능을 포괄하는 시험입니다. 또한 문법, 발음, 어휘, 표현력, 유창도 등을 각 영역별 점수로 환산하여 수험자의 말하기 능력에 대한 정확하고 상세한 정보를 제공함으로써 평가를 요구하는 기관이나 기업체에게 개인의 영어실력에서 취약점이 무엇이며, 어느 정도의 영어 구사력을 가지는지 한눈에 파악할 수 있도록 해줍니다. 뿐만 아니라 학습자 스스로 미비한 부분을 쉽게 진단할 수 있도록 학습 방향을 제시하여 향후 학습에 대한 상세한 가이드라인을 제시합니다.

본 수험서는 기획 단계에서부터 한국인의 영어 말하기 특성을 분석하고, 한국인 수험자들을 대상으로 모의테스트를 시행, 분석해 놓은 예시 답안을 바탕으로 한국인이 범하기 쉬운 문법적 오류 및 말하기 특성과 그러한 것들을 극복할 수 있는 구체적인 내용들을 중점적으로 다루고 있습니다.

「퀵 지텔프 스피킹 기본서」가 여러분의 스피킹 실력을 높일 수 있는 지름길이 되길 바랍니다.

G-TELP 영어연구소 올림

# Content

# 교재 구성 및 특징

G-TELP SPEAKING TEST

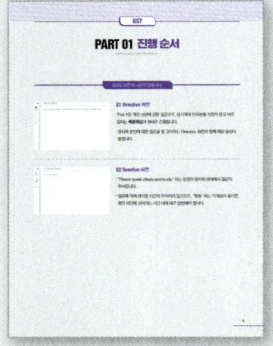

## 01 Part 별 진행 순서

- Part 1부터 11까지의 GST 문제 순서를 사전에 학습함으로써 기본적인 감 익히기

## 02 Part 별 고득점 Point

- GST 5급 이상을 목표로 시험의 평가 기준인 "문법", "어휘", "발음", "유창도", "내용"을 확인하고 실천해야 할 전략 포인트 제공

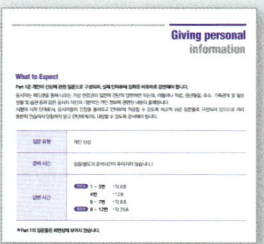

## 03 What to Expect

- Part 가 시작되기 전, Part 별로 평가되는 구술 능력을 파악할 수 있도록 문항 출제 기준을 분석하여 수험자로서 무엇을 준비해야 할 지 대략적인 정보 제공

## 04 들어가기 전 **Tip**

- 본격적인 학습에 앞서, 알고 가면 더 좋을 사전 정보 파악

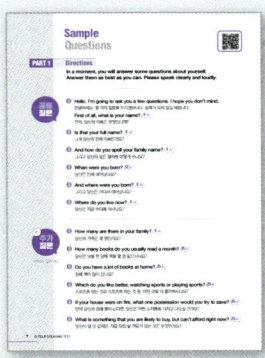

## 05 **Sample Questions**

- GST 시험에 출제가 되어 있거나 출제 가능성이 있는 문항들로 제시하여 구체적인 문장 구조 및 어휘를 살펴보기 전에 Warm-up!

- 제시된 샘플 문제를 통해 Part 별 문제의 유형을 다각도로 살펴보고, 각 과제의 특성을 파악

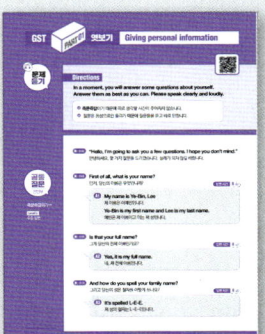

## 06 **Part** 엿보기

- GST를 접하기 전 앞으로 다룰 문제를 바탕으로 예시 문제와 그에 해당하는 5급 수준의 예시 답변 제공

# G-TELP Speaking Test 알아보기

International Testing Services Center(국제 테스트 연구원)의 평가 전문가들에 의해서 개발된 국제 공인 영어 말하기 시험입니다. G-TELP KOREA는 20여 년간 "영어 말하기 평가" 분야의 축적된 검정 자료와 평가의 신뢰도, 일관성 기술력을 바탕으로 국제적인 실용영어능력 평가 기관으로 도약하고 있습니다.

| | |
|---|---|
| 시험방식 | Simulated Oral Proficiency Intervie(IBT, CBT 중 시행 계획에 따라 선택) |
| 시험시간 | 약 30분 |
| 전체문항 | 11개의 Parts / 총 약 30여 개의 문항 |
| 평가기준 | Content(내용), Grammar(문법), Fluency(유창도), Vocabulary(어휘), Pronunciation(발음) |
| 평가등급 | 하위 No Mastery(11) 등급부터 상위 Level 1까지 11단계 등급시험 |
| 평가점수 | 100점 평균 |

**온라인(IBT) 기반에서 평가 진행**

**컴퓨터(CBT) 기반에서 평가 진행**

**어학실습실(Lab)에서 평가 진행**

**헤드셋 사용 진행**

## IBT(Internet Based Test), CBT(Computer Based Test)

**| 정기 / 수시시험 (일반인 또는 학생 대상), 특별시험 (기업체 및 단체대상 출장진행)**

응시자
→ ←
**Control Server Computer**
(진행자)
**시험관리 감독 및 Data 처리**

→ ←
**Server**
(중앙컴퓨터)
**시험관리 성적 및 일반 Data 처리**
→ ←
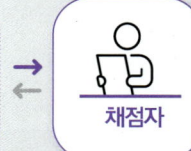
채점자

## G-TELP Speaking Test  PART 별 특징

### Part 1. Giving personal information
개인의 신상정보를 묻는 파트입니다. 원어민의 질문에 바로 대답하는 유형으로 생각할 시간이 따로 주어지지 않습니다. 총 1~13개의 질문이 제시되며 크게 두 파트로 나누어 집니다. 전반부에는 기본적으로 이름, 고향, 주거지, 생일을 묻는 비교적 쉬운 질문이 나옵니다. 그러나 후반부에는 좀 더 상세한 설명을 요구하는 다양한 지문들이 이어집니다.

### Part 2. Describing a familiar setting/objects
그림으로 제시된 특정 배경 또는 대상을 묘사하는 파트입니다.
30초간 생각할 시간이 주어지며, 1분 동안 답변시간이 주어집니다.

### Part 3. Describing habitual activities
일상생활 및 활동에 대해서 묻는 파트입니다. 자주 가는 음식점이 어디 있으며 그 이유가 무엇인지, 취미가 무엇인지에 대한 질문 등이 예가 될 수 있습니다. 30초간 생각할 시간이 주어지며, 1분 동안 답변시간이 주어집니다.

### Part 4. Narrating a story from pictures
5개의 그림이 제시되고 수험자는 연속된 5개의 그림을 보면서 유추해 낼 수 있는 하나의 이야기를 만들어 내는 파트입니다.

### Part 5. Expressing and supporting an opinion
Part 1~4의 과제가 기초적인 수준에 해당한다면, Part 5~8은 중급 수준의 과제수행이 요구되는 파트들로 구성됩니다. 본 파트는 언어능력 뿐만 아니라 특정 주제에 관해 자신의 견해를 논리적으로 말하는 과제 수행 능력이 요구됩니다.

### Part 6. Giving autobiographical detail about a place/event
자신의 과거 경험에 대해서 이야기하는 파트입니다.
자신이 여행했던 곳 중에서 인상 깊었던 것 등에 관해서 자신의 경험을 다른 사람에게 묘사하듯이 이야기해야 합니다.

### Part 7. Responding to requests for information about places of interest
일상생활과 관련된 장소를 추천하고, 그에 대한 정보를 제공하는 파트입니다. 1:1 대화 상황을 가정하고 있어 답을 생각할 별도의 시간이 주어지지 않으므로 대화 상대가 묻는 질문에 즉각적으로 답해야 합니다. 총 7개 내외의 질문이 주어집니다.

### Part 8. Discussing advantages/disadvantages of two related objects
두 개의 그림을 보고 대상 간 연관성 및 차이점을 찾아내 각 대상에 대해 적어도 2개 이상의 장·단점을 기술해야 합니다.
30초간 생각할 시간이 주어지며, 1분 30초 동안 답변시간이 주어집니다.

## Part 9. Giving directions from a map

Part 9~11까지는 상급 수준의 말하기 능력을 요구합니다. Part 9는 대부분의 경우 전화를 통해 상대방이 특정 장소까지 어떻게 가는지를 물어보며, 청취문, 과제 지시문을 주어 수행능력을 요구하고 지면 위에 그려진 지도를 찾아가는 해결 능력을 알려주는 파트입니다.

## Part 10. Presenting a solution to a specific problem

제시된 주제에 대한 서로 다른 의견을 듣고, 자신의 입장을 정하여 의견을 파악해야 합니다.
정답이 없기 때문에 설득력 있게 답하는 것이 중요하며, 추상적인 논쟁과 구체적 상황을 논리적으로 연결할 수 있어야 합니다.
30초간 생각할 시간이 주어지며, 1분 동안 답변시간이 주어집니다.

## Part 11. Presenting solutions to complex hypothetical problems

가상의 위기상황에 대처할 수 있는 해결책을 주어진 사실에 근거하여 설득력 있게 제시해야 합니다.
그림을 보고 지시문을 들으며 문제의 상황을 파악하고, 되도록 자세하게 해결 방안을 제안해야 합니다. 30초간 생각할 시간이 주어지며, 1분 동안 답변시간이 주어집니다.

## G-TELP Speaking Test 타시험비교 점수대비표

| G-TELP Speaking Test | | TOEIC Speaking | OPIc |
|---|---|---|---|
| Level 1 | Authentic | Level 8 | Advanced Low |
| Level 2 | High-Advanced | Level 7 | Intermediate High |
| Level 3 | Advanced | | Intermediate Mid |
| Level 4 | High-Intermediate | Level 6 | |
| Level 5 | Intermediate | | Intermediate Low |
| Level 6 | Low-Intermediate | Level 5 | |
| Level 7 | High-Basic | Level 4 | Novice High |
| Level 8 | Basic | Level 3 | |
| Level 9 | Low-Basic | Level 2 | Novice Mid |
| Level 10 | Beginner-Basic | Level 1 | Novice Low |

• 본 점수대비표는 등급별 영어말하기능력표에 근거한 자료입니다. 참고자료로만 활용하시기 바랍니다.

## G-TELP Speaking Test  성적발표

| G-TELP Speaking Test | 온라인 성적 확인 | 원본 성적표 발송 | 성적 유효 기간 |
| --- | --- | --- | --- |
| | 시험일로부터 8일 후 | 온라인으로 성적이 발표된 이후, 약 2주 후 발송 | 응시 일자를 기준으로 2년간 유효 |

## G-TELP Speaking Test  시험 직전

- 규정된 시간까지 여유롭게 도착할 수 있도록 약도 잘 확인하고 가기
- **규정 신분증** 반드시 지참하기
- 노트테이킹에 필요한 종이는 제공되기 때문에 필기구 준비하기
- 듣기 테스트 시간에 **헤드폰 음량**을 적절히 조절하기
- 녹음 테스트 시간 동안 **마이크가 올바르게 작동**하는지 확인하기
- 다른 사람의 목소리가 들리더라도 채점할 때 이상이 없으니 **큰 목소리로 답변하기**
- 문제별로 정해진 **답변 시간을 가능한 채워서** 답변하기
- 한 문제의 답변 시간이 끝나면 바로 다음 문제가 시작되기 때문에, 답변 후에는 **바로 다음 문제 준비하기**
- 시험 중간에 말문이 막히더라도 **침묵을 유지하지 말고** You know, guess what, let me see 등의 표현을 사용하며 생각할 시간을 벌기

성적표에는 시험 점수, 파트별 과제 수행 완성 정도, 수험자가 도달한 수준에서 기대되는 평가 영역별 말하기 능력에 대한 자세한 설명이 제공됩니다.

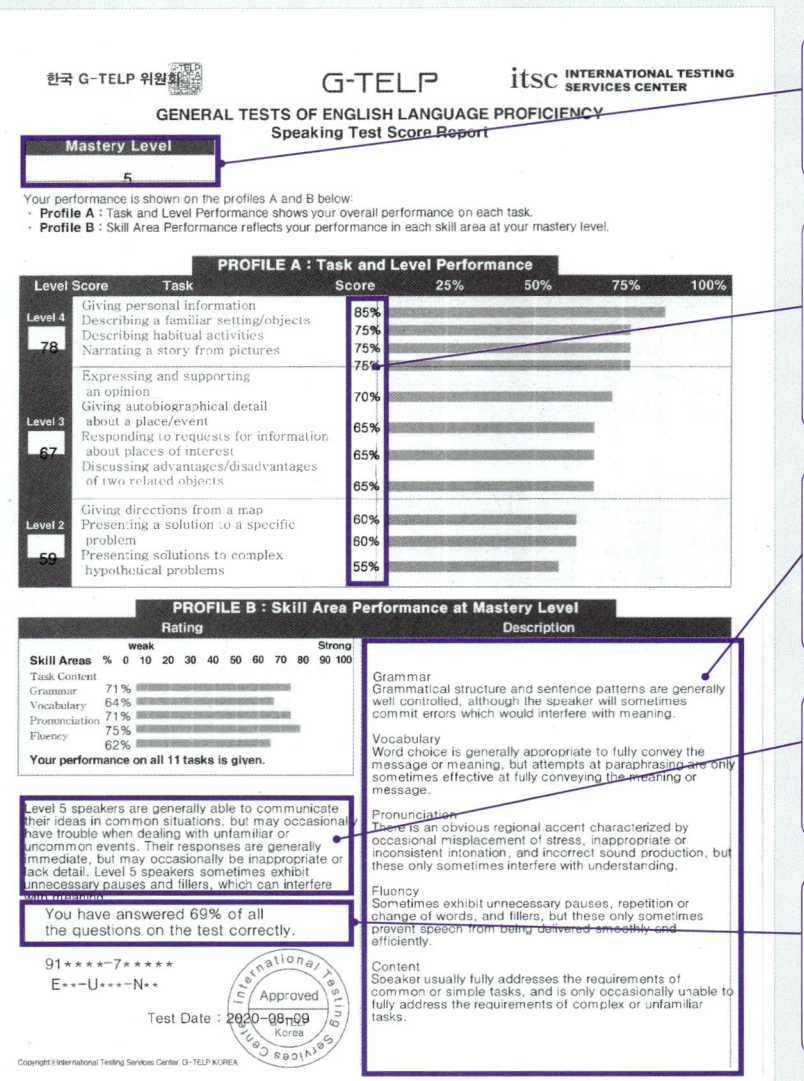

**Mastery Level**
수험자의 영어 말하기 능력 등급을 보여줍니다.

**Score**
세분화된 과제의 점수 (task score) : 각 등급의 세분화된 과제를 어느 정도로 잘 수행하는지 백분율로 보여줍니다.

**Description**
능력묘사표 (Description) : 각 기능 분야에서의 응시자의 능력을 상세히 설명합니다.

**PROFILE B Explanation**
응시자의 종합적인 영어 말하기 능력 수준을 상세히 묘사합니다.

**Percent**
구슬능력을 100점 만점의 평균 점수로 표기하여 비교, 활용이 편리합니다.

# GST 입문자를 위한 Level 5 이상 달성법

GST에서 다루는 주제는 일상생활에서 이루어지는 말하기 범주를 벗어나지 않습니다. 상황에 따른 구체적인 묘사, 정보 전달 능력, 즉각적인 응대나 답변 구사 능력, 논리적 전개를 통한 설득 능력 등 일상적인 말하기 능력 평가에 기초합니다. 그러나 주어진 시간 내에 적절한 답변을 유창하게 하기란 쉽지 않습니다. 또한 면대면이 아니라 컴퓨터 화면을 보고, 들려주는 질문에 답변하는 방식이다 보니 영어를 어느 정도 구사하는 사람일지라도 당황하여 지나치게 머뭇거림이 많아지거나 내용이 장황해져 시간 내 답을 하지 못하는 경우가 있습니다.

본 책의 본문에서는 Part별 유형 분석과 전략을 자세하게 소개하고 있습니다.
유난히 자신 없는 Part가 있는 경우는 더 많은 시간을 할애하여 집중적으로 공략한다면, 점수를 올리는 데 도움이 될 것입니다.

### Part 파악하기
각 Part별 지시문과 그에 따라 어떤 답변을 요구하는지에 대한 파악이 절대적으로 중요

### Part별 핵심 표현 익혀 두기!
효과가 더디게 나타나는 발음보다는 표현과 어휘를 파트별로 정리하여 집중적으로 학습하기

### 녹음하며 연습하기
자신의 답변을 직접 녹음하여 들어보는 연습이 필요하며, 본인의 문제점을 진단하고 부족한 부분을 보충할 수 있는 방안을 찾기

### 되도록 많은 문제 풀어보기!
스피킹은 연습 양이 많을수록 늘기 때문에 자신감 있고 적극적인 자세로 임하기

### 시험 환경에 익숙해지기
평소 연습할 때 발음, 악센트, 억양 등을 신경 써서 연습해서 시간 내에 본인의 답변을 정리하여 적절한 전개와 끝맺음 짓기

### 영어로 생각하고 표현하기
우리말로 생각하고 옮기며 중간에 끊김이 발생하기 때문에 유창도에서 감점 요소가 되므로 영어로 생각하고 영어로 표현하는 연습이 중요

### 적당한 속도, 대화하듯 말하기
보통 친구나 가족과 대화하는 속도로 편하게 발화하는 연습하기

### 요점 중심으로 대답하기
묻는 질문에 대한 핵심을 간략하게 대답해야 고득점 가능

### 유창도 높이기
처음에는 문법이나 발음보다는 유창도에 주안점을 두고 연습하기

**01** 수험자 유의 사항에 관한 화면이 제시됩니다.

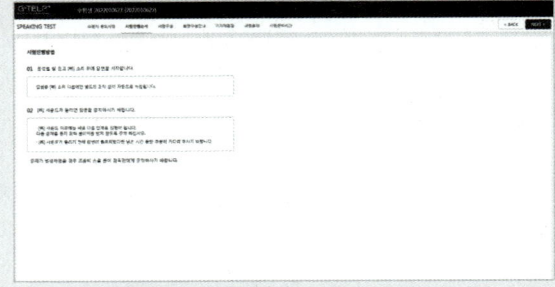

**02** 시험 진행 방법에 관한 화면이 제시됩니다.

**03** 시험의 전체적인 구성을 살펴볼 수 있는 화면이 제시됩니다.

**04** 시험의 화면 구성에 관한 화면이 제시됩니다.

**05** 기자재 점검 화면으로, 헤드셋을 착용하여 음량을 조절할 수 있는 화면이 제시됩니다.

**06** 수험자 스스로 녹음을 하며 마이크가 잘 작동하는지 확인할 수 있는 화면이 제시됩니다.

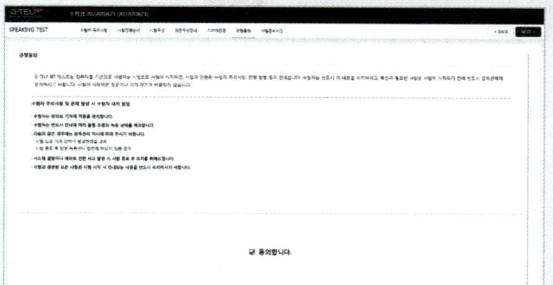

**07** 규정 동의에 관한 화면이 제시되고, '동의합니다'에 체크한 뒤 NEXT 버튼을 누르면 시험이 시작됩니다.

**08** '20초 후에 시험이 시작됩니다'는 문구와 함께 화면이 제시됩니다.

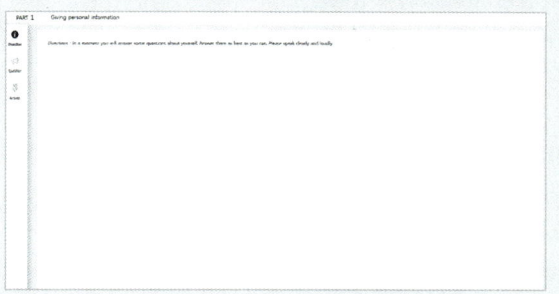

**09** Part 1부터 Part 11까지의 시험이 진행됩니다.

**10** Part 11의 질문이 종료되고, 시험 종료 화면이 안내됩니다.

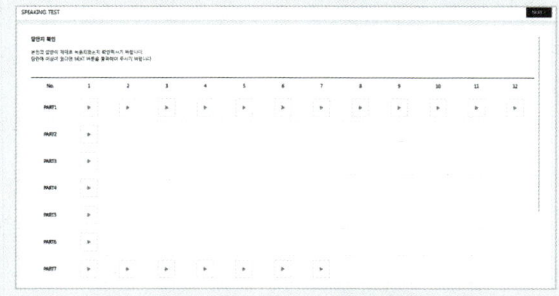

**11** 시험 종료 후, NEXT 버튼을 누르면 본인의 녹음이 올바르게 되었는지 확인할 수 있는 화면이 나옵니다.

**12** 녹음 상태를 확인한 후 NEXT 버튼을 누르면 퇴실 안내 화면이 나옵니다. 마지막으로 UPLOAD 버튼을 누르고 퇴실하시면 됩니다.

# Pronunciation Tip

스피킹 학습에 있어서 정확하게 발음하는 것은 중요합니다. 아래 다양한 표현들을 듣고 소리 내어 연습해보세요.

## ❶ 축약하기

일반적으로 구어체에서는 동사와 주어의 축약형(contractions)을 자주 사용합니다.

즉, 자신의 이름을 말할 때에 "I am Ji An." 보다는 "I'm Ji An," or "My name's Ji An."이라고 하는 것이 더 자연스럽습니다.

| | |
|---|---|
| I am → I'm | You are → You're |
| He is → He's | She is → She's |
| We are → We're | They are → They're |

## ❷ 연음 발음하기

'-s'로 끝나는 음은 그 앞에 어떤 소리가 오는지에 따라 달리 발음됩니다. 위의 규칙을 참고해 보면, 'is', 'does', 'was'는 's' 앞에 모음이 나오므로 /z/(ㅈ) 소리가 난다는 것을 알 수 있습니다. 그렇다면, 'is', 'does', 'was'가 문장에서 사용되는 경우는 어떻게 해야 할까요? 아래의 문장을 읽어 봅시다.

> My brother is married.
> What does he do?
> Does she live with you?
> Does he have any children?

'-s'로 끝나는 음이 뒤에 모음을 만났을 때에는 자연스럽게 연음 시켜주어야 하는데, 간혹 모음이 아닌 자음, 그 중에서도 /s/나 /ʃ/와 같이 같은 조음위치에서 나는 소리만 났을 경우에는 소리가 많이 약화되어 잘 들리지 않습니다. 소리 내어 발음을 반복적으로 연습해 봅시다.

> He's a teacher.
> She's a doctor.
> My sister lives in Seoul.

**❸ 전화 상에서 단어의 철자 말하기**

간혹 다른 지역의 사람과 전화로 통화하게 되는 경우, 개인 간, 언어 간 혹은 지역적인 철자법 차이로 인한 오류를 피하기 위해 "International Radiotelephony Spelling Alphabet(국제 전화 문자)" 로 정확하게 철자를 불러주고 확인합니다. 물론 아래에 나와 있는 단어 말고 여러분들에게 더 친숙한 단어를 사용하셔도 됩니다. 예를 들어, K as in Korea처럼 말입니다.

> **Ziegler** : My name is Ziegler.
> **Interviewer** : How do you spell it?
> **Ziegler** : Z as in zoo, I-E, G as in George, L-E-R.

**❹ 강세를 받지 않는 전치사 : in, at**

> I live in Gwang-ju.
> I am staying at the Bluemoon Hotel.

'to, at, in, on, for, with' 와 전치사들은 강세를 받지 않고 뒤에 따라 나오는 명사류와 함께 발음되는 것이 일반적입니다. 'I live in Seoul.'을 보더라도 I, live, in, Seoul 이렇게 따로 발음하지 않고 'livin'과 같이 한 단어처럼 발음해야 합니다. 그 대신 강세는 주로 앞뒤의 동사나 명사가 받게 되죠. 이렇게 문장 안에서 전치사는 일부러 강조되지 않는 한 소리가 작고 변형되어 발음됩니다.

**❺ 강세를 받지 않는 모음들**

> graduate - graduated
> graduate from - graduated from
> I graduated from HanKuk university.

일반적으로 강세를 받지 않는 대부분의 모음들은 철자에 상관없이 /ə/(어)소리나, /i/(이)로 약하게 발음합니다.
앞서 살펴본 단어 중 강세가 첫 모음에 오는 단어 "graduate"의 경우, /grædʒueɪt/(그래쥬에잇)으로 발음되지만, 위의 보기처럼 "I graduated from –"과 같은 표현의 경우, 강세가 두 번째 모음에도 약하지만 오기 때문에 /grædʒueɪtɪd/(그래쥬에이티드)로 발음해야 합니다.

# Pronunciation Tip

**❻ 길게 강세를 주는 모음들과 강세를 받지 않고 '-y'로 끝나는 단어들**

> thirteen     thirty

청취 영역에서 **'-teen'**으로 끝나는 숫자와 **'-ty'**로 끝나는 숫자의 발음을 구분하지 못해 감점을 받는 경우가 있습니다. 이 두 발음의 구분은 강세의 위치에 있습니다. 즉, 숫자의 강세를 어디에 두는지에 따라 듣는 사람이 제대로 알아들을 수도 있고, 아예 다른 숫자로 알아들을 수도 있습니다. 예를 들어, 'I'm 30 years old.'와 같은 경우, thirt를 -ir-에 강세를 두지 않고 -ty-에 강세를 둔다면 원어민에게는 무조건 thirteen으로 들리게 됩니다.

녹음된 아래 문장들을 들으며, 그 차이를 구분하도록 발음 연습을 해 봅시다.

> We had thirty millimeters of rain yesterday.
> Thirteen teams scored 88 goals for an average of 4 goals per match.

**❼ 강세를 받지 않는 전치사 : about, around, for**

대개 문장 안에서 강세는 의미를 전달하는 단어에 위치합니다. 이 밖에 기능을 담당하는 품사들은 강세를 받지 않아 그 음가가 탈락되거나 약화되는 것이 많은데, 대표적으로 전치사가 있습니다. 따라서 장소를 나타낼 때 쓰는 전치사들을 발음할 때 굳이 강조해야 할 상황이 아니라면 필요 이상으로 세게 발음하지 않아야 합니다. 강세의 위치가 어디에 위치하는지, 각기 문장 안에서 전치사가 어떻게 발음되어 들리는지 반복하여 듣고 자신의 발음을 교정하며 연습해 봅시다.

> I get up around ten.
> I read the paper for an hour.
> I have lunch at about noon.

**❽ 축약하기**

> There is → There's       There are → There're

일반적으로 구어체에서 be동사는 주어와 함께 축약되어 표기되고 발음되는 경우가 많습니다. 'I am'을 'I'm'으로, 'it is'를 'it's'로 발음하는 것처럼 말입니다. 'there're'는 한국인들이 발음하기 쉽지 않으므로 'there are' 그대로 발음하는 경우가 많습니다.

There is a gym across from the shopping center.
→ **There's** a bookstore near the dry cleaner's.
There are some restaurants on Elm Street.
→ **There're** some grocery stores across from* the post office.
✅ **across from:** 미국 구어식 표현으로 「~의 바로 맞은편에」란 의미

**❾ Yes/No 의문문과 wh 의문문의 억양**

일반적으로 Yes/No로 답할 수 있는 의문문은 끝이 올라가는 억양을 가지고 있는 반면, wh- 의문사로 시작하는 의문문은 끝이 내려가는 억양을 가지고 있습니다.

Do you like movies? ↗             Do you like pop music? ↗
Do you like TV? ↗                  Do you like music videos? ↗

What programs do you like? ↘      What videos do you like? ↘
What kind of movies do you like? ↘   What kind of music do you like? ↘

**❿ 빈도부사에 강세 주기**

다음의 빈도부사들이 어디에 강세를 받는지 녹음본을 들으며 확인해 봅시다.

I hardly ever watch TV in the morning.
I often go hiking on Saturdays.
I almost always play tennis on the weekends.

주로 'How often ~?'이라는 질문의 대답인 경우, 동사보다도 중요한 정보를 가지고 있는 빈도부사에 강세가 옵니다.
다시 한 번 들어보면서 강세의 위치와 문장 안에서 어떻게 발음되는지, 자신의 발음과 차이점은 무엇인지 살펴봅시다.

**⓫ to를 연음으로 발음하기**

보통 to부정사라고 불리는 구에서 전치사 to는 /tu/(투)라고 발음되는 것이 아니라 소리가 약화되어 /tθ/(터)처럼 들립니다. 다음의 예문을 듣고 반복하여 발음을 익히시기 바랍니다.

> I hope to get married.
> I plan to have a large family.
> I'd love to move to a new city.
> I'd like to live in a small town.
> I don't like to drink a lot when I go out.

아래 예문은 여러분이 먼저 소리 내어 발음해보고 녹음된 발음을 들으며 확인해 봅시다.

> A : What should you do for a fever?
> B : It's important to take some aspirin.
>     And it's a good idea to see the doctor.

**⓬ -ed 발음하기**

문장을 과거형으로 만들 때 규칙동사 뒤에 접미사인 -d/-ed를 붙여줍니다. 그러나 이 발음은 동사에 따라 어떤 경우에는 /d/(드) 로, 어떤 경우에는 /t/(트) 또는 /ɪd/(이드) 로 발음됩니다. 아래의 문장들을 발음해 봅시다.

> I wanted to tell you, but you weren't there.
> She cooked at home.
> He went shopping yesterday afternoon.
> I called him last night.

녹음된 문장을 들어봅시다. 차이점이 들리시나요? 간단히 규칙을 말씀드리면,

발음이 /d/, /t/ 로 끝나는 동사는 /ɪd/(이드)

발음이 /s/, /k/, /f/ 혹은 /p/ 로 끝나는 동사는 /t/(트)

그 나머지 발음으로 끝나는 동사는 /d/(드)

로 발음됩니다. 즉 'called'는 /d/, 'wanted'는 /ɪd/, 'cooked'는 /t/로 발음됩니다. 물론, 모든 동사들이 과거형 변환 시 '-ed', '-d'접미사가 붙지는 않습니다. 앞에서 제시된 go동사의 변형 (e.g. go-went-gone)에서처럼 말입니다.

## ⓭ 축약하기 : can't, shouldn't

일반적으로 구어체에서는 축약형을 자주 듣게 됩니다. 그 중 아래 조동사들은 그 구분이 한국인에게는 어려워 발음할 때 역시 주의를 필요로 합니다.

cannot → can't     should not → shouldn't

보통 부정의 not이 조동사와 함께 축약되어 쓰이는 경우, 't' 음이 약화되면서 뒤 따라오는 동사의 첫소리에 묻혀 혀 끝만 살짝 닿게 됩니다. can't의 경우 'n' 발음으로 인해 콧소리 '엥'에 가까운 소리가 나고, shouldn't의 경우에는 'n' 발음이 'd' 음과 겹치면서 '은'에 가까운 소리를 내게 됩니다. 아래의 문장을 비교하며 읽어봅시다.

You can walk home on the streets late at night.
You can't walk home on the streets late at night.

You should miss the night markets.
You shouldn't miss the night markets.

You can go shopping on Sundays.
You can't go shopping on Sundays.

You should swim at the beaches.
You shouldn't swim at the beaches.

should와 shouldn't 같은 경우 '~을 해야 한다.'는 의미를 나타내므로 두 경우 모두 강조하여 발음할 수 있습니다.

## ⓮ that을 강하게/약하게 발음하기

That은 대명사나 형용사로 쓰일 때에는 강세를 받아 /ðæt/(뎃)으로 발음이 되지만, 문장을 연결하는 기능을 하는 접속사로 쓰일 때에는 강세를 받지 않고 /ðǝt/(덧)으로 발음됩니다. 아래의 문장들을 발음해 보고 녹음본을 들으며 차이점을 확인해 봅시다.

**강하게**

That's right.
I don't like that.

**약하게**

This means that I'm right.
People worry that the environment is in danger.

# Pronunciation Tip

**⑮ /d/ + you 발음하기**

> Did you have a good time?
> What did you do last night?
> Where did you hide your spoon?
> Have you read your email today?

위의 문장들을 발음해 봅시다. 보통 우리가 연음 되는 현상 중에 두 소리가 만나서 새로운 소리를 만들어내는 현상을 구개음화라고 합니다. 영어의 대표적인 구개음화로 /d/소리가 /y/소리를 만나면 /dʒ/(ㅈ)로 변하게 됩니다.
발음을 들어보면서 자연스럽게 발음할 수 있도록 연습해 봅시다.

**⑯ 축약형 발음하기 : should've, would've, could've, might've**

> He would've won the game.
> I could've seen him.
> I should've left.
> We might've met her.

위의 문장들을 발음해 봅시다. 일반적으로 조동사와 have는 줄여서 발음하는 경우가 많습니다.

예를 들어, should have, would have, could have, might have와 같은 경우는 각각,

> should have → should've    would have → would've
>
> could have → could've    might have → might've

로 단축되기 때문에 발음도 따라서 변하게 됩니다. 녹음된 발음을 듣고 반복해서 연습해 봅시다.

**⑰ 무성자음과 유성자음 앞에 있는 모음 발음하기**

| 무성자음 |
|---|
| leaf | receipt | seat |
| Ms. | bet |

| 유성자음 |
|---|
| leave | receive | seed |
| missed | bed |

강세를 받는 모음이라 할지라도 일반적으로 무성자음 (e.g., /f/, /s/, /p/, /t/)으로 끝나는 단어의 모음은 유성자음 (e.g., /v/, /d/, /z/)으로 끝나는 단어의 모음보다 짧습니다.

아래 문장들을 연습해 봅시다.

Leave the leaf on the table.
Ms. Lee missed the bus.
Did you receive the receipt?
I bet this bed is cheaper.
I didn't see the seed on my seat.

### ⑱ 축약형 발음하기 : I'll, You'll, He'll, She'll

'will'의 축약은 ' 'll '이 됩니다.
예를 들어, I will, you will, he will, she will, it will, we will, they will은 각각,

| | |
|---|---|
| I will → I'll | She will → She'll |
| He will → He'll | We will → We'll |
| It will → It'll | They will → They'll |
| You will → You'll | |

로 단축되기 때문에 발음도 따라서 변하게 됩니다. 'will' 축약형의 /l/ 발음은 우리말의 'ㄹ'받침처럼 깨끗하고 정확하게 발음되지 않고, 속으로 삼켜 들어가는 소리입니다. 'love'에서 첫 음으로 오는 /l/ 발음과도 다릅니다. 아래 문장을 연습해봅시다.

He'll be here any moment.
I'll help you.
It'll be great.
They'll be arriving soon.

### ⑲ the 발음하기

The air is very clear.
Where are the other people?
What's the assignment?
This is the most important time of my life.

정관사 'the'는 강세를 받는가 그렇지 않는가에 따라 발음이 달라지는데, 우선 모음이 뒤에 따라 나오게 되면 /ði/(디)로 발음되고, 자음이 뒤에 따라 나오면 /ðə/(더)로 소리가 납니다. 하지만 뒤에 따라 나오는 음이 자음이라도 /ði/(디) 라고 발음될 때가 있는데, 이때에는 뒤에 나오는 단어가 문장 안에서 의미상 강조되고 있을 때입니다. 녹음본을 듣고 따라 연습해봅시다.

# Pronunciation Tip

**⑳ 이중자음 tt 발음하기**

> better     butter     hotter     getting

'getting'이나, 'chatting'의 경우에서 보는 것처럼 't'가 연달아 두 번 나올 때에는 대부분의 경우 소리가 변하게 됩니다.
하지만 /d/와 /l/ 음의 중간소리로 격음이 약화되는 이 현상은 't'가 연달아 나올 때 말고도 'writing'과 같이 한번만 나올 때에도 볼 수 있습니다.

> It's better than nothing.
> It's getting hotter and hotter.
> Could you pass me the butter?
> What the urban population could use is better train.

**㉑ 문장에서 강조할 단어 발음하기**

> A : Is Robert the one wearing the red shirt?
> B : No, he's the one wearing the black shirt.
> A : Is Judy the short one in jeans?
> B : No, she's the tall one in jeans.

문장 안에서 서로 대조되는 단어나 어구가 있다면 이는 강세를 주어 발음해야 합니다. 예를 들어, 전달하는 정보가 앞서 말한 사람이 말한 내용과 다를 때, 새로운 정보인 대조되는 단어나 어구를 더 강하게 발음해야 합니다. 사실 이것이 영어의 억양과 강세의 대원칙입니다. 의미 있는 것과 새로운 정보를 강하게 발음하는 것이죠.
위에 제시된 각 대화에서 강세를 받는 단어를 찾아보고, 녹음본을 통해 확인해 봅시다.

**㉒ 강세를 받지 않는 /h/ 발음하기**

> What should he do?
> Let her go.
> Ask him what to do.
> Give him the paper.

/h/음은 어디에 부딪혀서 나는 소리가 아니라 숨을 내쉬면서 나는 소리처럼 부드러운 소리입니다. 그런데 이런 /h/음을 가지고 있는 대명사나 조동사가 다른 단어와 연달아 올 때에는 보통 음가가 탈락하게 됩니다. 그래서 앞의 단어의 끝음과 연음시켜 자연스럽게 발음해야 합니다.

## ㉓ -d 발음하기

should     would     could

should는 끝 음이 /d/로 꺼냈지만 "슈드-으"라고 길게 발음하시면 안 됩니다. 흔히 조동사의 과거형이라고 불리는, 'should, would, could' 와 같은 발음은 혀끝만 살짝 대는 /d/(ㄷ)와 같은 소리를 내야 합니다. 그런데 대부분 주격 대명사가 앞에 오는 경우 '–'d' 로 축약해 표기되며 이 때 더 두드러지게 /d/소리만 남게 됩니다.

I would be so happy.
→ I'd be so happy.

I would check what I have in my bag.
→ I'd check what I have in my bag.

I could go to the police station to ask for help.
→ I'd go to the police station to ask for help.

I would probably look for a safe place to stay.
→ I'd probably look for a safe place to stay.

# 01

# Giving personal information

# PART 01 진행 순서

Giving personal information

질문은 화면에 나오지 않습니다!

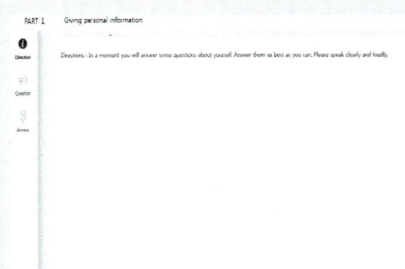

## 01 Direction 화면

- Part 1은 개인 신상에 관한 질문으로, 응시자와 인터뷰를 하듯이 묻고 바로 답하는 **즉문즉답**의 형태로 진행됩니다.

- 응시자 본인에 대한 질문을 할 것이라는 Direction 화면과 함께 해당 음성이 들립니다.

## 02 Question 화면

- "Please speak clearly and loudly" 라는 문장이 명시된 상태에서 질문이 주어집니다.

- 질문에 대해 생각할 시간이 주어지지 않으므로, "띵동" 하는 기계음이 울리면 화면 하단에 보여지는 시간 내에 바로 답변해야 합니다.

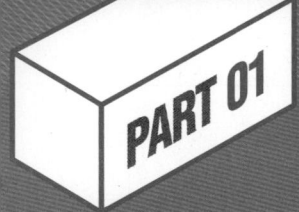

# 고득점 POINT!
Giving personal information

## Criteria 기준

| | |
|---|---|
| **Grammar** 문법 | Part 1에서는 어려운 문법을 구사해야 하는 질문은 크게 없습니다.<br><br>✔ 다만. 질문을 잘 듣고 거기에 사용된 의문사와 동사를 정확히 기억하여 응용하도록 합니다.<br><br>**ex** What do you usually do to keep your body healthy?<br>여러분은 몸을 건강하게 유지하기 위해 주로 무엇을 하나요?<br><br>I usually do **yoga** to keep my body healthy.<br>저는 몸을 건강하게 유지하기 위해 주로 요가를 해요. |
| **Vocabulary** 어휘 | 주어진 질문에 대한 적절한 어휘를 해야 합니다.<br><br>✔ 대체적으로 답변 시간이 짧기 때문에 질문에 직접적으로 연관이 있는 단어를 명확하게 사용하도록 합니다. |
| **Pronunciation** 발음 | 답변이 짧기 때문에 발음을 또박또박 하는 것이 좋습니다. |
| **Fluency** 유창도 | 말을 해야 할 시간에 당황하여 머뭇거리거나 말하는 타이밍을 놓치지 않도록 합니다.<br><br>✔ 단어만 나열하기보다, 주어와 동사를 사용하며 하나의 문장을 완성하고 정확하게 발음하도록 합니다. |
| **Content** 내용 | 12개의 질문에 정확하게 답변하도록 합니다.<br><br>**상** … 12개의 모든 질문에 정확하게 답변했을 경우<br><br>**중** … 앞 6개의 질문에 답변하고, 후반부 질문에서 1개 이상 답변했을 경우<br>… 모든 질문에 제대로 답변을 마치지 못했을 경우<br><br>**하** … 앞 6개의 질문에만 답변하거나, 총 6개의 질문에만 답변했을 경우 |

# Giving personal information

## What to Expect

**Part 1은 개인의 신상에 관한 질문으로 구성되며, 실제 인터뷰에 임하듯 바로바로 답변해야 합니다.**

응시자는 헤드셋을 통해 나오는 가상 면접관의 질문에 간단히 답변하면 되는데, 이름이나 직업, 생년월일, 주소, 가족관계 및 일상 생활 및 습관 등과 같은 응시자 자신의 기본적인 개인 정보에 관련된 내용이 출제됩니다.

시험의 시작 단계로서, 응시자들의 긴장을 풀어주고 인터뷰에 적응할 수 있도록 비교적 쉬운 질문들로 구성되어 있으므로 미리 충분히 연습해서 당황하지 말고 간단하게라도 대답할 수 있도록 준비해야 합니다.

| 질문 유형 | 개인 신상 |
|---|---|
| 준비 시간 | 없음(별도의 준비시간이 주어지지 않습니다.) |
| 답변 시간 | **전반부** **1 ~ 3번** • 각 8초<br>**4번** • 12초<br>**5 ~ 7번** • 각 8초<br>**후반부** **8 ~ 12번** • 각 25초 |

★ Part 1의 질문들은 화면상에 보이지 않습니다.

## 들어가기 전 **TIP!**

**01** Part 1 내 12개의 질문은 화면에서 보이지 않기 때문에 의문사를 유심히 듣고 답변해야 합니다.

**02** 앞 6개의 질문은 항상 같은 질문이 출제되므로 미리 준비하면 당황하지 않고 여유롭게 시험을 시작할 수 있습니다.

주로 자신이나 주변에 대한 내용을 묻기 때문에 해당 주제에 대한 질문들을 미리 정리해 두는 것이 좋습니다.

특히 Part 1의 전반부(질문 12개 중 앞 6개)까지는 항상 같은 질문이 출제된다는 점을 명심하며 답변을 준비해야 합니다.

**03** GST 채점 방식의 특성상, Part 1 ~ 4에서 답변을 잘 하면 고득점을 받을 가능성이 높아집니다.

# Sample
# Questions

## PART 1 · Directions

**In a moment, you will answer some questions about yourself.**
**Answer them as best as you can. Please speak clearly and loudly.**

공통 질문

**Q** Hello. I'm going to ask you a few questions. I hope you don't mind.
안녕하세요. 몇 가지 질문을 드리겠습니다. 실례가 되지 않길 바랍니다.

**First of all, what is your name?** ( **8** SEC )
먼저, 당신의 이름은 무엇입니까?

**Q** Is that your full name? ( **8** SEC )
그게 당신의 전체 이름인가요?

**Q** And how do you spell your family name? ( **8** SEC )
그리고 당신의 성은 철자를 어떻게 쓰나요?

**Q** When were you born? ( **12** SEC )
당신은 언제 태어났나요?

**Q** And where were you born? ( **8** SEC )
그리고 당신은 어디서 태어났나요?

**Q** Where do you live now? ( **8** SEC )
당신은 지금 어디에 사시나요?

추가 질문

여기가 달라져요!

**Q** How many are there in your family? ( **8** SEC )
당신의 가족은 몇 명인가요?

**Q** How many books do you usually read a month? ( **25** SEC )
당신은 보통 한 달에 책을 몇 권 읽으시나요?

**Q** Do you have a lot of books at home? ( **25** SEC )
집에 책이 많이 있나요?

**Q** Which do you like better, watching sports or playing sports? ( **25** SEC )
스포츠를 보는 것과 스포츠를 하는 것 중, 어떤 것을 더 좋아하시나요?

**Q** If your house were on fire, what one possession would you try to save? ( **25** SEC )
만약 당신의 집에 불이 난다면, 당신은 어떤 소지품을 가지고 나오실 건가요?

**Q** What is something that you are likely to buy, but can't afford right now? ( **25** SEC )
당신이 살 것 같지만, 지금 당장 살 여유가 없는 것은 무엇인가요?

**문제 듣기**

## Directions

**In a moment, you will answer some questions about yourself.**
**Answer them as best as you can. Please speak clearly and loudly.**

- ✔ **즉문즉답**이기 때문에 따로 생각할 시간이 주어지지 않습니다.
- ✔ 질문은 음성으로만 들리기 때문에 질문들을 듣고 바로 답합니다.

**공통 질문**
전반부

즉문즉답하기…
**Level 5**
수준 답변

▶ ⅢⅢ "Hello, I'm going to ask you a few questions. I hope you don't mind."
안녕하세요, 몇 가지 질문을 드리겠습니다. 실례가 되지 않길 바랍니다.

▶ ⅢⅢ First of all, what is your name?
먼저, 당신의 이름은 무엇입니까?　　　　　　　　　　　　답변 시간　8 SEC

> **A1** My name is Ye-Bin, Lee
> 제 이름은 이예빈입니다.
> **Ye-Bin is my first name and Lee is my last name.**
> 예빈은 제 이름이고 이는 제 성입니다.

▶ ⅢⅢ Is that your full name?
그게 당신의 전체 이름인가요?　　　　　　　　　　　　답변 시간　8 SEC

> **A2** Yes, it is my full name.
> 네, 제 전체 이름입니다.

▶ ⅢⅢ And how do you spell your family name?
그리고 당신의 성은 철자를 어떻게 쓰나요?　　　　　　　답변 시간　8 SEC

> **A3** It's spelled L-E-E.
> 제 성의 철자는 L-E-E입니다.

 **When were you born?**
당신은 언제 태어났나요?

답변 시간 **12** SEC

**A4** I was born on March 13th, 1998.
저는 1998년 3월 13일에 태어났습니다.

 **And where were you born?**
그리고 당신은 어디서 태어났나요?

답변 시간 **8** SEC

**A5** I was born in Seoul, the capital city of South Korea.
저는 대한민국의 수도인 서울에서 태어났습니다.

(or) I was born in Gwangju, which is located in the southern part of South Korea.
저는 광주에서 태어났는데, 그곳은 대한민국의 남쪽에 위치해 있습니다.

**Where do you live now?**
당신은 지금 어디에 사시나요?

답변 시간 **8** SEC

**A6** I live in Busan now. It's a harbor city.
저는 지금 부산에 살고 있습니다. 그곳은 항구 도시입니다.

(or) I stay in one of the campus dormitories.
저는 학교 기숙사 중 한 곳에서 지냅니다.

 추가 질문 후반부

즉문즉답하기···

 가족

**Could you tell me briefly about your family?**
당신의 가족에 대해 간단히 말씀해 주시겠어요?

답변 시간 **8** SEC

**A7** There are four members in my family : my father, my mother, my younger brother and me.
저희 가족은 아버지, 어머니, 남동생, 그리고 저 이렇게 4명입니다.

**How do you spend your free time?**

당신은 여가 시간을 어떻게 보내시나요?

답변 시간 **25**SEC

**A8** I play computer games in my free time. Some people say that playing computer games has negative effects such as exposing one to the concept of violence, however, it is a good way for me to kill some time as well as relieve my stress.

저는 여가 시간에 컴퓨터 게임을 합니다. 어떤 사람들은 컴퓨터 게임을 하는 것이 폭력이라는 개념에 노출되는 등 부정적인 영향을 끼친다고 말하지만, 그것은 스스로 스트레스를 해소하는 것은 물론 시간을 보내는 좋은 방법입니다.

친구

 **Please tell me about your best friend**

당신의 가장 친한 친구에 대해 말씀해주세요.

답변 시간 **25**SEC

**A9** My best friend is Da-Eun Lim. We didn't get along very well at first but now we are good friends. I have known her for over ten years.

저의 가장 친한 친구는 임다은입니다. 우리는 처음에는 사이가 좋지 않았지만 지금은 좋은 친구입니다. 저는 그녀를 10년이 넘는 기간 동안 알고 지냈습니다.

건강

 **What special methods do you follow to keep yourself healthy?**

당신은 스스로를 건강하게 유지하기 위해 어떤 특별한 방법을 따르나요?

답변 시간 **25**SEC

**A10** I always try to follow a healthy diet, such as eating fresh and balanced meals, to stay healthy. In addition, I have recently started Yoga. Yoga is ideal for relaxing my mind and body when I feel stressed and tired.

저는 건강을 유지하기 위해 항상 신선하고 균형 잡힌 식사를 하는 등 건강한 식단을 따르려고 노력합니다. 게다가 최근에는 요가를 시작했습니다. 요가는 제가 스트레스를 받고 피곤할 때 심신을 안정시키는 데 이상적입니다.

성격

 What are your strengths and weaknesses?

당신의 장점과 단점은 무엇인가요?

답변 시간 **25** SEC

**A11** My strength is that I take a positive attitude towards any situations. I am also careful all the time, and I believe carefulness can be a strength as well On the other hand, my weakness is that I often have trouble waking up in the morning. So I am sometimes late for work.

저의 장점은 어떤 상황에서도 긍정적인 태도를 보인다는 것입니다. 저는 또한 항상 조심스러운데 조심스러움이 장점이 될 수 있다고 생각하는 한편, 저의 단점은 아침에 일어나는데 종종 어려움을 겪는다는 것입니다. 그래서 저는 가끔 회사에 지각합니다.

직업

 Are you satisfied with your current job?

당신은 현재 당신의 직업에 만족하나요?

답변 시간 **25** SEC

**A12** Yes, I am. My last job did not pay well enough and involved frequent travel which made me so exhausted. Now I have a well-paid office-based job that only requires me to start work at around 9 a.m. and finish at about 6 p.m.

네, 그렇습니다. 제 저번 직장은 보수가 부족했고 저를 너무 지치게 하는 잦은 출장이 있었습니다. 이제 저는 오직 오전 9시 정도에 일을 시작해서 오후 6시 정도에 끝내는 것만 요구하는 보수가 좋은 사무직에 다니고 있습니다.

| | | | | | |
|---|---|---|---|---|---|
| ☐ | full name | 성을 포함한 모든 이름 | ☐ | in the country | 시골에 |
| ☐ | last name<br>family name<br>surname | 가족의 성 | ☐ | neighborhood | 이웃 |
| ☐ | given name<br>first name | 이름 | ☐ | community place | 공동 장소 |
| ☐ | nickname | 별명 | ☐ | safe | 안전한 |
| ☐ | spell | 철자를 말하다 | ☐ | convenient | 편리한 |
| ☐ | introduce | 소개하다 | ☐ | clean | 깨끗한 |
| ☐ | greeting | 인사, 환영 | ☐ | work for | ~를 위해 일하다 |
| ☐ | farewell | 작별인사 | ☐ | profession<br>occupation | 직업 |
| ☐ | born | 태어나다 | ☐ | for a living | 생계를 위해서 |
| ☐ | birthday | 생일 | ☐ | department | 부서 |
| ☐ | address | 주소 | ☐ | manager | 과장 |
| ☐ | nationality | 국적 | ☐ | go to | ~에 가다 |
| ☐ | hometown | 고향 | ☐ | major in<br>specialize in | ~를 전공하다 |
| ☐ | raise | 키우다, 기르다, 자라다 | ☐ | firstborn<br>the eldest<br>the oldest | 첫째, 맏이 |
| ☐ | live | 살다 | ☐ | the middle (-born)<br>second child | 가운데, 둘째 |
| ☐ | call | 부르다 | ☐ | the youngest | 막내 |

# 01 저는 OOO입니다.

"이름이 무엇인가요?"와 같이 이름을 묻는 질문에는 "제 이름은 OOO입니다." 라고 답할 수 있습니다.

**Q** First of all, what is your name?

**A** My name is [전체 이름], [성]. [이름] is my first name and [성] is my last name.

☑ 서양 문화권에서는 first name(이름)이 last name(성)보다 앞에 위치합니다.
서양 문화권의 사람들에게는 한국 이름의 성과 이름이 정확하게 구분되지 않기 때문에 **이름을 말한 뒤에 잊지 않고** "(이름) is my first name and (성) is my last name." 이라고 말해 주는 것이 좋습니다.

---

## 연습하기

My name is [전체 이름]. [이름] is my first(given) name and [성] is my last(family) name.
I'm [전체 이름]. But, my friends call me [이름/별명].
I'm [전체 이름]. But, please call me [이름/별명].

제 이름은 [OOO] 입니다. [이름]이 이름이고, [성]이 제 성이에요.
제 이름은 [OOO] 입니다. 그러나, 제 친구들은 저를 [OO]라고 불러요.
제 이름은 [OOO] 입니다. 그러나, [OO]라고 불러주세요.

☑ **First name**은 이름을, **Last name**은 성을 의미합니다.
☑ 이름 : **First name = Given name = Forename**
☑ 성 : **Last name = Family name = Surname**

## 문장 말해보기

My name is **Suzi Kim.**
제 이름은 김수지입니다.

I'm **Suzi Kim.**
저는 김수지입니다.

My name is **Yuna Lee. Yuna** is my first name and **Lee** is my last name.
제 이름은 이유나입니다. 유나가 이름이고 이가 제 성이에요.

My name is **Min-ha Kim,** but my friends call me **Min.**
제 이름은 김민하이지만, 제 친구들은 저를 민이라고 불러요.

My name is **Yuna Lee,** but please call me **Yuna.**
제 이름은 이유나이지만, 유나라고 불러주세요.

## 나만의 답변 완성하기

다음의 우리말 문장을 본인의 이름을 넣어 영어로 말해봅시다.

**01** 제 이름은 OOO입니다. OO이 이름이고, O이 제 성입니다.

🎤 _____ .

**02** 제 이름은 OOO이지만, 제 친구들은 저를 OO이라고 불러요.

🎤 _____ .

**03** OOO이에요. 하지만 OO이라고 불러주세요.

🎤 _____ .

정답 **01** My name is [전체 이름]. [이름] is my first(given) name and [성] is my last(family) name.
**02** I'm [전체 이름]. But, my friends call me [이름/별명].
**03** I'm [전체 이름]. But, please call me [이름/별명].

## 02 네, 그게 제 전체 이름입니다.

"그게 당신의 전체 이름인가요?"와 같이 전체 이름을 묻는 질문에는
"네, 그게 제 전체 이름입니다." 라고 답할 수 있습니다.

**Q** Is that your full name?

**A** Yes, it is my full name.

### 문장 말해보기

**Yes, it is my full name.** 네, 그게 제 전체 이름입니다.
**Yes, [전체 이름] is my full name.** 네, [전체 이름]은 제 전체 이름입니다.

### 나만의 답변 완성하기

다음의 우리말 문장을 본인의 이름을 넣어 영어로 말해봅시다.

**01** 네, 그게 제 전체 이름입니다.

_____ .

**02** 네, OOO은 제 전체 이름입니다.

_____ .

정답  **01** Yes, it is my full name.

**02** Yes, [전체 이름] is my full name.

# 03 제 성의 철자는 O-O-O-O-O입니다.

"성은 철자를 어떻게 쓰나요?"와 같이 철자를 묻는 질문에는
"제 성의 철자는 O-O-O-O입니다." 라고 답할 수 있습니다.

---

**Q** How do you spell your family name?

**A** My family name is spelled O-O-O.
My last name is spelled O-O-O-O-O.
It's O-O-O-O-O.

---

✓ 철자를 알려줄 때는 알파벳 하나하나 끊어 천천히 말합니다.

## 문장 말해보기

It's **L-E-E.**
제 성의 철자는 L-E-E 입니다.

My family name is spelled **S-O-N-G.**
제 성의 철자는 S-O-N-G입니다.

## 나만의 답변 완성하기

다음의 우리말 문장을 본인의 이름을 넣어 영어로 말해봅시다.

---

**01** 제 성의 철자는 O-O-O-O-O입니다.

 _____.

정답 **01** My family name is spelled [O-O-O-O-O].

# 04 제 생일은 0월 0일 0000년입니다.

"생일이 언제 인가요?"와 같이 생년월일을 묻는 질문에는
"제 생일은 0월 0일 0000년입니다." 라고 답할 수 있습니다.

**Q** When were you born?

**A** I was born on [월] [일], [연도].

✔ 영어에서는 Month(월) + Day(일) + Year(연도) 순서로 나열합니다. 생일과 같은 특정한 날 앞에는
전치사 on을 써야 합니다.

## 연습하기

| | |
|---|---|
| I was born on [월] [일], [연도]. | 저는 [0000]년 [0]월 [00]일에 태어났습니다. |
| I was born in [월] [연도]. | 저는 [0000]년 [0]월에 태어났습니다. |
| I was born in [월]. | 저는 [0]월에 태어났습니다. |
| It's   [월] [일]. <br> the [서수] of [월]. <br> in [월]. | [0]월 [00]일입니다. <br><br> 생일이 [0]월입니다. |

## 문장 말해보기

**I was born on May 17<sup>th</sup>, 1997.**
저는 1997년 5월 17일에 태어났어요.

**It's September 10<sup>th</sup>.**
9월 10일이에요.

**It's the third of June.**
6월 3일이에요.

**It's in August.**
생일이 8월이에요.

## 나만의 답변 완성하기

다음의 우리말 문장을 본인의 생일을 넣어 영어로 말해봅시다.

**01** 저는 1993년 12월 31일에 태어났어요.

_____ .

**02** 1월 2일이에요.

_____ .

정답  **01** I was born on December 31<sup>st</sup>, 1993.
**02** It's the second of January.

# 05 저는 OO에서 태어났습니다.

"어디에서 태어났어요?"와 같이 출신지를 묻는 질문에는 "저는 OO출신이에요." 라고 답할 수 있습니다.

**Q** Where were you born?

**A** I was born in [도시/지역].
I was born in [지명], the [위치] of South Korea.
I'm from [국가/도시/지역]. It's [앞 내용에 대한 추가 문장].

- Level 5 이상이 목표인 수험자는 지명만 발언할 것이 아니라, 그 **지역에 대한 추가 정보**도 제공하는 편이 좋습니다.
- 장소 앞에는 전치사 **in**이나 **at**을 꼭 사용해야 합니다.
- 주로 **in**은 **넓은 장소**에, **at**은 **좁은 장소**에 사용됩니다.

## 연습하기

I was born in [도시/지역].        저는 [OO]에서 태어났어요.
I'm from [도시/지역].           저는 [OO] 출신입니다.

## 문장 말해보기

I was born in Seoul.
저는 서울에서 태어났어요.

I'm from Busan. It's the second largest city in Korea.
저는 부산 출신입니다. 대한민국에서 두 번째로 큰 도시죠.

## 나만의 답변 완성하기

다음의 우리말 문장을 본인의 출신지를 넣어 영어로 말해봅시다.

**01** 저는 서울 출신입니다.

 _____.

**02** 저는 인천 출신입니다. 그곳은 항구 도시입니다.

 _____.

정답  **01** I'm from Seoul.
**02** I'm from Incheon. It's a harbor city.

# 06 저는 OO에서 살아요.

"지금 어디에 사시나요?"와 같이 현재 사는 곳을 묻는 질문에는
"저는 지금 OO에 살아요." 라고 답할 수 있습니다.

**Q** Where do you live now?

**A** I live in [국가/도시].
I live at [도로명주소].

✔ in 뒤에는 국가나 도시명을, at 뒤에는 도로명주소와 같은 세부적인 주소를 씁니다.

✔ 여유가 된다면 자신이 살고 있는 지역의 추가 정보나 지역 외의 다른 정보도 제공하는 것이 좋습니다.

## 연습하기

I live in [지역/도시]
I live at [도로명 주소], Republic of Korea.

저는 [OO]에 살아요.
저는 [도로명 주소], 한국에 살아요.

## 문장 말해보기

I live in Gwangju.
저는 광주에 살아요.

I live in Seoul. It's the capital of Korea.
저는 서울에 살아요. 그곳은 대한민국의 수도에요.

## 나만의 답변 완성하기

다음의 우리말 문장을 본인의 주소를 넣어 영어로 말해봅시다.

**01** 저는 전주에 살아요.

 _____ .

**02** 저는 서울에 살고 제 동기와 방을 함께 써요.

 _____ .

정답 **01** I live in Jeonju.

**02** I live in Seoul and share a room with my classmate.

# 07 저는 [OO]일을 합니다.

"무슨 일을 하시나요?" "어느 회사에서 일하세요?"와 같이 하는 일을 묻는 질문에는
"저는 (어떤)일을 합니다." 라고 답할 수 있습니다.

---

**Q** What do you do for a living?

**A** I'm a [직업].
I work for [회사].
I'm in [부서].

---

✔ 이 외에도 직업에 대한 설명, 직업에 대한 선호도, 본인이 원하는 업무 분야, 업무 후 일과에 대한 묘사 등
다양한 질문들이 제시될 수 있습니다.

## 연습하기

**What do you do for a living?**
무슨 일을 하시나요?

**What company do you work for?**
어느 회사에서 일하세요?

**What do you do exactly?**
구체적으로 하시는 일이 무엇인가요?

**What do you want to do in the future?**
장래에 어떤 일을 하고 싶으신가요?

**A**

| I'm a | [직업] | 저는 [직업]입니다. |
|---|---|---|
| I work for | [회사] | [회사]에서 일해요. |
| I'm in | [부서] | 저는 [부서]에서 일합니다. |

## 문장 말해보기

**I'm a student.**
저는 학생입니다.

**I'm a secretary.**
저는 비서입니다.

**I work for a steel company.**
제철회사에서 일합니다.

**I'm in sales.**
저는 영업부에서 일합니다.

## 나만의 답변 완성하기

다음의 우리말 문장을 본인의 직업 및 부서를 넣어 영어로 말해봅시다.

**01** 저는 선생님입니다.

_____ .

**02** 저는 인사부에서 일합니다.

_____ .

정답 **01** I'm a teacher.
**02** I'm in Human Resources.

# 08 저는 OO학교에 다녀요.

"어느 학교에 다녀요?"와 같이 학교와 관련된 질문에는 "저는 OO학교에 다녀요." 라고 답할 수 있습니다.

**Q** What school do you go to?

**A** I go to [OO] University.

✔ 학교와 관련된 추가 답변도 같이 대비하는 게 좋습니다.

## 연습하기

**Q**

| What school do you go to? | What's your major? |
|---|---|
| 어느 학교에 다니세요? | 전공이 무엇인가요? |
| **Where did you go to college?** | **What is your degree?** |
| 어느 대학을 나왔어요? | 어떤 학위가 있으세요? |
| **What are you studying?** | |
| 무엇을 공부하나요? | |

**A**

| I go(went) to [대학명] University<br>I graduated from [고등학교명/대학명]. | 저는 [OO]대학교에 다닙니다. / 저는 [OO]대학교를 나왔어요.<br>저는 [OO]고등학교/대학교를 졸업했습니다. |
|---|---|
| My major is [전공명].<br>I'm in | 제 전공은 [OO]입니다. |
| I study [전공, 과목, 계열]. | 저는 [OO]계열을 공부합니다. |
| I have<br>I received   a B.A./M.A./Ph.D. | at [대학명] University.<br>in [전공]<br>from [대학명] University.<br><br>저는 [OO]학 학사/석사/박사 학위가 있어요. |

## 문장 말해보기

I go to **Hankuk University.** 저는 한국대학교에 다닙니다.

I graduated from **Best High School.** 저는 베스트 고등학교를 졸업했어요.

My major is **law.** 제 전공은 법학입니다

I'm in **engineering.** 저는 공학 계열입니다.

I study **politics.** 저는 정치학을 공부합니다.

I have a B.A. **in Business Administration.** 저는 경영학 학사가 있어요.

I have a M.A. **in English Literature.** 저는 영문학 석사가 있어요.

I received my Ph.D. **from Brown University.** 저는 브라운 대학에서 박사학위를 받았어요.

## 나만의 답변 완성하기

다음의 우리말 문장을 본인의 학력 및 전공을 넣어 영어로 말해봅시다.

**01** 저는 한국대학교를 나왔어요.

_____.

**02** 제 전공은 영문학입니다.

_____.

정답 **01** I went to Hankuk University.

**02** My major is English literature.

# 09 저의 가족은 0명이고, [가족 구성원]들이 있습니다.

"가족에 대해서 말해주세요." "형제나 자매가 있나요?"와 같이 가족에 대한 질문에는
"저의 가족은 0명이며, [가족구성원]으로 구성되어 있습니다." 라고 답할 수 있습니다.

**Q** Tell me about your family.

**A** There are [O] members in my family: [가족구성원 나열], and me.

✓ 가족(전체 인원, 구성원)에 대해 언급할 때는 보통 'there are (인원) members in my family'라고 한 뒤,
가족 구성원을 나열하고 가장 마지막에 'and me' 순서로 말합니다.

## 연습하기

**Tell me about your family.**
가족에 대해서 말해주세요.

**Do you have any brothers or sisters?**
형제나 자매가 있나요?

**How many brothers or sisters do you have?**
형제 자매가 몇 명이나 있나요? / 형제가 어떻게 되시나요?

**How many people are there in your family?**
가족은 몇 명인가요?

**There are [O] members in my family**
**There are [O] people in my family.**    **: [가족구성원 나열], and me.**

저의 가족은 [O]명이며, **[가족구성원]**, 그리고 저로 구성되어 있습니다.

---

**I'm the only child.**                    저는 외동입니다.
**I have [O] brothers and [O] sisters.**    저는 [O]명의 형제와 [O]명의 자매가 있습니다.

## 문장 말해보기

**There are 4 members in my family: my father, mother, younger brother and me.**
저의 가족은 4명이며, 아버지, 어머니, 남동생 그리고 저로 구성되어 있습니다.

**There are five people in my family.**
저의 가족은 다섯 명입니다.

**I'm the only child.**
저는 외동입니다.

**I have two brothers and two sisters.**
저는 두 명의 형제와, 두 명의 자매가 있습니다.

**I have a brother but no sisters.**
저는 형제가 한 명 있지만 자매는 없습니다.

## 나만의 답변 완성하기

다음의 우리말 문장을 본인 가족 구성원과 숫자를 넣어 영어로 말해봅시다.

**01** 저의 가족은 3명이며, 아버지, 어머니, 그리고 저로 구성되어 있습니다.

_____.

**02** 저는 형이 한 명, 누나가 한 명 있습니다.

_____.

정답 **01** There are 3 members in my family: my father, mother and me.
**02** I have a brother and a sister.

# 10 저의 취미는 OO입니다.

"취미가 무엇인가요?" "여가 시간에 무엇을 하시나요?"와 같이 취미생활에 대한 질문에는
"저의 취미는 OO입니다." 라고 답할 수 있습니다.

**Q** How do you spend your free time?
What is your hobby?

**A** I spend my time [활동(ing)] because [활동의 이유].
I [취미활동(동사원형)] in my free time.

- ✔ Level 5 이상을 목표로 하고 있는 학습자들이라면 단순히 취미생활을 언급하는 데에 멈추지 말고,
  가능하다면 그 이유에 대해서도 간략하게 언급하는 것이 좋습니다.
- ✔ 빈도 부사를 활용하여 문장을 구성할 수 있습니다.
- ✔ 자주 일어나는 순서에 따라 "always, usually, often, sometimes, hardly, never"로 표현이 가능하며,
  **빈도 부사는 일반동사 앞, 조동사/be동사 뒤에 위치합니다.**
- ✔ spend가 포함된 문장은 "**spend + 시간/돈 + −ing**" 형태로 표현해야 합니다.

## 연습하기

**Q**

How do you spend your free time?
여가 시간을 어떻게 보내시나요?

What do you usually do in your free time?
여가 시간에는 보통 무엇을 하시나요?

What do you do for fun?
취미가 무엇인가요?

**A**

[취미활동] is my hobby.
I + 빈도 부사 + [취미활동] in my free time.

저는 [취미활동]을 하면서 여가 시간을 보내요.

## 문장 말해보기

**Reading** is my hobby.
독서가 제 취미예요.

I usually **play tennis** in my free time.
저는 주로 테니스를 치면서 여가 시간을 보내요.

I started to take photos in my free time.
저는 여가 시간에 사진을 찍기 시작했어요.

I really enjoy swimming and try to go at least twice a week.
저는 수영을 정말 좋아해서 일주일에 적어도 두 번은 가려고 해요.

If I have time in the evenings, I like to go to the movies with my friends.
저는 저녁에 시간이 있으면, 친구들과 영화를 보러 가는 것을 좋아해요.

## 나만의 답변 완성하기

다음의 우리말 문장을 본인의 취미 활동을 넣어 영어로 말해봅시다.

**01** 저는 주로 골프를 치면서 여가 시간을 보내요.

_____.

**02** 페인팅은 제 취미예요.

_____.

정답 **01** I usually play golf in my free time.

**02** Painting is my hobby.

# 11 저의 단짝 친구는 OOO입니다.

"가장 친한 친구를 소개해주세요"와 같이 친구, 가족 또는 지인에 관해 묻는 질문에는
"저의 가장 친한 친구는 OOO입니다." 라고 답할 수 있습니다.

**Q** Could you tell me about the person you treasure most as a friend?

**A** My best friend is [OOO]. I met her/him when [처음 만났던 시기].
We [친해지게 된 계기], but not we are good friends.
My best friend is [OOO]. I have known her/him for [O] years.

✔ 자신이 아는 사람을 소개할 때는 단순히 이름만 언급하기보다, 언제 처음 만났는지, 어떤 계기로
친해지게 되었는지, 또 알고 지낸 지 얼마나 되었는지, 생김새 등 자세히 말하는 것이 좋습니다.

## 문장 말해보기

**My best friend is** Chae-Eun Lim. I've known her for 12 years.
저의 단짝 친구는 임채은입니다. 저는 그 친구를 12년 동안 알고 지냈어요.

**One of my close friends** is Ji-Hyun Kang. She became my close friend because she
is friendly, talented, and really generous to the people who need her help. I met her in
school and we have become good friends with each other since then.
저의 친한 친구 중 한 명은 강지현이에요. 그녀는 친절하고, 재능 있고, 도움을 필요로 하는 사람들에게 정말 관대하기 때문에
저의 친한 친구가 되었어요. 저는 그녀를 학교에서 만났고 그 이후로 우리는 서로 좋은 친구가 되었어요.

## 나만의 답변 완성하기

다음의 우리말 문장을 친구의 이름을 넣어 영어로 말해봅시다.

**01** 제 단짝 친구는 OOO입니다.

🎤 _____ .

**02** 제 단짝 친구는 OOO입니다. 저는 그 친구를 3년 동안 알고 지냈어요.

🎤 _____ .

정답 **01** My best friend is [OOO].

**02** My best friend is [OOO]. I've known him/her for 3 years.

# 12 저의 장점은 OO입니다. / 저의 단점은 OO입니다.

"본인의 장점/단점은 무엇인가요?"와 같이 장.단점을 묻는 질문에는
"저의 장점/단점은 OOO입니다." 라고 답할 수 있습니다.

**Q** What are your strengths and weaknesses?

**A** My strength is that [장점1]. And I think I am [장점2].
On the other hand, my weakness is that [단점1].
As a result, I am [단점의 부정적 결과]

✔ 영어 인터뷰에서 단골로 등장하는 질문 중 하나입니다.
25초는 짧은 시간이 아니기 때문에 반드시 주어진 시간 내에 적어도 장점 한 개, 단점 한 개는 발언할 수
있도록 해야 합니다. 또한, On the other hand, Meanwhile, However 등과 같은 대조의 의미를 가지
는 연결어를 같이 써주는 것이 더 좋습니다.

## 문장 말해보기

**My strength is** that I am able to think of creative solutions for the problems I encounter.
저의 장점은 직면한 문제들에 대해 독창적인 해결책을 생각해 낼 수 있다는 것입니다.

**My weakness is** that I often worry too much.
저의 단점은 종종 걱정이 너무 많다는 점입니다.

**My strength is** being able to listen to others well.
저의 장점은 타인의 말을 잘 들을 수 있다는 것입니다.

## 나만의 답변 완성하기

다음의 우리말 문장을 본인의 장.단점을 넣어 영어로 말해봅시다.

**01** 저의 장점은 긍정적인 태도입니다.

🎤 _____.

**02** 저의 단점은 화를 잘 내는 것입니다.

🎤 _____.

정답  **01** My strength is my positive attitude.

**02** My weakness is that I get angry easily.

# 공통 질문 연습하기

Giving personal information

**01** 아래의 문장들은 Sample Questions에 제시된 문장들로, 인터뷰에서 만나게 된 사람과 나눌 수 있는 대화의 일부분입니다. 순서 없이 나열된 질문과 답변들을 흐름에 맞도록 재배열해 봅시다.

> **Q** Hello. I'm going to ask you a few questions. I hope you don't mind. First of all, what is your name?
>
> **A** _____(1)_____.
>
> **Q** Is that your full name?
>
> **A** _____(2)_____.
>
> **Q** And how do you spell your family name?
>
> **A** _____(3)_____.

It is spelled A-H-N. (　　)
Yes, it is my full name. Su-Jin is my first name and Ahn is my last name. (　　)
My name is Su-Jin Ahn. (　　)

**02** 아래의 문장들은 Sample Questions에 제시된 문장들로, 인터뷰에서 만나게 된 사람과 나눌 수 있는 대화의 일부분입니다. 순서 없이 나열된 질문과 답변들을 흐름에 맞도록 재배열해 봅시다.

> **Q** When were you born?
>
> **A** _____(1)_____.
>
> **Q** And where were you born?
>
> **A** _____(2)_____.
>
> **Q** Where do you live now?
>
> **A** _____(3)_____.

I was born in Seoul. Seoul is the capital of Korea. (　　)
I was born on April 1st 1999. (　　)
I live in Jamsil in Seoul. This place is so beautiful and a lot of tourists visit there. (　　)

**03** [학업/직업] 아래의 문장들은 학생에게 적합한 Sample Questions로, 순서 없이 나열된 질문과 답변들을 흐름에 맞도록 재배열해 봅시다.

> **Q** Are you a student or do you work?
>
> **A** _____(1)_____.
>
> **Q** What do you study?
>
> **A** _____(2)_____.
>
> **Q** What school do you go to?
>
> **A** _____(3)_____.

I am an education major with a minor in sociology and English. (    )
I'm a first-year student at Duke College. (    )
I am a student. (    )

**04** [기타] 아래의 문장들은 Sample Question에 제시된 문장들로, 인터뷰에서 만나게 된 사람과 나눌 수 있는 대화의 일부분입니다. 순서 없이 나열된 질문과 답변들을 흐름에 맞도록 재배열해 봅시다.

> **Q** How do you spend your free time?
>
> **A** _____(1)_____.
>
> **Q** Tell me something about one of your close friends.
>
> **A** _____(2)_____.
>
> **Q** What are your strengths and weaknesses?
>
> **A** _____(3)_____.

My best friend is Se-Hun Lee. I've known him for 7 years. (    )
My strength is that I have a positive attitude at work. (    )
I usually spend my free time alone, watching TV or reading a book. (    )

---

**정답** **01** (3)-(2)-(1)   **02** (2)-(1)-(3)   **03** (2)-(3)-(1)   **04** (2)-(3)-(1)

---

**Directions**

In a moment, you will answer some questions about yourself.
Answer them as best as you can. Please speak clearly and loudly.

---

**Q1** Hello, I'm going to ask you a few questions. I hope you don't mind.
First of all, what is your name?

**A1** My name is_____.

My first name is _____ and my last name is _____.

**Q2** Is that your full name?

**A2** Yes, _____.

**Q3** And how do you spell your family name?

**A3** My family name is spelled _____.

**Q4** When were you born?

**A4** I was born on _____.

**Q5** And where were you born?

**A5** I was born in _____.

**Q6** Where do you live now?

**A6** I live in _____.

**Q7** What do you usually do to keep your body healthy?

**A7** To keep my body healthy, I usually _____.

I also try to _____.

**Q8** What kinds of music do you enjoy listening to?

**A8** I enjoy listening to _____.
Lately though, I listen to _____ as well.


**Q9** Why do you like these kinds of music?

**A9** I like _____ because I find it _____.
I usually play it when _____.


**Q10** Tell me something about one of your close friends.

**A10** One of my close friends is _____.
He/She became my close friend because_____.
I met _____ when I _____ and we have
become good friends with each other since then.


**Q11** What do you do to get in a good mood?

**A11** Well, to get in a good mood, I usually _____.
I like _____ because _____.


**Q12** Where do you like to go when you are under a lot of stress from work? Why do you like going there?

**A12** Whenever get stressed out, I _____.
I like to go there because _____.

# Sample Answer

**Q1** Hello, I'm going to ask you a few questions. I hope you don't mind.
First of all, what is your name?
안녕하세요, 몇 가지 질문을 드리겠습니다. 실례가 되지 않길 바랍니다. 먼저, 당신의 이름은 무엇입니까?

**A1** My name is Su-jin Ahn. My first name is Su-jin and my last name is Ahn.
제 이름은 안수진입니다. 수진은 제 이름이고 안은 제 성입니다.

**Q2** Is that your full name?
그게 당신의 전체 이름인가요?

**A2** Yes, it is my full name.
네, 제 전체 이름입니다.

**Q3** And how do you spell your family name?
그리고 당신의 성은 철자를 어떻게 쓰나요?

**A3** My family name is spelled A-H-N.
제 성의 철자는 A-H-N입니다.

**Q4** When were you born?
당신은 언제 태어났어요?

**A4** I was born on May 29th, 1997.
저는 1997년 5월 29일에 태어났습니다.

**Q5** And where were you born?
그리고 당신은 어디서 태어났나요?

**A5** I was born in Seoul, Korea.
저는 대한민국 서울에서 태어났습니다.

**Q6** Where do you live now?
당신은 지금 어디에 살고 있나요?

**A6** I still live in Seoul, Korea.
저는 아직 한국 서울에 삽니다.

**Q7** What do you usually do to keep your body healthy?

당신의 몸을 건강하게 유지하기 위해 주로 무엇을 하나요?

**A7** To keep my body healthy, I usually eat healthy foods such as fresh vegetables and fruits.

몸을 건강하게 유지하기 위해, 저는 주로 신선한 야채와 과일과 같은 건강식품을 먹습니다.

---

**Q8** What kinds of music do you enjoy listening to?

어떤 종류의 음악을 즐겨 듣나요?

**A8** I really enjoy listening to classical music. Especially, I like to listen to Beethoven's symphonies and Brahms' symphonies. Lately though, I appreciate a lot of new pop artists and so I listen to the latest pop songs as well.

저는 클래식 음악 듣는 것을 정말 좋아합니다. 요즘에는 신인 팝 가수들이 많아서 최신 팝송들도 듣습니다.

---

**Q9** Why do you like these kinds of music?

왜 이런 종류의 음악을 좋아하나요?

**A9** I like classical music because I find it to be quite relaxing. I usually play it at night when I'm about to go to asleep. As for pop music, I like its upbeat sound and so I play this kind of music usually early in the morning or whenever I feel like dancing.

저는 클래식 음악이 아주 편안하다고 생각하기 때문에 좋아합니다. 저는 보통 밤에 자려고 할 때 클래식을 틀어 놓습니다. 팝의 경우, 저는 팝의 신나는 사운드를 좋아해서 주로 아침 일찍 혹은 춤추고 싶을 때마다 이런 종류의 음악을 틀어 놓습니다.

---

**Q10** Tell me something about one of your close friends.

당신의 친한 친구 중 한 명에 대해 말해주세요.

**A10** One of my close friends at this moment is Dae-Young Kwon. He became my close friend because he is friendly, talented, and really generous to the people who need his help. I met him at a volunteer association and we have become good friends with each other since then.

지금 제 친한 친구 중 한 명은 권대영입니다. 그는 친절하고, 재능 있으며, 도움이 필요한 사람들에게 정말 관대하기 때문에 저와 친한 친구가 되었습니다. 저는 그를 봉사단체에서 만났고 그 이후로 우리는 서로 좋은 친구가 되었습니다.

**Q11** What do you do to get in a good mood?

기분이 좋아지기 위해 무엇을 하나요?

**A11** Well, to get in a good mood, I usually go to a famous park in a nearby community and walk around. I like going there because the air is fresh and there is not much pollution like in the city.

음, 기분이 좋아지기 위해, 저는 보통 동네 근처의 유명한 공원에 가서 걸어 다닙니다. 공기도 좋고 도시처럼 오염도 많지 않기 때문에 저는 그곳에 가는 것을 좋아합니다.

---

**Q12** Where do you like to go when you are under a lot of stress from work? Why do you like going there?

당신은 일 때문에 스트레스를 많이 받을 때 어디를 가는 것을 좋아하나요? 당신은 왜 그곳에 가는 것을 좋아하나요?

**A12** Whenever I get stressed out, I drive my car and go to river outside the city. I like to go there because this place is usually empty and quiet. After spending a couple of minutes there alone, I usually leave the place feeling more refreshed and relaxed. This is a good way to unwind on the weekends, especially after a stressful week in the office.

저는 스트레스를 받을 때마다, 차를 몰고 도시 외곽의 강으로 갑니다. 이곳은 보통 아무도 없고 조용해서 저는 그곳에 가는 것을 좋아합니다. 그곳에서 혼자 몇 분 정도 시간을 보낸 후, 저는 보통 더 상쾌하고 편안한 기분으로 그곳을 떠납니다. 이것은 특히 사무실에서 스트레스를 많이 받은 한 주 뒤, 주말에 긴장을 푸는 좋은 방법입니다.

# 02

# Describing a familiar setting / objects

## 일상 생활과 관련된 환경 또는 대상 묘사

| GST part | 2 |
| --- | --- |
| 문항 수 | 1개 |
| 준비 시간 | 30초 |
| 답변 시간 | 1분 |

# PART 02 진행 순서

Describing a familiar setting / objects

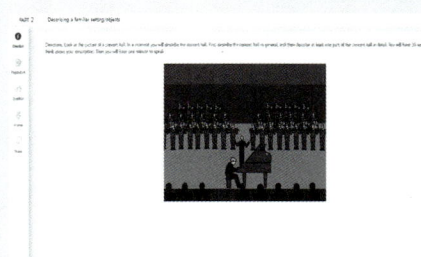

### 01 Direction 화면

• Part 2는 **질문지에 제시된 그림을 분석하여 그림을 묘사**하는 영역입니다.
• Part 2에 대한 Direction과 함께 그림이 화면상에 제시됩니다. Direction을 듣는 동안 주어진 그림을 빠르게 파악하도록 합니다.

### 02 Preparation Time & Question 화면

• "Now think about your answer" 이후 주어지는 30초의 준비 시간 동안 그림을 보고 묘사할 내용과 부분을 생각합니다. 필요하다면 중요 단어를 메모해 놓습니다.

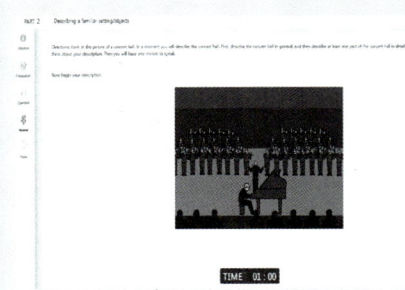

### 03 Response Time 화면

• "Now begin with your descriptions" 직후 "띵동"하는 기계음이 울리면 1분간의 답변 시간이 주어집니다. 주어진 시간 내에 그림을 정확하게 묘사합니다.

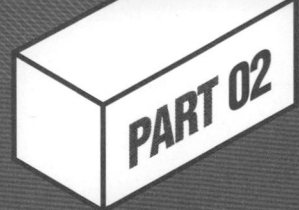

## Criteria 기준

| | |
|---|---|
| **Grammar**<br>문법 | ✅ 사진을 묘사할 때는 현재형이나 현재진행형 동사를 사용합니다.<br><br>**ex** There are(o)/were(x) two people who play(o)/played(x) tennis out of the house.<br><br>✅ 사물을 묘사하는 데에 있어서 방향/위치/장소의 전치사(구)를 적절하게 사용합니다.<br><br>**ex** There are a couple who are greeting in front of the house. |
| **Vocabulary**<br>어휘 | ✅ 주어진 질문에 대한 적절한 어휘를 사용해야 합니다. |
| **Pronunciation**<br>발음 | ✅ 무엇을 묘사하는지 알아들을 수 있도록 또박또박 발음에 신경 씁니다.<br>또한 주제나 묘사 대상이 바뀔 경우 억양의 변화나 단어의 사용에 유의합니다. |
| **Fluency**<br>유창도 | ✅ 준비 시간 동안 전체 묘사 이후에 어느 부분을 세부 묘사할지 미리 정하여 답변이 끊기지 않고 이어지도록 합니다. |
| **Content**<br>내용 | **전체 묘사에 그치지 않고 적어도 한 개 이상의 세부사항을 묘사해야 합니다.**<br><br>**상** … 전체 묘사나 한 개 이상의 세부 묘사가 정확히 이루어져 있을 경우<br><br>**중** … 전체 묘사나 한 개 이상의 세부 묘사가 이루어졌으나, 세부 묘사에 대한 설명이 불충분한 경우<br><br>**하** … 전체 묘사나 세부 묘사가 잘 이루어지지 않았을 경우<br>… 묘사하고 있는 내용이 그림과 제대로 일치되지 않을 경우 |

**01** GST Part 2에서는 크게 두 가지 과제를 수행해야 하는데,
우선 그림의 **전체적인 모습을 묘사**하고 한 군데 이상의 특정한 곳에 대한 **세부적인 설명을 덧붙여야** 합니다.

**02 그림 묘사하기는 크게 세 가지 단계로 이루어집니다.**
　**❶** 전체적 상황 묘사: 전반적인 사진의 모습을 소개합니다.
　　**ex** playground, 3-story building, school, library, street
　**❷** 중심 묘사: **비중이 크고, 중심이 되며,** 눈에 띄는 것부터 묘사합니다.
　**❸** 세부 묘사: GST에서 요구하는 대로 적어도 **한 개 이상의 세부사항을 묘사**해야 합니다.

# Describing a familiar setting
## / objects

## What to Expect

Part 2는 우리가 평소 접할 수 있는 친숙한 공간을 분석하여 그 공간에 위치한 사물의 배열을 자세히 묘사하는 능력을 평가합니다.

응시자는 주어진 시간 내에 질문지에 제시된 그림을 분석하여, 가능하면 전체적인 그림의 묘사와 더불어 그림의 한 부분이나 영역을 상세히 기술해야 합니다.

| 질문 유형 | 대상 묘사 및 이야기 전개 |
|---|---|
| 준비 시간 | 30초<br>• 그림 파악하기, 중요 단어 메모하기 |
| 답변 시간 | 1분<br>• 전반적인 모습 묘사하기, 세부 설명하기 |

## 들어가기 전  TIP!

### Describing a familiar setting / objects

**01** Part 2에서는 지시 사항과 그림이 제시됩니다. 지시사항을 듣는 동안 주어진 그림을 빠르게 파악해야 합니다.

**02** 준비 시간으로 주어지는 30초 동안 묘사할 부분을 생각하고, 중요 단어를 메모합니다.

**03** 전체적인 장소/배경 묘사 ➜ 인물/사물의 행위 묘사 순으로 우선 순위를 두어 가능한 자세히 말하는 것이 중요합니다.

# Sample
# Questions

Look at the picture of the building. In a moment, you will describe the building. First, describe the building in general, and then describe at least one room of the building in detail. You will have 30 seconds to think about your description. Then you will have one minute to speak.

이렇게 달라질 수 있어요!

**Q** you will describe the shopping center.

**Q** you will describe the hospital.

**Q** you will describe your house.

**Q** you will describe your room.

**Q** you will describe your office.

**Q** you will describe your school.

Now think about your answer. (30 SEC)

Now begin your description. (1 MIN)

## Directions

Look at the picture of a restaurant. In a moment, you will describe the restaurant. First, describe the restaurant in general and then describe at least one part of the restaurant in detail. You will have 30 seconds to think about your description. Then you will have one minute to speak.

**01 그림 파악 하기**

> 그림의 전체 모습을 파악하면서 묘사해야 할 내용을 확인합니다.
>
> ✓ 메모하기 : a restaurant

**02 중요단어 메모하기**

### Now think about your answer.
이제 당신의 답을 생각해 보세요.

생각할 시간 **30** SEC

> 답변 시간에 말해야 하는 중요 단어들을 가능한 한 많이 메모합니다. 평소에 말하기 어려웠던 표현들도 잊지 말고 적어 둡니다.
>
> ✓ 메모하기 : a busy restaurant / many tables / waiters & customers

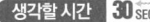

**03**
**머리말/ 중앙 묘사 세부 묘사**

**Level 5**
수준 답변

**Now begin your description.**
이제 설명을 시작하세요.

답변 시간 **1** MIN

**머리말** 머리말과 함께 그림의 전체적인 모습도 언급해 줍니다.

◉ This is a picture of **a busy restaurant.** There is **a salad bar at the back where people can choose vegetables.**
이것은 분주한 식당의 그림입니다. 뒤쪽에 사람들이 야채를 고를 수 있는 샐러드 바가 있습니다.

**중앙 묘사** · 중앙 부분을 묘사하되, 가능하다면 한쪽 방향에서부터 다른 방향
**ex** (좌 → 우, 우 → 좌)으로 안정감 있게 언급해 줍니다.
· 사람들의 행동 묘사는 동사의 현재진행형을 이용합니다.

◉ In the center, there are **many tables.**
On the left side, I can see **two women talking at one table, and at another table, there are four people giving their orders to a waiter.**
On the right side of **this restaurant, you can see a man sitting alone, and at another table, there are four men eating their dinner. At the last table, an old woman is sitting by herself.**
중앙에는, 많은 테이블이 있습니다.
왼쪽에는, 저는 한 테이블에서 두 명의 여성이 이야기하는 것을 볼 수 있습니다. 그리고 또 다른 테이블에서는, 종업원에게 주문을 하는 네 명의 사람이 있습니다. 식당의 오른쪽에는, 한 남성이 홀로 앉아있는 것을 볼 수 있으며, 그리고 또 다른 테이블에는, 저녁을 먹고 있는 네 명의 남성이 있습니다. 마지막 테이블에는, 한 할머니가 홀로 앉아 있습니다.

**세부 묘사**

◉ You can also see **a waiter with a tray of food in this picture.** I guess **the man wearing a coat near the door is the manager. He seems to be welcoming four guests who are entering the restaurant.**
이 그림에서는 또한 음식 쟁반을 든 종업원을 볼 수 있습니다. 저는 문 근처에서 코트를 입고 있는 한 남성은 식당 지배인이라고 생각합니다. 그는 식당에 들어오는 네 명의 손님을 환영하고 있는 듯합니다.

# Expressions Vocabulary

| | | | | | | |
|---|---|---|---|---|---|---|
| ☐ | **on** | ~위에 | | ☐ | **by** | ~까지 |
| ☐ | **in** | ~안에 | | ☐ | **beside** | ~옆에 |
| ☐ | **under** | ~아래에 | | ☐ | **on top of** | ~꼭대기에 |
| ☐ | **next to** | ~옆에 | | ☐ | **beneath** | 바로 밑에 |
| ☐ | **in front (of)** | ~앞에 | | ☐ | **in the middle (of)** | 가운데에 |
| ☐ | **behind** | ~뒤에 | | ☐ | **on the corner (of)** | 모서리에 |
| ☐ | **to the left (of)** | ~왼쪽에 | | ☐ | **across** | ~을 가로질러서 |
| ☐ | **to the right (of)** | ~오른쪽에 | | ☐ | **a two-story house** | 이층집 |
| ☐ | **between** | ~사이의 | | ☐ | **upstairs** | 위층으로 |
| ☐ | **near** | ~가까이의 | | ☐ | **downstairs** | 아래층으로 |
| ☐ | **above** | ~위에 | | ☐ | **office building** | 사무실용 빌딩 |
| ☐ | **below** | ~아래에 | | ☐ | **bathroom** | 욕실 |
| ☐ | **over** | ~위에 | | ☐ | **bedroom** | 침실 |

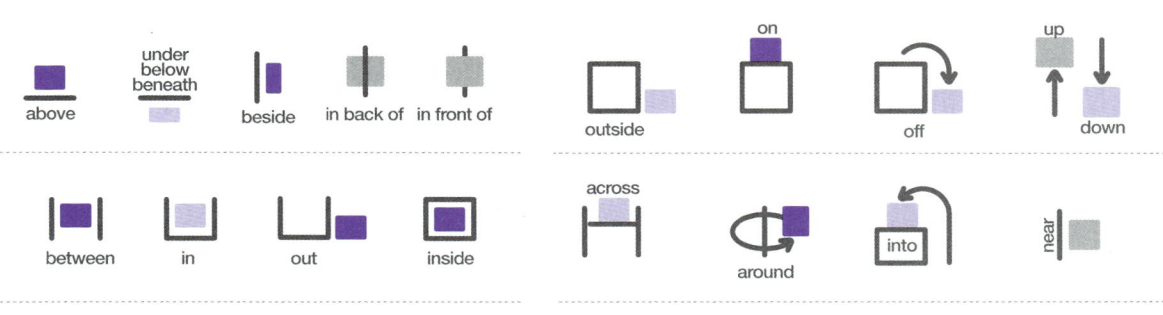

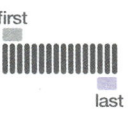

## 01 이것은 OOO의 그림입니다.

This is a picture of [그림의 전반적 모습]. 이것은 ~그림입니다.

In this picture, I can see ~ 이 그림에서, 저는 ~을 볼 수 있습니다.

In this picture, there is/are ~ 이 그림에는 ~이 있습니다.

The picture shows ~ 그 그림은 ~을 보여줍니다.

This picture is about ~ 이 그림은 ~에 대한 것입니다.

✔ 그림의 세부사항에 대해 바로 묘사를 시작하기보다는 다음과 같은 머리말로 전체적인 모습을 표현하는 것이 좋습니다.

### 문장 말해보기

This is a picture of **a class room.** 이것은 교실 그림입니다.

In this picture, I can see **a five-story building.** 이 그림에서, 저는 5층짜리 건물을 볼 수 있습니다.

In this picture, there is **a library.** 이 그림에는 도서관이 있습니다.

The picture shows **a park where people can walk or jog.** 그 그림은 사람들이 걷거나 조깅할 수 있는 공원을 보여줍니다.

This picture is about **a street in the countryside.** 이 그림은 시골에 있는 한 길에 대한 것입니다.

### 나만의 답변 완성하기

다음의 우리말 문장을 영어로 말해봅시다.

**01** 이것은 화장실 그림입니다.

 _____ .

**02** 이 그림에서, 저는 학교를 볼 수 있습니다.

 _____ .

정답 **01** This is a picture of bathroom.

**02** In this picture, I can see a school.

# 02 그림의 가운데에는 OO가 있습니다.

In the center, there is/are [묘사 대상]. 가운데에는, ~이 있습니다.

In the middle of the picture, there is/are [묘사 대상]. 그림의 가운데에는, ~이 있습니다

---

✔ 중간에 눈에 크게 띄는 것부터 묘사하는 것이 좋습니다.

## 문장 말해보기

**In the center, there is** a big pond with a jogging track around it.
가운데에는, 주변을 따라 조깅 트랙이 있는 큰 연못이 있습니다.

**In the middle of the picture, there are** two adults and children who are in the swimming pool.
그림의 가운데에는, 수영장에 어른 두 명과 아이들이 있습니다.

## 나만의 답변 완성하기

다음의 우리말 문장을 영어로 말해봅시다.

**01** 가운데에는, 세 그루의 큰 나무가 있습니다.

 _____ .

**02** 그림의 가운데에는, 무대 위에 피아노가 있습니다.

 _____ .

정답  **01** In the center, there are three big trees.

**02** In the middle of the picture, there is a piano on the stage.

# 03 OO을 자세히 묘사하려고 합니다.

**I will describe** [세부 묘사하고자 하는 그림이나 사람] **in detail.**
저는 ~을 자세하게 묘사할 것입니다.

**I would like to talk about** [세부 묘사하고자 하는 그림이나 사람]
저는 ~에 대해 이야기하고자 합니다.

---

✅ 적어도 한 가지 이상의 세부 사항을 묘사해야 합니다.

## 문장 말해보기

**I will describe** the man on the right in detail.
저는 오른쪽에 있는 한 남자를 자세하게 묘사할 것입니다.

**I would like to talk about** the large room on the second floor.
저는 2층의 큰 방에 대해 이야기하고자 합니다.

## 나만의 답변 완성하기

다음의 우리말 문장을 영어로 말해봅시다.

**01** 저는 왼쪽에 있는 한 아이를 자세하게 묘사할 것입니다.

🎤 _____ .

**02** 저는 가운데에 있는 빌딩에 대해 이야기하고자 합니다.

🎤 _____ .

정답 **01** I will describe a child on the left in detail.

**02** I would like to talk about the building in the middle.

# 04 그것은 마치 OO처럼 보입니다.

**It looks like** ~인 것 같습니다.

**It looks as if [묘사 대상과 유사한 대상].** ~한 것으로 보입니다.

**I guess** ~ 저는 ~라고 생각합니다.

☑ 그림을 본 후, 자신의 생각을 다양하게 표현해 봅시다.

## 문장 말해보기

On the right side, **it looks like** the couple is going to buy a shirt.
오른쪽에, 한 커플이 셔츠를 사려고 하는 것 같습니다.

**It looks as if** he has just arrived at the airport.
그가 막 공항에 도착한 듯 보입니다.

**I guess** she is a mother because she is the only adult in the group.
저는 그녀가 이 그룹에서 유일한 성인이기 때문에 그녀는 어머니라고 생각합니다.

## 나만의 답변 완성하기

다음의 우리말 문장을 영어로 말해봅시다.

**01** 왼쪽에, 한 아이가 아이스크림을 사려고 하는 것 같습니다.

 _____.

**02** 그가 막 학교에 도착한 듯 보입니다.

 _____.

정답 **01** On the left side, it looks like a child is going to buy an ice cream.

**02** It looks as if he has just arrived at school.

# 05 [사람]이 OOO을 하고 있습니다.

[사람] is [동사 + ing]. [사람]이 ~을 하고 있습니다.

✔ 사람의 경우에는 움직이는 행동을 포착하여 현재진행형을 사용해 줍니다.

## 문장 말해보기

A little girl is playing in the sandbox.
한 작은 소녀가 모래 통에서 놀고 있습니다.

A man is taking his dog for a walk.
한 남자가 강아지와 산책을 하고 있습니다.

A family is planting some flowers in the backyard.
한 가족이 뒤뜰에 꽃을 심고 있습니다.

## 나만의 답변 완성하기

다음의 우리말 문장을 영어로 말해봅시다.

**01** 한 남자가 벤치에 앉아 있습니다.

_____ .

**02** 한 여자가 공원에서 조깅하고 있습니다.

_____ .

정답 **01** A man is sitting on the bench.

**02** A woman is jogging in the park.

# 06 이것은 OOO입니다. / 이것들은 OOO입니다.

This is a/an [물건]. 이것은 ~입니다.
These are [물건들]. 이것들은 ~입니다.

## 문장 말해보기

**This is a** pencil. 이것은 연필입니다.

**This is a** computer. 이것은 컴퓨터입니다.

**These are** cups. 이것들은 컵들입니다.

## 나만의 답변 완성하기

다음의 우리말 문장을 영어로 말해봅시다.

**01** 이것은 의자입니다.

_____.

**02** 이것들은 지우개들입니다.

_____.

정답　**01** This is a chair.

**02** These are erasers.

# 07

## OOOO이/가/들이 있습니다.

There is a [물건]. ~이 있습니다.
There are [물건들]. ~들이 있습니다.
You can find ~ ~을 찾을 수 있습니다.
You can see ~ ~을 볼 수 있습니다.
You will find ~ ~을 찾을 것입니다.
You will see ~ ~을 볼 것입니다.

☑ There is/there are의 there에는 의미가 없습니다.
[There's a sofa by the wall.]문장과 같은 경우, there는 유도부사, 즉 '~가 있다'는 의미로 사용됩니다.

### 문장 말해보기

This is a two-story (= two-level, two-floor) building.
이것은 2층 건물입니다.

There are two pictures on the wall.
벽에 두 장의 그림이 있습니다.

There are plates, spoons, and knives on the shelf.
선반 위에는 접시, 숟가락, 칼이 있습니다.

When you enter the front door, you will see several tables.
현관에 들어서면, 여러 개의 테이블이 보일 것입니다.

### 나만의 답변 완성하기

다음의 우리말 문장을 영어로 말해봅시다.

**01** 1층에서 제 사무실을 찾을 것입니다.

🎤 _____.

**02** 지하에서 세탁실을 찾을 수 있습니다.

🎤 _____.

정답 **01** You will find my office on the ground floor.
**02** You can find the laundry room in the basement.

▶ 문제 듣기

**01** 문장 안에서 잘못 사용된 전치사를 찾아 바르게 고쳐 봅시다.

❶ I went in Egypt last week.

❷ We built a house at Korea.

❸ They want to meet us from the trade fair.

❹ I sent the letter to him.

❺ There's nothing to read on the newspaper.

❻ We decided to take some money out of our emergency bank account.

❼ They put a lot of money onto research.

❽ They have taken business at us.

❾ The computer is in the desk.

▶ QR로 듣기

**02** 위의 답변을 참고하여 아래의 질문에 답을 해 봅시다.

Give your best friend a house tour.

답변 듣기

정답

**01** ❶ in → to ❷ at → in ❸ from → at
❹ 고칠 필요 없습니다. ❺ on → in ❻ 고칠 필요 없습니다.
❼ onto → into ❽ at → from ❾ in → on

---

▶ **QR로 듣기**

**02** **ex 01** This is my place. It's on the 3rd floor of an apartment building. It's very small because I live alone. It has one bedroom, a living room, a kitchen and a bathroom. There are two windows to the south, and there's a small sofa by the wall. You can see the TV set in front of the sofa. There's a room to the right of the TV. That is my bedroom. You can see a computer on the desk in my room. There's a bookcase next to the desk. My bed is by the wall that has a big window. The bathroom is next to the bedroom. You can find the kitchen to the left of the bathroom. There's no table or chair because the kitchen is too small. I usually eat in the living room. When you go out of the door, you can find an elevator on your left. The stairs are opposite the elevator.

**ex 01** 여기가 우리 집이야. 우리 집은 아파트 3층에 있어. 내가 혼자 살기 때문에 매우 작아. 침실 한 개, 거실, 부엌, 욕실이 있어. 남쪽에 창문이 두 개 있고, 벽 옆에 작은 소파가 있어. 너는 소파 앞에 있는 TV를 볼 수 있어. TV 오른쪽에 방이 있어. 저기는 내 침실이야. 내 방 책상 위에는 컴퓨터가 있어. 책상 옆에는 책장이 있어. 내 침대는 큰 창문이 있는 벽 옆에 있어. 화장실은 침실 옆에 있어. 부엌은 화장실 왼쪽에 있어. 부엌이 너무 작아서 테이블이나 의자가 없어. 난 주로 거실에서 식사를 해. 문 밖으로 나가면, 왼쪽에 엘리베이터가 있어. 계단은 엘리베이터 맞은 편에 있어.

**ex 02** Hey bud. I'm glad to hear that you'll be in town for a few days. I live in a small apartment on the 3rd floor of an apartment complex downtown. My apartment is composed of a bedroom, a living room, a kitchen, and a bathroom. The first room you will see when you enter is the living room. It has two windows on the south wall, which provide a great view of the river, and a small sofa which I set flush against the wall, between the two windows. Across from the sofa is a large, 43-inch LCD TV, and to the right of the TV is the door to my bedroom. The bathroom is next to the bedroom, and the kitchen is to the left of the bathroom. There is not enough space to place tables or chairs in the kitchen, so I usually just eat in the living room.

**ex 02** 안녕. 네가 며칠 간 시내에 있을 거라니 기뻐. 나는 시내의 아파트 단지에 있는 작은 아파트 3층에 살아. 우리 아파트는 침실 1개, 거실, 부엌, 욕실로 구성되어 있어. 들어오면 제일 먼저 보이는 방이 거실이야. 남쪽 벽에는 강이 잘 보이는 두 개의 창문이 있고, 두 창문 사이에는 내가 벽에 평평하게 세운 작은 소파가 있지. 소파 건너편에는 43인치 대형 LCD TV가 있고, TV 오른쪽에는 내 침실 문이 있어. 화장실은 침실 옆에 있고, 부엌은 화장실 왼쪽에 있어. 부엌에는 테이블이나 의자를 놓을 공간이 부족해서 나는 주로 거실에서 밥을 먹어.

# PART 02 Template Practice

## Describing a familiar setting / objects

**Directions**

Look at the picture of the bookstore. In a moment, you will describe the bookstore. First, describe the bookstore in general, and then describe at least one part of the bookstore in detail. You will have 30 seconds to think about your description. Then you will have one minute to speak.

Now think about your answer. **30 SEC**

Now begin your description. **1 MIN**

◉ 준비 시간 동안 메모하기!

| 그림에서 묘사해야 하는<br>부분 파악하기 | ❶ 전체 모습<br>❷ 중간부터 좌우로 묘사<br>❸ 세부사항 + 견해 넣기 |
| --- | --- |

**전체 모습** In this picture, I can see_____ 그림 전체 모습 _____.

**중심 묘사** From the center, _____ 중앙 모습 _____.

On the upper left, there is _____ 좌측 모습 _____.

On the right side, it looks like _____ 우측 모습 _____.

**세부 묘사** I will specifically describe _____ 세부사항 _____ in detail.

**견해 넣기** It looks as if _____.

I guess _____.

In this picture, I can see a bookstore where people can buy books. From the center, the bookstore has four sections. On the upper left, there is a baggage counter next to the entrance and exit doors. I will specifically describe what the people are doing in the bookstore in detail. On the upper part, there are people entering and leaving the bookstore. There are also people lined up in front of the cashiers. I guess they are paying for the books they have chosen. On the right side, it looks like several people are choosing what books to buy. A man wearing glasses chose three books and maybe he is going to the cashier to pay for them.

이 그림에서, 저는 사람들이 책을 살 수 있는 서점을 볼 수 있습니다. 서점은 중앙에서부터 4개의 코너로 나뉘어 있습니다. 왼쪽 위에는, 출입문 옆에 수하물 카운터가 있습니다. 제가 사람들이 서점에서 무엇을 하고 있는지 자세히 설명하겠습니다. 위쪽에는, 서점을 드나드는 사람들이 있습니다. 계산대 앞에도 사람들이 줄을 서 있습니다. 그들은 그들이 고른 책의 값을 지불하고 있는 것 같다고 생각합니다. 오른쪽에는, 여러 사람들이 어떤 책을 살 지 고르고 있는 것처럼 보입니다. 안경을 쓴 남자가 책 세 권을 골랐는데 아마 계산대에 가서 책값을 지불하고 있을 것입니다.

# 03

# Describing habitual activities

일상 생활에 대한 묘사

| GST part | 3 |
| --- | --- |
| 문항 수 | 1개 |
| 준비 시간 | 30초 |
| 답변 시간 | 1분 |

# PART 03 진행 순서

Describing habitual activities

## 01 Direction 화면

- Part 3은 자신의 **일상생활 및 습관**에 대해 설명하는 영역입니다.
- Part 3에 대한 Direction 화면과 함께 해당 음성이 들립니다.

## 02 Preperation time & Question 화면

- 문제를 듣고 보며, 30초의 준비 시간 동안 말하고자 하는 내용을 정리합니다.

## 03 Response Time 화면

- "띵동" 하는 기계음이 울리면 1분 간의 답변 시간이 주어집니다. 주어진 시간 내에 자신의 생각을 조리 있게 표현해야 합니다.

# 고득점 POINT!
Describing habitual activities

## Criteria 기준

| | |
|---|---|
| **Grammar** 문법 | ✔ 답변에는 **일관되게 현재시제를 사용**합니다.<br><br>**ex** I usually go to the park on Saturday morning.<br><br>✔ **빈도 부사를 사용**합니다. (일반동사 앞, 조동사/be동사 뒤)<br><br>**ex** I always go to church on Sundays.<br>I am usually staying at home after work. |
| **Vocabulary** 어휘 | ✔ 주어진 질문에 대한 적절한 어휘를 사용해야 합니다. |
| **Pronunciation** 발음 | ✔ 중요한 단어의 강세에 신경 쓰면서 또박또박 발음합니다. |
| **Fluency** 유창도 | ✔ 친구에게 말하듯 자연스럽고 편안하게 답변합니다.<br>✔ 준비 시간에 세부적인 예시를 미리 생각해 두고, 말해야 할 시간에 당황하여 머뭇거리거나 말하는 타이밍을 놓치지 않도록 합니다. |
| **Content** 내용 | **1인칭 시점으로 현재시제를 사용하여 한 개 이상의 예시를 들어 답변하도록 합니다.**<br><br>**상** ··· 1인칭 시점으로 현재시제를 사용하여 질문에 정확하게 답변했을 경우<br>**중** ··· 1인칭 시점으로 현재시제를 주로 사용하여 답변했을 경우<br>**하** ··· 1인칭 시점이 아닌 다른 시점으로 답변했을 경우<br> ··· 현재시제를 사용하지 않고 답변했을 경우<br> ··· 질문에 전혀 다른 내용으로 답변했을 경우 |

# Describing
## habitual activities

## What to Expect

Part 3은 평소 활동(usual activities)에 대해 묘사하는 능력을 평가하는데, 자신이 일상에서 무엇을 자주 하는지, 왜 하는지를 미리 생각해두면 답변하기 좋습니다.

| 질문 유형 | 일상 활동에 대한 묘사 |
|---|---|
| 준비 시간 | 30초<br>• 문제 파악하기, 핵심 단어 메모하기 |
| 답변 시간 | 1분<br>• 질문에 대해 답변하기, "무엇을", "어떻게", "왜" 하는지 순서대로 답변하기 |

## 들어가기 전  TIP!

### Describing habitual activities

**01 자신의 평소 생활습관이나 행동양식에 대해 미리 이야기하는 것을 연습합니다.**

Part 3의 주제는 다른 질문들에 비해 친숙하고 예측 가능한 내용이므로, 미리 생각하는 시간을 가져야 합니다.

**02 구체적인 예시를 들어 답변합니다.**

실제로 발생하는 일에 대해 언급하는 것이므로, 질문에 대한 정확한 답변과 그에 따른 상세한 부가 설명(예시)을 제시해야 합니다.

**03 빈도부사를 적절히 활용합니다.**

빈도부사를 사용하여 좀 더 세부적이고 명확하게 설명할 수 있습니다.

# Sample Questions

## PART 3 — Directions

Listen to the following question. You will have 30 seconds to think about your answer, and one minute to speak. Give as much detail as possible. Now listen to the question.

**질문**

Where do you usually get together with your friends? What do you usually talk about? Give your answer in as much detail as possible.

이렇게 달라질 수 있어요!

Q What do you usually do on a normal day?

Q What do you usually do on your birthday?

Q What do you usually do after work?

Q How often do you exercise?

Q Do you ever watch television in the evening?

Q What do you do on Saturday mornings?

Q What do you like to do on your day off?

Q Do you have any hobbies?

Q Do you have a lot of stress in your life?

---

Now think about your answer. **30** SEC

Now give your answer. **1** MIN

---

→ Part 3의 지시문은 응시자에게 들려줄 질문에 대해 30초간 준비하고, 1분 동안 자세히 답변하도록 요구합니다. 질문들은 주로 자신의 일상이나 평소 습관에 대해 묻습니다.

→ 질문은 주로 'What do you usually~' 로 시작하며, 응시자 개인의 평소 활동 중 해당되는 사항을 답하게 됩니다.

## Directions

**Listen to the following question. You will have 30 seconds to think about your answer and one minute to speak. Give as much detail as possible. Now listen to the question.**

문제를 보고 들으며 질문의 내용을 파악합니다.

**01 문제 듣기**

> What do you usually do after a stressful day at the office or school? Explain your answer in as much detail as possible.
>
> ✓ 당신은 회사나 학교에서 힘든 하루를 보낸 후 주로 무엇을 하나요?

**02 중요단어 메모하기**

**Now think about your answer.**
이제 당신의 답을 생각해 보세요.

생각할 시간 **30** SEC

> 30초 동안 답변할 내용을 메모해 둡니다.
> 가능하다면 구체적인 예시와 그 이유에 대해서도 생각나는 대로 적은 후 내용을 선정합니다.
>
> ✓ 메모하기
>   stressful day... go home
>   if not tired... cook some food by myself
>   if tired... order food (pizza)
>   watch TV/ listen to music/meet my friends to chat

**03**
**질문에 답변하기**

Level 5
수준 답변

**Now give your answer.**
이제 당신의 답을 묘사하세요.

답변 시간 **1** MIN

질문을 역이용하여 첫 문장을 구성합니다.

☑ After a stressful day at the office, I usually **just go straight home.**
회사에서 힘든 하루를 보낸 후, 저는 보통 집에 바로 갑니다.

세부사항을 덧붙입니다.

☑ If I'm not too tired, I make myself a sandwich and a cold drink, or if I am too exhausted, I just order my favorite food, such as pizza.
Then, instead of doing my usual chores at night, I usually just rest by watching television or playing some music while I lie down on the couch, or sometimes I call one of my friends and tell him/her about my day.

저는 너무 피곤하지 않으면 샌드위치와 차가운 음료를 직접 만들거나, 너무 지치면 피자와 같은 제가 가장 좋아하는 음식을 시켜 먹습니다.
그리고는, 밤에 평소 하던 집안일을 하지 않고, 주로 소파에 누운 채 텔레비전을 보거나 음악을 틀며 쉬거나, 친구 중 한 명에게 전화를 걸어 그/그녀에게 저의 하루 일과에 대해 이야기합니다.

| | | | | | |
|---|---|---|---|---|---|
| ☐ | **first** | 먼저 | ☐ | **using a computer** | 컴퓨터 사용하기 |
| ☐ | **then** | 그러고 나서 | ☐ | **collecting stamps** | 우표 수집하기 |
| ☐ | **after that** | 그 이후에 | ☐ | **gardening** | 정원 가꾸기 |
| ☐ | **finally** | 마지막으로 | ☐ | **painting** | 그림 그리기 |
| ☐ | **firstly** | 첫 번째로 | ☐ | **playing a musical instrument** | 악기 연주하기 |
| ☐ | **secondly** | 두 번째로 | ☐ | **playing the piano** | 피아노 연주하기 |
| ☐ | **lastly** | 끝으로 | ☐ | **jogging** | 조깅하기 |
| ☐ | **first of all** | 우선 | ☐ | **painting** | 그림 그리기 |
| ☐ | **in other words** | 다른 말로 하면 | ☐ | **playing tennis** | 테니스 치기 |
| ☐ | **for instance** | 예를 들어 | ☐ | **playing in a band** | 밴드에서 연주하기 |
| ☐ | **in fact** | 사실은 | ☐ | **playing video games** | 비디오 게임 하기 |
| ☐ | **always** | 항상, 언제나 | ☐ | **gastroventure** | 맛집 탐방, 미식 모험 |
| ☐ | **frequently** | 자주, 흔히 | ☐ | **playing golf** | 골프 치기 |
| ☐ | **usually** | 보통, 대게 | ☐ | **cross-stitch** | 십자수 놓기 |
| ☐ | **often** | 흔히, 보통 | ☐ | **calligraphy** | 서예, 캘리그라피 |
| ☐ | **sometimes** | 때때로, 가끔 | ☐ | **camping** | 야영하기 |
| ☐ | **occasionally** | 가끔 | ☐ | **cleaning** | 청소하기 |
| ☐ | **seldom** | 좀처럼 ~않는 | ☐ | **cooking** | 요리하기 |
| ☐ | **rarely** | 드물게, 좀처럼 ~않는 | ☐ | **doing homework** | 숙제하기 |
| ☐ | **hardly ever** | 거의 ~하지 않는 | ☐ | **hiking** | 등산하기 |
| ☐ | **never** | 결코, 절대로 ~않다 | ☐ | **listening to music** | 음악 감상하기 |
| ☐ | **every day** | 매일 | ☐ | **riding a bicycle** | 자전거 타기 |
| ☐ | **once a week** | 주에 한 번 | ☐ | **reading** | 독서하기 |
| ☐ | **once in a while** | 가끔, 때로는 | ☐ | **studying** | 공부하기 |
| ☐ | **regularly** | 정기(규칙)적으로, 자주 | ☐ | **skiing** | 스키 타기 |
| ☐ | **normally** | 보통(은), 보통 때는 | ☐ | **swimming** | 수영하기 |
| ☐ | **every so often** | 가끔, 종종 | ☐ | **taking a test** | 시험 보기 |

# 01 Sequencing(순서) - 시작 단계

In / At the first stage, 첫 번째 단계에서

First, 첫 번째로

First of all, 우선, 먼저

Initially 처음에

The first step is ~ 첫 번째 단계는

The first thing you have to do is ~ 당신이 해야 할 첫 번째 일은

To start with, (=To begin with) 처음에, 우선

## 문장 말해보기

**First of all**, I get up at 6 o'clock.
먼저, 저는 6시에 일어납니다.

**Initially** he was excited by his progress, but he missed his wife.
처음에 그는 일이 잘 되어 신이 났었지만, 아내가 그리웠습니다.

**To start with**, I didn't love her.
처음에, 전 그녀를 사랑하지 않았습니다.

## 나만의 답변 완성하기

다음의 우리말 문장을 영어로 말해봅시다.

---

**01** 먼저, 저는 7시에 일어나요.

 _____ .

**02** 첫 번째로, 저는 아침을 위해 재료를 준비합니다.

 _____ .

---

정답 **01** First of all, I get up at 7 o'clock.

**02** First, I prepare something for breakfast.

# 02 Sequencing(순서) - 중간 단계

Second, 두 번째

Secondly, 두 번째로

The second step is ~ 두 번째 단계는

In / At the second stage, 두 번째 단계에서

Third, 세 번째

Thirdly, 세 번째로

The third step is ~ 세 번째 단계는

The third thing is ~ 세 번째 단계는

In / At the third stage, 세 번째 단계에서

After that, 그 다음에

At the next stage, 그 다음 단계에

Next, 다음에

Subsequently, 그 다음에

Then, 그리고 나서

## 문장 말해보기

Second, I eat my breakfast. 두 번째로, 저는 아침을 먹어요.

After that, I go grocery shopping. 그 후에, 저는 식료품을 사러 가요

Next, I pick up my briefcase. 다음에, 저는 서류가방을 챙겨요.

Then, I check my email. 그리고 나서, 저는 이메일을 확인해요.

## 나만의 답변 완성하기

다음의 우리말 문장을 영어로 말해봅시다.

**01** 그러고 나서, 저는 잠자리에 들어요.

_____.

**02** 두 번째로, 저는 샤워를 해요.

_____.

정답 **01** Then, I go to bed.

**02** Secondly, I take a shower.

# 03 Sequencing(순서) - 마지막 단계

At the final step, 마지막 단계에서
Finally, 마지막으로
The final step is ~ 마지막 단계는

## 문장 말해보기

**Finally,** I leave the house.
마지막으로, 저는 집을 떠나요.

**The final step is** to seal the box with packing tape.
포장용 테이프로 상자를 봉하는 것이 마지막 단계입니다.

## 나만의 답변 완성하기

다음의 우리말 문장을 영어로 말해봅시다.

---

**01** 마지막으로, 저는 집에 갑니다.

 _____.

**02** 불을 끄는 것이 마지막 단계입니다.

 _____.

정답 | **01** Finally, I go to home.

**02** The final step is to turn off the light.

# 04 질문을 역으로 사용하기 + 부연 설명하기

**Q** What kind of food do you <u>usually eat</u> <u>with your friends</u>?

**A** I <u>usually eat</u> Korean food <u>with my friends</u> because we are crazy about Korean food.

**Q** Where do you <u>like to go</u> <u>when you feel bad</u>?

**A** <u>When I feel bad</u>, I usually <u>like to go</u> to the park near my house since going there makes me forget whatever it is I am feeling bad about.

**Q** What do you <u>usually do</u> <u>after work</u>?

**A** I <u>usually watch TV</u> <u>after work</u> with my family.

- - - - - - - - - - - - - - - - - - - - - - - - - - - - - - - - - - - - - - - - -

✔ GST Part 3에서는 다양한 질문들이 출제되기 때문에 고정적인 표현을 예측하기 어렵습니다.
따라서 이런 문제들은 질문을 역으로 사용해서 답변할 수 있습니다.

---

**Q** What kind of food do you usually eat with your friends?

**A** I usually eat western food <u>such as</u> spaghetti <u>and</u> pizza with my friends <u>because</u> we are crazy about western food.

**Q** Where do you like to go when you feel bad?

**A** When I feel bad, I usually like to go to the park near my house <u>since</u> going there makes me forget whatever it is I am feeling bad about.

**Q** What do you usually do after work?

**A** I usually watch TV after work with my family. <u>As</u> all the members of my family love watching this drama, we watch it together every day.

- - - - - - - - - - - - - - - - - - - - - - - - - - - - - - - - - - - - - - - - -

✔ 자신의 답변을 조금 더 자세히 보충하기 위해서 다양한 예시 어구들(such as, for example, for instance…)을 이용할 수 있습니다. 또한 이유접속사(because, since, as…)와 함께 구체적인 이유를 제시함으로써 답변의 내용을 풍성하게 만들 수 있습니다.

# 05 빈도부사

I always ~ 저는 항상

I usually ~ 저는 주로/보통

I generally 저는 일반적으로/보통

I frequently 저는 자주

I often ~ 저는 종종

I occasionally 저는 가끔

I sometimes ~ 저는 가끔

I rarely/hardly/seldom ~ 저는 드물게

I never 저는 결코

I ~ every day. 저는 매일

I ~ once a day. 저는 하루에 한 번

I ~ twice (two times) a week. 저는 일주일에 두 번

I ~ three times a month. 저는 한 달에 세 번

I ~ four times a year. 저는 일 년에 네 번

I ~ every other day. 저는 격일로

I ~ every other week. 저는 격주로

I ~ every other month. 저는 격월로

I ~ every other year. 저는 2년마다

I ~ once every two days. 저는 이틀에 한 번

I ~ once every three weeks. 저는 3주에 한 번

I ~ once every four months. 저는 네 달에 한 번

I ~ once every five years. 저는 5년에 한 번

---

- 빈도부사란 어떤 행동을 '얼마나 자주' 하는 지 말하거나 물을 때 사용하는 부사로, **일반 동사 앞, be동사/조동사 뒤에 위치**합니다.

- 빈도 표현을 사용해 대답하면 답변이 보다 매끄러워질 수 있습니다.

## 문장 말해보기

I **always** read before I go to bed. 저는 잠자리에 들기 전에 항상 책을 읽어요.

I **usually** stay home on the weekend. 저는 주말에 보통 집에 있어요.

I **often** watch TV after work. 저는 퇴근 후에 종종 TV를 봐요.

I **sometimes** watch the news. 저는 가끔 뉴스를 봐요.

I **hardly** ever listen to music. 저는 좀처럼 음악을 듣지 않아요.

I **never** drive to school. 저는 절대 차를 몰고 학교에 가지 않아요.

## 나만의 답변 완성하기

다음의 우리말 문장을 영어로 말해봅시다.

**01** 저는 주로 공원에서 산책을 해요.

_____.

**02** 저는 매일 아침 항상 아침 식사를 해요.

_____.

정답 **01** I usually go for a walk at the park.

**02** I always have breakfast every morning.

**정답**

01 ❶ at (around or before), in, on

❷ around (at, before or after), on

❸ at, at

❹ on, at (before or around)

❺ at (or around), in, on

❻ on

❼ around (or at), in

❽ until, on

---

▶ QR로 듣기

02 **ex 01** I usually get up at 7. Next, I go out for a walk for around half an hour. Then, I eat breakfast at 8 o'clock while watching TV news. After finishing breakfast, I usually leave the house for work at 8:30. I take a bus to my company. When I come into the office, it's 9 o'clock. In the morning, I have a meeting with my boss sometimes. I usually eat lunch with my co-workers around my office building. After lunch, I do my routine paper work and then report to my boss on the projects or plans that I am working on. I usually finish my work at 6 o'clock, but sometimes I have to work overtime when I am busy.

**ex 01** 저는 보통 7시에 일어납니다. 그 다음, 저는 30분 정도 산책을 합니다. 그 후, 8시에 TV 뉴스를 보면서 아침을 먹습니다. 아침 식사를 마치고, 저는 보통 8시 30분에 출근을 합니다. 저는 회사까지 버스를 타고 갑니다. 제가 사무실에 들어오면, 9시가 됩니다. 아침에, 저는 가끔 상사와 회의를 갖습니다. 점심은 주로 회사 건물 주변에서 동료들과 함께 먹습니다. 점심 식사 후, 저는 일상적인 서류 작업을 하고 나서 상사에게 제가 진행 중인 프로젝트들이나 계획을 보고합니다. 저는 보통 6시에 일을 끝내지만, 바쁠 때는 가끔 야근을 해야 합니다.

---

03 ❶ I often have eggs for breakfast.

❷ Do you ever eat lunch at the cafeteria?

❸ Sometimes I watch TV in my free time.
I sometimes watch TV in my free time.

❹ What do you usually do Saturday night?

❺ I play tennis twice a week.

❻ How often do you usually exercise?

❼ I never watch TV.

---

▶ QR로 듣기

04 **ex 01** I don't go shopping very often. I go shopping two or three times a month. Usually, I go to the department store in the middle of downtown. I like shopping in department store because I can find all the things that I need to buy in one building. But the prices are very high for some stuff. So, sometimes I go to the traditional markets. We can find all kinds of things in those markets. I usually go shopping with my friends or my sister. I hardly ever go by myself. I think shopping is more interesting when I go with someone else.

**ex 01** 저는 쇼핑을 자주 하지 않습니다. 저는 한 달에 두세 번 쇼핑을 합니다. 저는 주로 시내 한복판에 있는 백화점에 갑니다. 저는 한 건물에서 사야 할 모든 것들을 찾을 수 있기 때문에 백화점에서 쇼핑하는 것을 좋아합니다. 하지만 어떤 물건들은 가격이 매우 비쌉니다. 그래서, 저는 가끔 전통 시장에 갑니다. 우리는 그 시장들 안에서 모든 종류의 물건들을 찾을 수 있습니다. 저는 주로 친구나 언니와 함께 쇼핑을 합니다. 저는 혼자 가는 일이 거의 없습니다. 쇼핑은 다른 사람과 함께 갈 때 더 재미있다고 생각합니다.

**ex 02** I don't go shopping very often, only about two or three times a month. When I do go shopping, I usually go to the department stores in the middle of downtown. I like shopping there because I can find the things that I need to buy in one building. The prices are very high for some stuff though, so I sometimes go to traditional markets, where, with a little digging, I can find practically anything I want.

**ex 02** 저는 쇼핑하러 자주 가지 않고, 한 달에 두세 번 정도만 갑니다. 저는 쇼핑을 하러 갈 때, 주로 시내 한복판에 있는 백화점에 갑니다. 저는 한 건물에서 사야 할 물건들을 찾을 수 있기 때문에 그곳에서 쇼핑하는 것을 좋아합니다. 몇몇 물건은 가격이 너무 비싸서 가끔 재래시장에 가곤 하는데, 조금만 찾아보면 실질적으로 제가 원하는 것을 찾을 수 있습니다.

---

**05 ❶** spare time
**❷** have
**❸** off
**❹** go for
**❺** enjoy
**❻** fan

---

▶ QR로 듣기

**06 ex 01** I like reading. I usually read books about history and culture. I also like to watch movies. I go to the movies once or twice a month with my girlfriend. I like action movies, but she likes comedies and dramas. On weekends, I watch Netflix alone at home. Another hobby of mine is collecting stamps. Actually, I've been collecting stamps since I was an elementary school boy. Now I have around 2,000 stamps from all over the world. I usually listen to music before I go to bed at night. I like R&B music. When I feel stressed from work, it makes me relaxed and comfortable. On top of that, sometimes I go fishing on my day off. I feel very calm while I am fishing alone for several hours.

**ex 01** 저는 독서를 좋아합니다. 저는 주로 역사와 문화에 관한 책을 읽습니다. 또한 저는 영화 보는 것도 좋아합니다. 저는 한 달에 한두 번 여자친구와 영화를 보러 갑니다. 저는 액션 영화를 좋아하지만 그녀는 코미디와 드라마를 좋아합니다. 주말에는, 집에서 혼자 넷플릭스를 봅니다. 저의 또 다른 취미는 우표 수집입니다. 사실, 저는 초등학생 때부터 우표를 수집해왔습니다. 이제 저는 전 세계의 우표 약 2,000장을 가지고 있습니다. 저는 보통 밤에 자기 전에 음악을 듣습니다. 저는 R&B 음악을 좋아합니다. 직장에서 스트레스를 받았을 때, 그 음악은 긴장을 풀어주고 편안하게 만들어줍니다. 게다가, 쉬는 날에는 가끔 낚시를 가기도 합니다. 몇 시간 동안 혼자 낚시를 하다 보면 마음이 차분해집니다.

**ex 02** I like reading books about history and culture. I also like to watch movies. I go to the movies once or twice a month with my girlfriend. I like action movies but she likes comedy movies and dramas. On weekends, I watch Netflix alone at home. Another hobby I have is collecting stamps. Actually, I've been collecting stamps since I was an elementary school boy. Now I have around 2,000 stamps from all over the world. I usually listen to music before I go to bed at night. I like R&B music. When I feel stressed from work, it makes me relaxed and comfortable. I also sometimes go fishing on my day off.

**ex 02** 저는 역사와 문화에 관한 책을 읽는 것을 좋아합니다. 또한 저는 영화 보는 것도 좋아합니다. 저는 한 달에 한두 번 여자친구와 영화를 보러 갑니다. 저는 액션 영화를 좋아하지만 그녀는 코미디 영화와 드라마를 좋아합니다. 주말에는 집에서 혼자 넷플릭스를 봅니다. 저의 또 다른 취미는 우표 수집입니다. 사실, 저는 초등학생 때부터 우표를 수집했습니다. 이제 저는 전 세계의 우표 약 2,000장을 가지고 있습니다. 저는 보통 밤에 자기 전에 음악을 듣습니다. 저는 R&B 음악을 좋아합니다. 직장에서 스트레스를 받았을 때, 그 음악은 긴장을 풀어주고 편안하게 만들어줍니다. 또한 저는 쉬는 날에 가끔 낚시를 하러 갑니다.

# Template Practice

## Describing habitual activities

---

**Directions**

Listen to the following question. You will have 30 seconds to think about your answer and one minute to speak. Give as much detail as possible. Now listen to the question.

---

**How do you usually learn a new task or work?**

**What are the steps that you do to make sure you learn the new task?**

Describe what you do in as much detail as possible.

......................................................

**Now think about your answer.** (30 SEC)

☑ 준비 시간 동안 메모하기!

......................................................

**Now describe your answer.** (1 MIN)

| 질문을 보고<br>문제 파악하기 | ❶ 질문을 역이용하여 첫 문장 완성하기<br>: _____.<br><br>❷ step 말하기<br>• 세부사항 나열1: _____.<br>• 세부사항 나열2: _____.<br><br>❸ 이유 or 마무리: _____. |
|---|---|

( 첫 문장 ) I usually learn a new task or work _____배우는 방식_____.

( 세부 사항 1 ) In other words, I learn_____step 1_____.

　　　Then _____step 2_____.

　　　After that _____step 3_____.

( 세부 사항 2 ) For example, _____세부 예시 step 1_____.

　　　Then _____세부 예시 step 2_____.

　　　After that _____세부 예시 step 3_____.

( 마무리 ) In summary, _____배우는 방식 재정리_____.

---

I usually learn a new task on my own by reading about it, seeing how it is done, and then doing it by myself.

In other words, I learn better when I research the task first using media such as the Internet or books. I like reading what I research over and over until I am familiar with it. Then when I understand the task and how to do it, I often watch how other people do it. After that, I practice the task.

For example, if I need to learn how to interview people, I research interviewing, and then I observe an actual interview session. After that, I practice what I've read and observed.

In summary, I learn a new task by carefully studying it first, then observing how it is done, and finally practicing it on my own.

---

저는 보통 새로운 과제에 대해 스스로 읽고, 그것이 어떻게 행해지는지 보고, 스스로 그것을 하면서 배웁니다.

즉, 인터넷이나 책과 같은 매체를 사용하여 먼저 과제를 조사할 때 더 잘 배웁니다. 저는 제가 조사한 내용을 그것에 익숙해질 때까지 반복해서 읽는 것을 좋아합니다. 그러고 나서 제가 과제와 방법을 이해했을 때, 저는 종종 다른 사람들이 하는 것을 지켜봅니다. 그 후, 저는 그 일을 연습합니다.

예를 들어, 사람들을 인터뷰하는 방법을 배워야 한다면, 면접을 조사하고, 실제 면접 시간을 관찰합니다. 그 후, 저는 제가 읽고 관찰한 것을 연습합니다.

요약하자면, 저는 새로운 과제를 먼저 꼼꼼히 공부한 다음, 그것이 어떻게 진행되는지 관찰하고, 마지막으로 스스로 연습하면서 배웁니다.

# 04

# Narrating a story from pictures

그림으로부터 이야기 전개하기

| GST part | 4 |
|---|---|
| 문항 수 | 1개(그림 5개) |
| 준비 시간 | 30초 |
| 답변 시간 | 1분 |

# PART 04 진행 순서

Narrating a story from pictures

## 01 Direction 화면

- Part 4는 순서대로 나열된 일련의 **그림을 보고, 상황을 유추하여 짧은 이야기를 구성**하는 영역입니다.

- Part 4에 대한 Direction과 연관된 5개의 그림이 화면에 나옵니다.

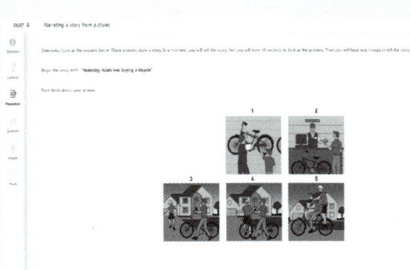

## 02 Preparation Time & Question 화면

- 이야기의 시작이 될 문장이 주어집니다. 30초의 준비 시간 동안 그림을 파악하여 각 그림의 배경과 인물을 설명하는 데 필요한 키워드를 생각합니다.

## 03 Response Time 화면

- "띵동" 하는 기계음이 울리면 주어지는 문장을 시작으로 하여 1분 동안 5개의 그림이 순서대로 연결된 하나의 이야기를 연관성 있게 말합니다.

## Criteria 기준

| | |
|---|---|
| **Grammar**<br>문법 | ☑ 답변에는 일관된 하나의 시제를 사용합니다.<br>☑ **보통 주어지는 첫 문장의 시제가 과거형이므로 답변 전체를 과거 시제로 진행**해야 합니다. 많은 응시자들이 현재 시제와 과거 시제를 혼용해서 사용하는 데 주의해야 합니다.<br><br>**ex** Yesterday, Benjamin **went** for a walk with his dog. |
| **Vocabulary**<br>어휘 | ☑ 주어진 그림 속 인물의 행동이나 상황을 정확히 묘사할 수 있는 어휘를 사용해야 합니다. |
| **Pronunciation**<br>발음 | ☑ 그림이 바뀔 때마다 **연결어를 넣거나**, 필요한 경우 억양의 변화나 중요 단어에 강조를 둡니다. |
| **Fluency**<br>유창도 | ☑ 준비 시간 동안 각 그림의 묘사할 부분을 미리 정하여 답변 시간에 크게 끊기는 부분 없이 말을 이어 나가도록 합니다. |
| **Content**<br>내용 | **주어지는 문장을 시작으로 5개의 그림을 모두 하나의 이야기로 완성해야 합니다.**<br><br>**상** … 주어진 문장으로 이야기를 시작하면서 추가 세부 사항을 포함하고, 하나의 이야기 속에 전체적인 묘사와 함께 한 개 이상의 세부 묘사가 정확히 이루어져 있을 경우<br><br>**중** … 주어진 문장으로 이야기를 시작하지 않을 경우<br>   … 최소 4개의 그림만 가지고 이야기를 만든 경우<br><br>**하** … 이야기를 전개하기보다 단순히 개별적 그림들만 묘사하고 있을 경우<br>   … 이야기의 일부분이 그림과 관련이 없는 경우<br>   … 그림과 이야기의 흐름이 매치가 되지 않는 경우 |

## What to Expect

Part 4는 순서대로 나열된 일련의 그림을 보며 상황과 흐름에 합당한 짧은 이야기를 구성하여 영어로 표현하는 능력을 평가합니다.

이때 응시자는 처음에 주어지는 시작 문장(leading statements)에 이어서 응답해야 하며, 5개의 그림이 사건의 진행 순서에 맞도록 설명할 수 있어야 합니다. 이때, 주어지는 첫 문장의 시제가 과거형이므로 전체 답변 또한 과거시제로 답변해야 합니다.

| 질문 유형 | 대상 묘사 및 이야기 전개 |
|---|---|
| 준비 시간 | 30초<br>• 각각의 그림 파악하기, 중요 단어 메모하기 |
| 답변 시간 | 1분<br>• 주어진 문장으로 답변 시작하기, 적절한 연결어와 통일된 과거 시제를 사용하여<br>  하나의 이야기 만들기 |

# 들어가기 전

## Narrating a story from pictures

**01 Part 4에서는 그림을 정확하게 묘사하는 것이 중요합니다.**
- 배경이 어떤 곳인가?
- 등장인물은 몇 명인가?
- 누가 주인공인가?
- 그림이 전체적으로 어떤 상황을 나타내는가?

**02 각각의 그림에 골고루 시간을 분배합니다.**
- 어느 한 그림에만 치중해서 설명하거나 한 그림이라도 빠뜨려서는 안됩니다. 5개 각각의 그림에 시간을 골고루 배분하여 하나로 연결하는 것이 중요합니다.

**03 적절한 연결어를 사용합니다.**
- 그림 간의 매끄러운 연결을 위해서는 연결어 사용이 중요합니다. because, so, when, until, while 등과 같은 접속사나 상황을 전환하는 suddenly, 이야기를 결론을 나타내는 finally 등의 부사를 사용하여 글의 연결성을 높일 수 있습니다.

## PART 4     Directions

Look at the pictures below. These pictures show a story. In a moment, you will tell the story. First, you will have 30 seconds to look at the pictures. Then you will have one minute to tell the story.

첫 문장

Begin the story with: "Last weekend, Ellen was walking home from school."

     **Q** Yesterday, Justin went shopping.
     **Q** Yesterday, Susan went on a date.    이렇게 달라질 수 있어요!
     **Q** Yesterday, April's computer broke down.

-----

Now think about your answer. **30** SEC
Now begin your story with,
"Last weekend, Ellen was walking home from school." **1** MIN

-----

→ 이 Task에서 응시자는 30초 동안 각 그림에 표현된 주요 동작을 중심으로 사건을 재구성하면서 묘사하는데 필요한 어휘를 준비하고, 1분 동안 사건의 시점을 고려하여 5가지 그림의 상황을 모두 말해야 합니다.

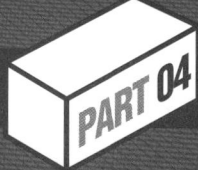

## Directions

Look at the pictures below. These pictures show a story. In a moment, you will tell the story. First you will have 30 seconds to look at the pictures. Then you will have one minute to tell the story.

**01 그림 파악 하기**

Begin the story with : "Yesterday morning, Mary went to a toy store."

다섯 개 그림 각각의 모습을 파악하면서 등장인물(주인공), 장소 및 이야기를 생각합니다.

**02 중요단어 메모하기**

## Now think about your answer.

이제 당신의 답을 생각해 보세요.

생각할 시간 **30** SEC

답변 시간에 말해야 하는 중요 단어들을 가능한 한 많이 메모합니다.

✓ 메모하기
toy store/present, doll/wrap the gift/daughter, car/drive

Now begin your story with, "Yesterday morning, Mary went to a toy store."
이제 **"Yesterday morning, Mary went to a toy store."** 로 답을 시작해보세요.

**답변 시간 1 MIN**

"Yesterday morning, Mary went to a toy store."를 먼저 언급한 후,
연결어를 사용하여 내용이 매끄럽게 연결되도록 합니다.

---

**Yesterday morning, Mary went to a toy store.**
어제 아침, 메리는 장난감 가게에 갔습니다.

❶ She looked for a present to give to her daughter. **Finally**, she chose a beautiful doll with long golden hair.
그녀는 딸에게 줄 선물을 찾았습니다. 마침내, 그녀는 긴 금발을 가진 아름다운 인형을 골랐습니다.

❷ **Afterwards**, she went back to her car and drove home.
그 후, 그녀는 차로 돌아가서 집으로 운전했습니다.

❸ **And then** inside her room, Mary took out some gift-wrapping paper and began wrapping the doll.
그리고 나서 메리는 그녀의 방에서 선물 포장지를 꺼내 인형을 포장하기 시작했습니다.

❹ **Later on**, she went outside the room and saw her daughter who had just arrived home from school.
나중에, 그녀는 방 밖으로 나갔고 학교에서 막 집에 도착한 그녀의 딸을 보았습니다.

❺ **At that moment**, she gave her daughter the present, and the girl was very happy to receive her surprise.
그 때, 그녀는 딸에게 선물을 주었고, 소녀는 그녀의 깜짝 선물을 받고 매우 기뻐했습니다.

# Expressions
## Vocabulary

| | | | | | |
|---|---|---|---|---|---|
| ☐ | after that | 그 후에 | ☐ | get onto the expressway | 고속도로로 들어서다 |
| ☐ | next | 다음에 | ☐ | follow the signs | 표지판을 따르다 |
| ☐ | then | 그리고 나서 | ☐ | get off the expressway | 고속도로를 빠져나오다 |
| ☐ | finally | 마지막으로 | ☐ | check into the hotel | 호텔에 투숙하다 |
| ☐ | take a walk | 산책하다 | ☐ | go into one's room. | 자신의 방으로 가다 |
| ☐ | men's clothing store | 남성 의류 매장 | ☐ | put on | 입다 |
| ☐ | rack | 진열대 | ☐ | walk(back) to the hotel | 호텔로 (돌아)갔다 |
| ☐ | label | 상표 | ☐ | say hello(bye) to the host | 주인에게 (작별)인사를 하다 |
| ☐ | sales counter | 계산대 | ☐ | take off | (옷을) 벗다 |
| ☐ | sign one's name | 서명을 하다 | ☐ | help oneself to some food | 음식을 먹다 |
| ☐ | receipt | 영수증 | ☐ | go over to | 누군가에게 다가가다 |
| ☐ | walk out the door | 문을 나가다 | ☐ | look at the clock | 시계를 쳐다보다 |
| ☐ | put something in the car | 차에 물건을 싣다 | ☐ | sit down on a sofa | 소파에 앉다 |
| ☐ | get in the car | 차에 타다 | | | |

# 01 사건의 순서와 관련된 연결어

Part 4에서 중요한 점은 각 그림의 묘사로 그치는 것이 아니라, 그림 간의 연결성을 살려 하나의 이야기를 만들어야 한다는 것입니다. 매끄러운 이야기의 전개를 위해 적절한 연결어를 사용해야 하며, 크게 세 가지 종류로 나눌 수 있습니다.

| 처음 | 중간 | 끝 |
|---|---|---|
| * first of all 무엇보다도<br>* above all(anything else) 무엇보다도<br>* to begin(start) with 우선<br>* initially/firstly 처음에<br>* in the first place(step) 우선, 먼저 | * second(ly), third, fourth... 둘째(두 번째로), 셋째, 넷째<br>* next, then, subsequently 그 다음, 이어서 | * lastly 마지막으로<br>* finally 마지막으로, 마침내<br>* in the end 마침내, 결국<br>* eventually 결과적으로 |

- Part 4에서는 다섯 개의 그림을 보고 1번부터 5번까지 그림을 순서대로 묘사해야 합니다. 이야기 전개를 할 때에는 앞뒤 그림의 **자연스러운 전환을 위해 연결어를 사용**하는 것이 좋습니다.
- 첫 문장 자체가 과거 시제로 시작하기 때문에 답변할 때 전체 동사 시제를 과거형으로 일치시켜야 한다는 것을 기억합시다.

## 문장 말해보기

**First,** John asked a woman where the bus stop was near the park.
먼저, 존은 한 여자에게 공원 근처에 버스 정류장이 어디 있는지 물어봤습니다.

**Secondly,** the lady pointed out the direction John was asking for, and he found the bus stop.
두 번째로, 그 숙녀는 존이 물어보는 곳의 방향을 가리켰고, 그는 버스 정류장을 찾았습니다.

## 나만의 답변 완성하기

다음의 우리말 문장을 영어로 말해봅시다.

01 마침내, 존은 버스를 타고 집으로 갈 수 있었습니다.

 _____ .

정답 **01** In the end, John was able to take a bus and came back home.

# 02 사건의 시간과 관련된 연결어

* **after a while** 잠시 후에
* **after that** 그 이후에
* **afterward(s)** 나중에
* **later (on)** 나중에 그 후에
* **shortly after** 바로, 직후
* **immediately** 즉시, 당장
* **at this moment(point)** 그 때, 그 순간에, 지금 이 시점에서

* **meanwhile** 한편
* **at the same time** 동시에
* **simultaneously** 동시에
* **concurrently** 동시에
* **yet** 아직은, 아직까지는
* **already** 이미, 벌써

* **during / while** ~동안에
* **until** ~할 때까지
* **still** 여전히, 아직도
* **up until now** 지금까지
* **soon** 곧
* **since** ~한 이래로/이후로
* **in the meantime** 한편

✔ 보통 하나의 이야기를 전개할 때, 시간의 흐름에 따른 전후 사정을 묘사해야 하는 경우가 많습니다.

## 문장 말해보기

**After that,** Steve helped an old lady carry a heavy bag.
그 이후에, 스티브는 할머니가 무거운 가방을 드는 것을 도왔습니다.

**At that moment,** Rosie was waiting for Steve in front of the theater.
그 때, 로지는 극장 앞에서 스티브를 기다리고 있었습니다.

## 나만의 답변 완성하기

다음의 우리말 문장을 영어로 말해봅시다.

01 결국, 로지는 영화가 다 끝날 때까지 그를 기다려야만 했습니다.

 _____ .

정답 **01** Eventually, Rosie had to wait for him until the movie was over.

He **checked** the size. 그는 크기를 확인했습니다.

He **tried on** the sports jacket. 그는 그 스포츠 재킷을 입어보았습니다.

He **took** the jacket to the sales counter. 그는 그 재킷을 계산대로 가져갔습니다.

He **took out** a credit card. 그는 신용카드를 꺼냈습니다.

He **signed** his name. 그는 서명을 했습니다.

He **got** a receipt. 그는 영수증을 받았습니다.

He **picked up** the bag. 그는 그 쇼핑백을 집어 들었습니다.

He **walked out** the door. 그는 문을 나갔습니다.

He **stopped** at a men's clothing store. 그는 남성의류 매장 앞에서 멈췄습니다.

He **looked in** the window. 그는 진열장을 들여다봤습니다.

He **looked at** a sports jacket. 그는 스포츠 재킷을 봤습니다.

He **went inside** the store. 그는 매장 안으로 들어갔습니다.

He **took** the jacket **off** the rack. 그는 그 재킷을 진열장에서 뺐습니다.

## 문장 말해보기

순서를 고려해서 알맞은 접속(부)사 및 연결어를 사용해 아래와 같이 문장을 연결할 수 있습니다.

**Ray took a walk. Then he stopped at a men's clothing store. He looked in the window and looked at a sports jacket. Then he went inside the store and took the jacket off the rack.**

레이는 산책을 했습니다. 그리고 나서 그는 남성복 가게에 들렸습니다. 그는 진열장을 들여다봤고 스포츠 재킷을 봤습니다. 그리고 나서 그는 매장 안으로 들어가 옷걸이에 걸린 자켓을 빼냈습니다.

## 나만의 답변 완성하기

다음의 우리말 문장을 영어로 말해봅시다.

**01** 그는 거울을 들여다봤습니다.

 _____ .

정답  **01** He looked in the mirror.

# 해변에서(At the beach)

They put the bag in the car. 그들은 차에 짐을 실었습니다.
They got in the car. 그들은 차에 탔습니다.
They drove away. 그들은 차를 몰았습니다.
They looked at a map. 그들은 지도를 보았습니다.
They got onto the expressway. 그들은 고속도로로 들어섰습니다.
They followed the signs. 그들은 표지판을 따라갔습니다.
They got off the expressway. 그들은 고속도로를 빠져나왔습니다.
They arrived at the beach. 그들은 해변에 도착했습니다.
They went into their room. 그들은 자신의 방으로 갔습니다.
They put on their bathing suits. 그들은 수영복을 입었습니다.
They rented the umbrella. 그들은 파라솔을 빌렸습니다.
They put on some suntan lotion. 그들은 선탠 로션을 발랐습니다.
They went swimming. 그들은 수영하러 갔습니다.
They walked back to the hotel. 그들은 호텔로 돌아왔습니다.

## 문장 말해보기

순서를 고려해서 알맞은 접속(부)사 및 연결어를 사용해 아래와 같이 문장을 연결할 수 있습니다.

**Dilan and Bella got in the car. Then they looked at a map. They got onto the expressway and finally they arrived at the beach.**

딜런과 벨라는 차에 탔습니다. 그리고 지도를 보았습니다. 그들은 고속도로로 들어섰고 마침내 해변에 도착했습니다.

## 나만의 답변 완성하기

다음의 우리말 문장을 영어로 말해봅시다.

**01** 그들은 호텔에 투숙했습니다.

_____.

**02** 그들은 해변으로 갔습니다.

_____.

정답 **01** They checked into the hotel.
**02** They walked to the beach.

# 05 파티에서(At a party)

They **entered** the building. 그들은 그 건물로 들어갔습니다.
They **rang** the bell. 그들은 초인종을 눌렀습니다.
They **said** hello to the host. 그들은 주인에게 인사를 했습니다.
They **went over** to her. 그들은 그녀에게 다가갔습니다.
They **chatted** for a few minutes. 그들은 몇 분 동안 얘기를 나눴습니다.
They **helped** ourselves to some food. 그들은 음식을 좀 먹었습니다.
They **drank** some punch. 그들은 펀치를 좀 마셨습니다.
They **sat down** on a sofa. 그들은 소파에 앉았습니다.
They **looked at** the clock. 그들은 시계를 쳐다보았습니다.
They **walked over** to the hostess. 그들은 여주인에게 다가갔습니다.
They **said goodbye** to the guests. 그들은 손님들에게 작별인사를 했습니다.
They **thanked** the host and hostess. 그들은 주인에게 감사의 말을 전했습니다.
They **left** the party. 그들은 파티에서 나왔습니다.

## 문장 말해보기

순서를 고려해서 알맞은 접속(부)사 및 연결어를 사용해 아래와 같이 문장을 연결할 수 있습니다.

**Today is Aaron's birthday party. So, Liam and Harper chatted at Aaron's house. After the party, Aaron said goodbye to the guests and thanked them.**

오늘은 애런의 생일파티가 있습니다. 그래서 리암과 하퍼는 애런의 집에서 이야기를 나눴습니다. 파티가 끝난 후, 애런은 손님들에게 작별인사와 함께 감사인사를 했습니다.

## 나만의 답변 완성하기

다음의 우리말 문장을 영어로 말해봅시다.

**01** 우리는 초인종을 눌렀습니다.

 _____ .

**02** 우리는 코트를 벗었습니다.

 _____ .

정답  **01** We rang the bell.
**02** We took off our coats.

**01** 전치사 at, in, on을 사용해 문장을 완성해봅시다.

❶ He was born _____ 1978.

❷ _____ winter, the weather is cold.

❸ I received a lot of presents _____ Christmas Day.

❹ We reached Cairo _____ nine o'clock.

❺ There's a holiday _____ the 11th of December.

❻ The train will arrive _____ Tuesday _____ eleven o'clock _____ the morning.

**02** 시간의 순서를 고려해 다음의 접속(부)사 혹은 전치사를 적절히 채워 봅시다.

| 보기 | after that, first, finally, and then, then |
|------|--------------------------------------------|

Ⓐ So, tell me how to make the soup.

Ⓑ Okay. ____(1)____, you should chop up the onions.

Ⓐ ____(2)____?

Ⓑ ____(3)____ mix them with minced meat.

Ⓐ Okay.

Ⓑ ____(4)____, put them in the pan with the sauce. ____(5)____, stir it well.

▶ QR로 듣기

**03** Part 4는 주어지는 문장의 시제가 과거형이기 때문에 과거 시제를 활용하여 순서대로 설명할 수 있어야 합니다.
과거형을 사용하여 아래의 질문에 답을 해 봅시다.

Tell us how you spent yesterday.

**정답**

**01** ❶ in ❷ In ❸ on ❹ at ❺ on ❻ on, at, in

**02** ❶ First ❷ And then ❸ Then ❹ After that ❺ Finally

▶ **QR로 듣기**

**03** **ex 01** I had an appointment with my old friends yesterday. They are all friends from my college. We meet together once a month. I left the office at 6 and went to the restaurant where we were supposed to meet. I arrived there around 6:45, and there were three friends who were already there. We waited about 15 minutes until the rest of them came to the restaurant. We ordered food at 7 and the meals arrived about 30 to 35 minutes later. Most of us ordered some drinks but I didn't because I had to drive home. We all had a great time and really enjoyed our meals.

**ex 01** 어제 옛 친구들과 약속이 있었습니다. 그들은 모두 저의 대학교 친구들입니다. 우리는 한 달에 한 번 만납니다. 저는 6시에 퇴근해서 만나기로 약속한 식당으로 갔습니다. 저는 6시 45분경에 그곳에 도착했고, 그곳에는 이미 세 명의 친구들이 있었습니다. 우리는 나머지 친구들이 식당에 올 때까지 15분 정도 기다렸습니다. 우리는 7시에 음식을 주문했고 약 30분에서 35분 후에 음식이 도착했습니다. 대부분 술을 주문했는데, 우리는 모두 즐거운 시간을 보냈고 정말 맛있게 식사를 했습니다.

**ex 02** I went out with some friends from college yesterday. We meet together once a month, so yesterday, I left the office at 6 and went to the restaurant where we were supposed to meet. I arrived there around 6:45, and found that three of my friends were already there. We waited about 15 minutes until the rest of our friends showed up. There were 9 of us in the group, so we had to move to a larger table so that all of us could sit down. We ordered food at 7 and the meals arrived about 30 to 35 minutes later. Most of my friends ordered beer, but I had to drive home so I just had a soda. We all really enjoyed the food and had a great time talking and joking around.

**ex 02** 어제 저는 대학교 친구들 몇 명과 외출했습니다. 우리는 한 달에 한 번 만나기 때문에, 어제 저는 6시에 퇴근해서 만나기로 약속한 식당으로 갔습니다. 저는 6시 45분경에 도착했고, 제 친구 세 명이 이미 그곳에 있는 것을 발견했습니다. 우리는 나머지 친구들이 올 때까지 15분 정도 기다렸습니다. 일행은 9명이어서, 다 같이 앉을 수 있도록 더 큰 테이블로 옮겨야 했습니다. 우리는 7시에 음식을 주문했고, 약 30분에서 35분 후에 음식이 도착했습니다. 대부분의 친구들이 맥주를 주문했지만, 저는 차를 운전해서 집에 가야 했기에 그냥 탄산음료를 마셨습니다. 우리는 모두 그 음식을 정말 맛있게 먹었고 이야기와 농담으로 즐거운 시간을 보냈습니다.

# Template Practice

## Narrating a story from pictures

**Directions**
Look at the pictures below. These pictures show a story. In a moment, you will tell the story. First, you will have 30 seconds to look at the pictures. Then you will have one minute to tell the story.

**Begin the story with : "Yesterday, Harry drove home after a busy day at the office."**

Now think about your answer. (30⁺SEC)

Now begin your story with : "Yesterday, Harry drove home after a busy day at the office." (1 MIN)

| 그림에서 묘사해야 하는 부분 파악하기/ 중요 단어 메모하기/ 이야기 만들기 | ❶ 첫 번째 그림: _____. |
| | ❷ 두 번째 그림: _____. |
| | ❸ 세 번째 그림: _____. |
| | ❹ 네 번째 그림: _____. |
| | ❺ 다섯 번째 그림: _____. |

# Template Practice

## Narrating a story from pictures

**주어진 문장** "Yesterday, Harry drove home after a busy day at the office"

**첫 번째 그림** First, _____ .

**두 번째 그림** Shortly after, _____ .

**세 번째 그림** As soon as _____ .

**네 번째 그림** After a while, _____ .

**다섯 번째 그림** Finally, _____ .

# Sample Answer

"Yesterday, Harry drove home after a busy day at the office."

**First,** he drove to his house in his small, red car.

**Shortly after,** he arrived at his house.

**As soon as** he entered his living room, he saw his tennis racket and duffel bag on the sofa. He must have wanted to relax after a hard day's work, but he decided to call his friend on the phone and invite him to play tennis instead. His friend agreed to play.

**After a while,** Harry went to the tennis court, ready to play tennis. Later, his friend arrived.

**Finally,** he was able to play tennis with his friend.

---

"어제, 해리는 사무실에서 바쁜 하루를 보낸 후 집으로 운전했습니다."

먼저, 그는 작고 빨간 차를 타고 그의 집으로 운전했습니다.

얼마 지나지 않아, 그는 그의 집에 도착했습니다.

그가 거실에 들어서자마자, 그는 소파 위에 있는 테니스 라켓과 더플 백을 보았습니다. 그는 힘든 하루 일과를 마치고 쉬고 싶었음에 틀림없었지만, 대신 친구에게 전화를 걸어 테니스를 치자고 초대하기로 결정했습니다. 그의 친구는 테니스를 치는 것에 동의했습니다.

잠시 후, 해리는 테니스를 칠 준비를 하기 위해 테니스 코트로 갔습니다. 나중에, 그의 친구가 도착했습니다.

그래서 마침내, 그는 그의 친구와 테니스를 칠 수 있었습니다.

# 고득점 POINT!
Expressing and supporting an opinion

## Criteria 기준

| | |
|---|---|
| **Grammar**<br>문법 | ✔ 하나의 사실, 상태(입장)에 대한 대답을 할 때에는 현재시제를 사용합니다.<br><br>**ex** I think that people are happy when they have an occupation which they can enjoy the most.<br><br>✔ because + S +V / because of + 명사(구) 사용에 유의합니다.<br><br>**ex** Samantha went to bed early yesterday because she was tired.<br>Samantha went to bed early yesterday because of tiredness. |
| **Vocabulary**<br>어휘 | ✔ 자신의 주장하고자 하는 내용의 의미를 명확히 표현해 줄 적절한 어휘를 사용합니다.<br>✔ 또한, 단어가 내포하고 있는 긍정적 또는 부정적 어조에 유념하도록 합니다. |
| **Pronunciation**<br>발음 | ✔ 중요한 단어의 강세에 신경 쓰면서 또박또박 발음합니다.<br>✔ 문장 간의 내용 전환이나 부가적으로 예를 들 경우, 연결어(접속부사, 전치사, 접속사 등)에 강조를 둡니다. |
| **Fluency**<br>유창도 | ✔ 준비 시간에 자신의 입장을 정하고, 왜 그렇게 생각하는지에 대한 세부적인 예시를 미리 정해 답변 시간에 머뭇거리거나 말하는 타이밍을 놓치지 않도록 합니다. |
| **Content**<br>내용 | **질문에서 제시되어 있는 주제에 대한 의견이나 입장을 명확하게 나타내고 이를 뒷받침하는 예시나 논점을 반드시 제시해야 합니다.**<br><br>**4점** … 의견을 제시하고, 추가적인 예시나 설명으로 해당 의견을 충분히 보충했을 경우<br>**3점** … 간략하게 의견을 제시하고 그 이유에 대해 설명했을 경우<br>**2점** … 질문에 대한 정확한 답을 하지는 않았지만, 답변이 논리적이고 질문의 내용이 어느 정도 답변에 포함되어 있을 경우<br> … 의견을 제시했으나 세부사항을 제시하지 않았거나, 관계없는 사항으로 설명했을 경우<br>**1점** … 어떠한 의견도 제시하지 않았을 경우 |

✔ Part 1~4까지의 과제가 기초적인 수준에 해당한다면 이제부터 학습할 Part 5~8은 중급 수준의 문제들로 구성됩니다.

본 파트는 지금까지 수행한 것처럼 단순히 문제에 주어진 그림을 설명하거나 구체적인 예를 제시하는 수준에 그치는 것이 아니라, **특정 주제에 관해 자신의 견해를 논리적으로 말하는 능력**을 요구합니다.

# Expressing and supporting an opinion

## What to Expect

Part 5부터는 난이도가 조금 높아져 단순히 자기소개, 상황 설명 및 주어진 정보의 나열에 그치지 않고, 자신의 의견을 정하여 주장하고 이에 대해 설득력 있게 뒷받침되는 근거를 제시하는 능력이 요구됩니다.

특정 이슈에 대해 자신의 견해를 논리적으로 전개하는 능력이 평가에 영향을 미치므로, 응시자들은 질문의 쟁점 사안을 빠르게 파악하여 주어진 시간 동안 자신의 의견을 정리하고 효과적으로 요지를 전달해야 합니다.

| | |
|---|---|
| 질문 유형 | 의견 표현 및 지지하기 |
| 준비 시간 | 30초<br>• 문제 파악하기, 핵심 단어 메모하기 |
| 답변 시간 | 1분<br>• 질문에 대한 답하기, 자신의 의견에 대한 근거를 명확히 제시하기 |

## 들어가기 전

### Asking for and giving opinions, Reasons

**01 말하고자 하는 바를 서두에서 분명히 밝히고 주장을 뒷받침할 근거를 명확히 제시합니다.**
- 영어는 첫 문장에서 자신의 논지를 정확하게 밝히는 두괄식 구성을 따릅니다. 첫 번째 문장에서 본인의 주장 또는 진술하고자 하는 주된 내용을 간단하게 말하고, 그 뒤에 해당 주장을 지지하는 근거 및 설명이 이어지도록 합니다.

**02 주어진 1분 동안 서론-본론-결론 순서에 따라 답변합니다.**
- 서론 : 자신의 입장을 밝히는 동시에 듣는 이의 관심과 흥미를 불러 일으켜야 합니다.
- 본론 : 앞서 말한 주장을 뒷받침할 수 있는 예시나 보충 설명을 간단명료하게 제시합니다.
- 결론 : 서론에서 자신이 말하고자 밝혔던 바를 간단하게 반복하는 것으로 마무리합니다.

# Sample
# Questions

**Listen to the following question. You will have 30 seconds to think about your answer and one minute to speak. Now listen to the question.**

What do you think are the most important factors to consider when choosing a job? Explain your opinion in as much detail as possible.

이렇게 달라질 수 있어요!

Q Do you think that ~?
Q What do you think about ~?
Q In your opinion,
Q What is your opinion on ~?

---

Now think about your answer.  (30 SEC)

Now answer the question. Remember to give as many reasons as you can support your opinion.  (1 MIN)

---

A I'm not sure I agree with~ because ~
A The main reason that ~ may (or must) be because ~
A There are a number of reasons for this.
A The major reason as far as I'm concerned is that ~

---

→ Part 5에서는 질문을 듣고 30초간 여러분 자신의 의견을 정리할 시간이 주어집니다. 문제에 대한 분석을 빠르게 마친 후, 1분 동안 이야기할 자신의 의견의 주요 키워드 등을 메모해 두어야 합니다.

## Directions

**Listen to the following question. You will have 30 seconds to think about your answer and one minute to speak. Now listen to the question.**

문제를 보고 들으며 질문의 내용을 파악합니다.

**01 문제 듣기**

> **What do you think are the most important factors to look for in a job? Explain your opinion in as much detail as possible.**
>
> --------------------------------------------------
>
> ☑ 취업에서 가장 중요하게 생각하는 요소는 무엇이라고 생각하십니까?

**02 입장 정하기**

**Now think about your answer.**
이제 당신의 답을 생각해 보세요.

생각할 시간 **30** SEC

> 질문에 대한 의견
>
> ☑ **There are many factors to consider when looking for a job.**

**03 중요단어 메모하기**

> **30초 동안 답변 시간에 말할 내용을 메모해 둡니다.**
> 가능하다면 구체적인 예시와 그 이유에 대해서도 생각나는 대로 적은 후 말할 내용을 선정합니다.
>
> ☑ ~ many factors to consider when looking for a job.
> ☑ 첫 번째 : work-life balance
> ☑ 두 번째 : salary
> ☑ 세 번째 : location

**04**
**질문에 답변하기**

**Level 5**
수준 답변

Now answer the question. Remember to give as many reasons as you can support your opinion.
이제 질문에 대답하세요. 당신의 의견을 뒷받침할 수 있는 최대한 많은 이유를 제시해야 한다는 것을 기억하세요.

**답변 시간 | 1 MIN**

---

### 서론 ┃ 자신의 입장 밝히기

○ There are many factors to consider when **looking for a job. To me, the most important factors are work-life balance, salary, and location.**
취업할 때 고려해야 할 요소들은 많습니다. 저에게 가장 중요한 요소는 일과 삶의 균형, 급여, 위치입니다.

### 본론 1 ┃ 첫 번째 support sentences

○ **Working is an essential part of life, but if you do not have any time outside of work to enjoy yourself, how can you maintain your sanity? Human beings should work to live, not live to work.**
일하는 것은 삶의 필수적인 부분이지만, 만약 당신이 일 외에 스스로가 즐길 시간이 없다면, 당신은 어떻게 제정신을 유지할 수 있겠습니까? 인간 존재는 살기 위해 일을 해야 하지, 일하기 위해 살아서는 안 됩니다.

### 본론 2 ┃ 두 번째 support sentences

○ Next, I consider salary to be a high priority when choosing a job. Even if you think you've found your dream job, that means nothing if your monthly salary can't pay the bills.
다음으로, 저는 직업을 선택할 때 연봉을 최우선으로 생각합니다. 당신이 원하는 직업을 찾았다고 생각해도, 한 달 월급으로 고지서를 지불하지 못한다면 그것은 아무 의미가 없습니다.

---

본론 3 ㅣ 세 번째 support sentences

- Last, I believe it's important to think about where your potential job is located. Moving may be an option, but it's expensive, and you may have to leave your family and friends behind. Further, a job in a part of the country you have no interest in will have a huge impact on your happiness and quality of life.

마지막으로, 당신의 잠재적인 직업이 어디에 있는지 생각하는 것이 중요하다고 생각합니다. 이사하는 것은 선택 사항일 수 있지만, 비용이 많이 들고, 가족과 친구들을 남겨두고 떠나야 할 수도 있습니다. 더군다나, 당신이 관심 없는 지역에서 하는 일은 당신의 행복과 삶의 질에 큰 영향을 미칠 것입니다.

결론 ㅣ 마무리하기

- **Therefore,** in order to select the best workplace, one must consider all of these key factors.

그러므로, 가장 좋은 직장을 선택하기 위해서는, 이 모든 핵심 요소들을 고려해야 합니다.

# 01

# 제 생각에는 ~

**In my opinion,** 제 생각에는

**In my point of view** 제 관점으로는

**As far as I'm concerned** 제 생각으로는

**From my point of view** 제 견해로는

**As I see it** 제가 보는 바로는

**The way I see it** 제가 보기에는

**It seems to me~** 저는 ~인 것 같아요.

**To me,** 제 생각으로는,

**To my mind,** 제 생각으로는,

**In my mind,** 제 생각으로는,

**To the best of my knowledge~** 제가 알기로는

**According to~** ~에 의하면

**I'm convinced that~** 저는 ~라고 확신해요.

**I believe that~** 저는 ~라고 믿어요.

**I definitely think that~** 저는 분명히 ~라고 생각해요.

**I have absolutely no doubt that~** 저는 ~에 의심의 여지가 없어요.

**I really feel that~** 저는 정말 ~라고 생각해요.

**I strongly believe that~** 저는 ~라고 굳게 믿어요.

**I tend to think that~** 저는 ~라고 생각하는 경향이 있어요.

**If you ask me~** ~을 제게 물으신다면

**For me/As for me** 저로서는

**It is essential to consider~** ~을 고려하는 것은 필요해요.

**We should be concerned about~** 우리는 ~에 관심을 기울여야 해요.

---

❤ 하나의 주제에 대한 자신의 생각을 표출하기 위해서는 '의견 표현하기, 이유 표현하기, 추가적인 의견 전개하기, 결론 내기'와 같은 다양한 표현들을 사용할 수 있어야 합니다.

**As far as I'm concerned,** reading novels is more enjoyable than watching TV.
제 생각으로는, 소설을 읽는 것이 영화를 보는 것보다 더 재미있습니다.

**From my point of view,** you're no different from me.
제 견해로는, 당신은 저와 다르지 않은 것 같아요.

**As I see it,** they don't have much of a future.
제가 보는 바로는, 그들은 장래가 별로 없어요.

**The way I see it,** the subway is the best public transportation in Seoul.
제가 보기에는, 지하철은 서울의 가장 좋은 대중교통 수단이에요.

**It seems to me** that traffic jams are the main problem here.
저는 교통체증은 이곳의 가장 주된 문제인 것 같아요.

**As for me,** I don't really mind where we go for winter vacation.
저로서는, 우리가 겨울방학에 어디를 가든지 정말 상관없어요.

**It is essential to consider** all possible outcomes when doing a science project.
과학 프로젝트를 할 때 모든 가능한 결과를 고려하는 것은 필요해요.

**We should be concerned about** the environment.
우리는 환경에 관심을 기울여야 해요.

나만의 답변 완성하기

다음의 우리말 문장을 영어로 말해봅시다.

**01** 내 생각에, 그건 너무 셔.

    _____ .

**02** 제가 알기로는, 인천공항으로 가는 모든 비행기는 제시간에 도착할 예정이에요.

    _____ .

정답 **01** In my opinion, it's too sour.
**02** To the best of my knowledge, all the flights to Incheon Airport are arriving on schedule.

# OO하기(이기) 때문입니다. / 그 이유는 OO입니다.

**It's because ~** 그것은 ~때문이에요.

**The main (basic, major) reason is that ~** 주요 원인은 ~입니다.

**The reason is ~** 이유는 ~입니다.

**The reason was that ~** 이유는 ~였습니다.

**The thing is ~** 사실은~/중요한 것은 ~입니다.

**Accordingly,** 따라서,

**Consequently,** 따라서,

**As** ~때문에, ~이므로

**As a consequence,** 그 결과,

**As a result,** 그 결과,

**Because** 왜냐하면

**Hence,** 그러므로,

**If I could explain,** 제가 설명한다면,

**It's like this.** 그건 이래요.

**It's sort of complicated (difficult), but you see ~** 그건 좀 복잡한 문제이지만, ~을 알게 될 거예요.

**Let me explain.** 제가 설명해 드리겠습니다.

**Since** ~이므로

**So** 그래서

**That's why** 그것이 ~하는 이유입니다.

**The (key) point is ~** 요점은 ~입니다.

**Therefore,** 그러므로,

**Thus,** 그러므로,

**You see ~** 실은, 거 봐

**I would like to explain that ~** ~를 설명하고 싶습니다.

**because of** ~때문에

**due to** ~때문에

**owing to** ~때문에

**on account of** ~때문에

**as a consequence of** ~의 결과로

**as a result of** ~로 인해/~의 결과로

## 문장 말해보기

**It's because** using public transportation is better for the environment.
대중교통을 이용하는 것이 환경에 더 좋기 때문입니다.

**The thing is** no one wants to work on a holiday.
중요한 것은 아무도 휴일에 일하고 싶어하지 않는다는 것입니다.

**As** the weather was fine, we held the party outside.
날씨가 좋았기 때문에, 우리는 밖에서 파티를 열었어요.

**Hence,** we can't guarantee an exact delivery date.
그러므로, 우리는 정확한 배송 날짜를 보장할 수 없습니다.

**Let me** just **explain** it briefly. 제가 그것을 간단하게 설명해 드리겠습니다.

Do your best, **since** you can't expect any help from others.
다른 사람의 도움을 기대할 수 없으므로, 스스로 최선을 다해 주세요.

**That's why** I'd like to see you. 그래서 내가 당신을 보고 싶어 하는 거예요.

**You see,** it's cold outside. 거 봐, 밖이 추워.

**Due to(=Owing to)** his illness, he was absent from school yesterday.
그의 질병 때문에, 어제 학교를 결석했다.

The baseball game was called off **on account of** the heavy rain.
그 야구 경기는 호우 때문에 취소되었다.

**As a result of** live television, people can receive news as it happens.
실시간 tv로 인해, 사람들은 사건이 일어날 때 뉴스를 볼 수 있습니다.

## 나만의 답변 완성하기

다음의 우리말 문장을 영어로 말해봅시다.

**01** 기본적인 원인은 우리에게 선생님이 많이 없다는 것입니다.

🎤 _____.

**02** 이유는 그가 혼자 일하고 싶어 한다는 거예요.

🎤 _____.

정답 **01** The basic reason is that we don't have many teachers.
**02** The reason is he wants to work by himself.

# 추가적인 의견 전개하기

**Furthermore / What's more** 더욱이, 게다가
**In addition** 게다가
**To be specific** 구체적으로 말하면, 자세히 말하자면, 확실히 말하면
**In this sense** 이러한 점에서

## 문장 말해보기

**Furthermore**, many children depend on their parents too much even when they get old.
게다가, 많은 자녀들은 나이가 들었음에도 불구하고 부모에게 너무 많이 의지합니다.

**In addition**, students should learn about foreign cultures as well as other languages.
게다가, 학생들은 다른 언어 뿐만 아니라 외국 문화에 대해서도 배워야 합니다.

I would like to suggest that they first consider how long they are going to travel. **To be specific**, if they are supposed to travel for just a week or less, they should go by air to save time.
저는 그들이 얼마나 오랫동안 여행할 것인지 먼저 고려해 볼 것을 제안하고 싶습니다. 구체적으로 말하면, 만약 그들이 일주일 혹은 그 이하 동안만 여행하기로 되어 있다면, 그들은 시간을 절약하기 위해 항공편을 이용해야 해요.

For a longer trip, it is essential to consider all the expenses. **In this sense**, saving money on transportation by choosing the cheaper method is a good way to reduce travel expenses.
장거리 여행을 위해서는, 모든 비용을 고려하는 것이 필수적입니다. 이런 점에서, 저렴한 방법을 선택함으로써 교통비를 절약하는 것은 여행 경비를 줄이는 좋은 방법입니다.

## 나만의 답변 완성하기

다음의 우리말 문장을 영어로 말해봅시다.

**01** 게다가, 진흙은 피부에도 아주 좋다.

🎤 _____.

**02** 더욱이, 몇몇 사람들은 사진을 예술의 한 형태로 생각하기 시작했다.

🎤 _____.

정답 **01** In addition, mud is very good for the skin.
**02** Furthermore, some people began to think of photography as a form of art.

# 04 추가적인 의견 전개하기

**All in all** 대체로, 일반적으로
**Consequently / As a result** 결과적으로
**In conclusion** 결론적으로
**To sum up / to summarize** 요약하자면

## 문장 말해보기

**All in all**, studying alone is more effective than studying in groups.
대체로, 혼자 공부하는 것이 단체로 공부하는 것보다 더 효과적입니다.

**Consequently**, regular exercise is the best way to stay healthy.
결과적으로, 규칙적인 운동은 건강을 유지하는 가장 좋은 방법입니다.

**In conclusion**, umbrellas have a lot more advantages over hat.
결론적으로, 우산은 모자보다 훨씬 더 많은 장점을 가지고 있습니다.

**To sum up**, fresh vegetables help us keep our bodies healthy.
요약하자면, 신선한 야채는 우리의 몸을 건강하게 유지하는데 도움을 줍니다.

## 나만의 답변 완성하기

다음의 우리말 문장을 영어로 말해봅시다.

**01** 요약하자면, 그녀는 직장을 얻었어요.

  _____ .

**02** 끝으로, 한 마디 더 하겠습니다.

  _____ .

정답 | **01** To summarize, she got a job.
**02** In conclusion, I'd like to say one more thing.

## Exercise

**01** 아래는 실전 문제를 바탕으로 변형한 문제입니다. 아래의 질문에 답을 해 봅시다.

**문제 듣기**

> **Ⓐ** _____(1)_____ that pets are good for children.
> 나는 반려동물이 어린이들에게 좋다고 생각해.
>
> **Ⓑ** That's a good _____(2)_____. Having pets teaches kids to be responsible.
> But _____(3)_____ _____(4)_____ to me that pets are a lot of work.
> 맞는 생각이야. 반려동물을 기르는 건 아이들에게 책임감을 가르치지.
> 그런데 난 반려동물은 손이 많이 가는 것 같아.
>
> **Ⓐ** I'm _____(5)_____ _____(6)_____ I agree. Some pets, like fish, are easy.
> 난 동의하기 어려운데. 물고기 같은 몇몇 반려동물은 쉽잖아.
>
> **Ⓑ** You're right. But most kids want dogs or cats.
> 네 말이 맞아. 근데 대부분의 아이들은 개나 고양이를 원하잖아.
>
> **Ⓐ** That's true. By the way, what are you doing for vacation?
> 맞는 얘기야. 그나저나, 너 휴가 동안에 뭐해?
>
> **Ⓑ** I'm thinking of going camping.
> 나는 캠핑을 가려고 생각 중이야.
>
> **Ⓐ** In _____(7)_____ _____(8)_____, camping is a little dangerous.
> 내 생각엔, 캠핑은 조금 위험해.
>
> **Ⓑ** _____(9)_____, but if you're careful, you'll have no problems.
> 아마도, 근데 조심하면 문제없을 거야.

**QR로 듣기**

**02** 시험과 같이 30초 동안 답변을 생각한 후, 1분 동안 녹음하며 말해 봅시다. 완성된 자신의 답안과 제시된 Sample answer 을 비교해 봅시다.

> **Do you think English should be the official language of Korea?**

정답

**01** ❶ I think  ❷ idea  ❸ it  ❹ seems  ❺ not  ❻ sure  ❼ my  ❽ opinion  ❾ maybe (of probably)

---

▶ **QR로 듣기**

**02** (ex01) No, I don't think so. English can't be an official language in Korea. Korea has its own language. I think it's enough to learn English as a method of international communication. We also need to lead many students to learn the second foreign language other than English. Even though English is the most influential communication in the world, making many specialists of other languages is important too for the exchanges among many nations. In conclusion, I think making English another official language in Korea is a thoughtless idea and it's impossible to realize.

(ex01) 아니요, 저는 그렇게 생각하지 않습니다. 영어는 한국의 공식 언어가 될 수 없습니다. 한국은 고유의 언어를 가지고 있습니다. 국제적인 의사소통 수단으로서 영어를 배우는 것이 충분하다고 생각합니다. 우리는 또한 많은 학생들이 영어 이외의 제 2외국어를 배우도록 지도해야 합니다. 영어가 세계에서 가장 영향력 있는 의사소통 수단이라 할지라도, 많은 국가들 간의 교류를 위해서는 다른 언어의 전문가를 많이 배출하는 것도 중요합니다. 결론적으로, 한국에서 영어를 다른 공용어로 만드는 것은 경솔한 생각이며 실현 불가능하다고 생각합니다.

(ex02) No, I don't think so. I understand that some people want to do that because they feel that it will make us more proficient English speakers. While I agree that learning English is important, as it is the main language used in international communication, I don't think making it an official language of Korea will make us more proficient in its use. Instead, I think we should change the public education system by putting a greater emphasis on English, perhaps making it a required subject. This will accomplish the goal of increasing English language proficiency, without taking away our national identity.

(ex02) 아니요, 저는 그렇게 생각하지 않습니다. 저는 그것이 우리를 더 능숙한 영어 구사자로 만들 것이라고 느끼기 때문에 어떤 사람들이 그렇게 하기를 원한다는 것을 이해합니다. 영어가 국제 커뮤니케이션에서 사용되는 주요 언어이기 때문에 영어를 배우는 것이 중요하다는 점에는 동의하지만, 한국의 공식 언어로 만드는 것이 영어 사용을 더 능숙하게 만들 것이라고는 생각하지 않습니다. 대신, 영어를 필수과목으로 만들면서 영어를 더 강조함으로써 공교육 시스템을 바꿔야 한다고 생각합니다. 이것은 우리의 국가적 정체성을 훼손하지 않으면서 영어 능력을 향상시키는 목표를 달성할 것입니다.

**Directions**

Listen to the following question. You will have 30 seconds to think about your answer and one minute to speak. Now listen to the question.

**What do you think a couple should do to make their marriage last?**

Explain your opinion in as much detail as possible.

Now think about your answer. 30 SEC

Now answer the question. Remember to give as many reasons as you can support your opinion. 1 MIN

| 1. 문제 파악하기 |
|---|
| 2. 입장 정하기 |

| 3. 세부사항/예시 | ❶ **서론** 주제에 대한 의견 말하기<br><br> : _____.<br><br>❷ **본론**<br> ✔ 세부사항 나열 1: _____.<br> ✔ 세부사항 나열 2: _____.<br><br>❸ **결론** 마무리하기 : _____. |

서론 The way I see it, a couple should <u>결혼생활을 잘 유지하기 위한 방법</u> to make their marriage last.

본론 세부사항 1: From my point of view, _____세부사항 1_____.

세부사항 2: Also, _____세부사항 2_____.

결론 To sum up, I believe that couples should <u>결혼생활을 잘 유지하기 위한 방법 재정리</u> to keep their marriage.

The way I see it, a couple should share at least one hobby together to make their marriage last.

From my point of view, when a couple has the same hobby, they regularly spend a certain amount of time together doing the hobby. I believe that it gives them more time to communicate with each other. Also, sharing a hobby helps a couple have a sense of mental and emotional intimacy.

To sum up, I believe that couples should find an activity which they can enjoy together and spend a lot of time doing together to keep their marriage.

---

제가 보기에, 부부는 결혼 생활을 오래 지속하기 위해 적어도 하나의 취미를 함께 공유해야 합니다.

제 생각에는, 부부가 같은 취미를 가지면, 그들은 주기적으로 취미 생활을 하는 데 일정한 시간을 보냅니다. 이는 그들이 서로 소통할 수 있는 시간을 더 많이 주는 것 같습니다. 또한, 취미를 공유하는 것은 부부가 정신적이고 정서적 친밀감을 갖는 데 도움이 됩니다.

요컨대, 부부는 함께 즐길 수 있는 활동을 찾고 결혼 생활을 유지하기 위해 많은 시간을 함께 보내야 한다고 생각합니다.

# 06

# Giving autobiographical
# detail about a place / event

한 장소나 사건에 대한 자전적 세부사항 제공하기

| | |
|---|---|
| GST part | 6 |
| 문항 수 | 1개 |
| 준비 시간 | 30초 |
| 답변 시간 | 1분 |

# PART 06 진행 순서

Giving autobiographical detail about a place / event

## 01 Direction 화면

- Part 6은 과거 자신의 실제 경험을 설명하는 영역입니다.

- Part 6에 대한 Direction 화면과 함께 해당 음성이 들립니다.
  질문을 들으면서 질문 유형을 파악합니다.

## 02 Preparation Time & Question 화면

- "Now think about your answer."이라는 Direction 이후 30초의 준비 시간
  동안 말할 내용을 정리합니다.

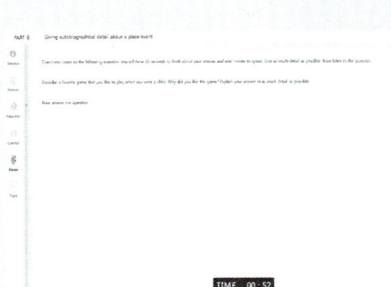

## 03 Response Time 화면

- "Now answer the question." 이후 "띵동" 하는 기계음이 울리면 주어지는
  1분 동안 자신의 경험과 체험 등을 조리 있게 말합니다.

# 고득점 POINT!
Giving autobiographical detail about a place / event

## Criteria 기준

| | |
|---|---|
| **Grammar**<br>문법 | ◉ 보통 과거에 있었던 일이 주제가 되므로 **내용에 따라 과거시제를 사용**해야 합니다. 과거에 대한 언급을 할 때 현재 시제와 과거 시제를 혼용하지 않도록 주의합니다.<br><br>**ex** Last Summer, I visit [visit(x) ➜ visited(o)]my grandmother. I was so happy when I see[see(x) ➜ saw(o)] her.<br><br>**오답체크**<br>◉ 질문에 대한 답을 과거시제를 이용하여 답하지 못할 때<br>◉ 과거에 대한 언급을 할 때 과거시제와 현재시제를 혼용할 때 |
| **Vocabulary**<br>어휘 | ◉ 자신이 묘사하고자 하는 사건이나 느낌을 정확히 묘사할 수 있는 어휘를 사용해야 합니다. 또한 **과거시제에 맞는 시간 부사도 적절하게 사용**합니다. |
| **Pronunciation**<br>발음 | ◉ 자신이 좋아했거나 싫어했던 사물이나 사건에 대해 이야기할 때 감정이 전달될 수 있도록 억양이나 강세에 변화를 둡니다. |
| **Fluency**<br>유창도 | ◉ 준비 시간 동안 말할 내용을 미리 메모하여 답변 시간 동안 끊기는 부분 없이 말을 이어 나가도록 합니다. |
| **Content**<br>내용 | **자신의 과거 경험에 대해서 이야기하는 파트입니다.**<br>**자신이 좋아했거나 싫어했던 음식, 자신이 여행했던 곳 중 인상 깊었던 곳 등에 대한 자신의 경험을 다른 사람에게 이해하기 쉽도록 명확하게 이야기해야 합니다.**<br><br>**상** … 자신의 경험과 이유에 대해 과거시제를 일관성 있게 사용하면서 말하는 경우<br>**중** … 과거의 사건에 대해 과거시제를 일관성 있게 사용하자는 못하나, 문제에 대한 답변이 명확할 경우<br>**하** … 과거의 일을 말하고 있으나, 과거시제를 전혀 사용하지 않는 경우<br>　 … 문제에 대한 답변이 정확하지 않은 경우 |

## What to Expect

**Part 6에서는 응시자들은 과거 자신의 실제 경험에 대해 비교적 상세한 설명을 해야 합니다.**

주어진 시간과 시점에 유의하면서 질문 받은 특정한 장소 및 사건을 구체적으로 기술하고, 상황과 배경에 대한 설명을 더하여 이야기를 조리 있게 구성해야 합니다.

| 질문 유형 | 한 장소나 사건에 대한 자전적 세부사항 제공하기 |
|---|---|
| 준비 시간 | 30초<br>• 주어진 문제 파악하기, 중요 단어 메모하기 |
| 답변 시간 | 1분<br>• 경험에 대한 설명이나 생각을 말하기, 그것에 대한 분명한 이유 및 근거 말하기 |

## 들어가기 전 TIP!

### Giving autobiographical details about a place/event

**01 시제에 유의합니다.**
대부분 과거의 경험이나 의견에 대해 말하는 파트이므로 과거형의 동사를 이용해야 합니다. 답변하는 동안 시제의 일관성을 유지하지 못하는 것이 응시자들이 가장 많이 범하는 실수입니다.

**02 근거를 분명히 제시합니다.**
단순히 자신의 생각이나 의견을 말하는 것에 그치지 말고 그에 대한 이유를 논리적이고 구체적으로 밝힙니다.

**03 상상력을 발휘해서 대답합니다.**
자신이 미처 경험하지 못한 사실에 대한 질문이 주어질 수도 있습니다. 이런 경우 당황하지 말고 상상력을 발휘해서 이야기를 꾸며 나갈 수 있는 재치가 필요합니다.

## PART 6    Directions

Listen to the following question. You will have 30 seconds to think about your answer and one minute to speak. Give as much detail as possible.

Now listen to the question.

---

질문

**When you were in elementary school, who was your favorite teacher? Why did you like it?**

이렇게 달라질 수 있어요

**Q** When you were a child, ~?
**Q** When you were younger, ~?
**Q** When you were in grade school, ~?
**Q** As a child, ~?
**Q** Have you ever ~?
**Q** Did you ever ~?
**Q** Did you ~?

---

Now think about your answer.  **30** SEC
Now answer the question.  **1** MIN

---

➜ 질문을 듣고 30초간 답변을 준비할 시간이 주어집니다. 준비 시간 동안 질문에서 묻고 있는 과거의 사건, 인물 및 장소 등에 관해 간단하게 요약을 해 둬야 합니다.

➜ Part 6에서는 자신의 지난 경험에서의 특정 사건, 인물, 장소 및 상황을 듣는 이가 이해할 수 있도록 구체적으로 설명해야 합니다.

## Directions

Listen to the following question. You will have 30 seconds to think about your answer and one minute to speak. Give as much detail as possible.

Now listen to the question.

**01**
**문제
파악하기**

When you were in elementary school, what was your favorite subject?
Why did you like it?

**문제상황** ············································

초등학교에 다닐 때, 가장 좋아했던 과목은 무엇이었습니까?
왜 좋아하셨습니까?

**02**
**중요단어
메모하기**

Now think about your answer.
이제 당신의 답을 생각해 보세요.

**생각할 시간 30 SEC**

답변 시간에 말해야 하는 중요 단어들을 가능한 한 많이 메모해 둡니다.

- ☑ history
- ☑ enjoyed studying historical figures
- ☑ scored well in exams
- ☑ wanted more about our country's history

**03**
**1분간**
**답하기**

⊘ 과거 시점에 대한 얘기를 할 경우 동사는 과거 시제로 일치시킬 것

Level 5
수준 답변

### Now answer the question.
이제 질문에 대답하세요.

⊘ 문제에서 제공되는 어휘와 어구를 최대한 이용하여 답변을 시작합니다.

첫 문장: **My favorite subject** when I was **in elementary school was History.**
제가 초등학교 때 가장 좋아했던 과목은 역사였습니다.

---

⊘ 위에서 공부한 표현들을 이용하여 매끄러운 답안이 되도록 합니다.

#### 이유 말하기

이유 1: I enjoyed learning about **historical figures, and would often score well on my history exams.**
저는 역사상의 인물들에 대해 배우는 것을 즐겼고, 역사 시험에서 좋은 점수를 받곤 했습니다.

이유 2 : **Although most of my classmates back then found this subject boring,** I was really fond of it **because I wanted to know more about my country's past.**
비록 당시 대부분의 친구들은 이 과목을 지루하다고 생각했을지라도, 저는 조국의 과거에 대해 더 알고 싶었기 때문에 정말 좋아했습니다.

이유 3 : I especially liked learning about **my country's heroes and historical achievements as it made me feel proud of my heritage.**
저는 특히 조국의 영웅들과 역사적 업적에 대해 배우는 것이 제 유산에 대한 자부심을 느끼게 해주었기 때문에 좋아했습니다.

#### 마무리하기

맺음 문장 : **It's amazing that I can still remember the things I learned up to this day.**
저는 지금까지 배웠던 것들을 아직도 기억할 수 있다는 것이 놀랍습니다.

| | | | | | |
|---|---|---|---|---|---|
| ☐ | favorite | 가장 좋아하는 | ☐ | used to | ~하곤 했다 |
| ☐ | as far as I remember, | 제 기억으로는 | ☐ | go | 전에 |
| ☐ | recall | 회상하다 | ☐ | the time when ~ | ~할 때 |
| ☐ | in my childhood | 제 어린 시절에 | ☐ | at that time | 그 때 |
| ☐ | when I was young | 제가 어렸을 때 | ☐ | cheat on | 부정행위를 하다 |
| ☐ | childhood | 어린 시절 | ☐ | play in a band | 밴드에서 연주하다 |
| ☐ | remember | 기억하다 | ☐ | practice (go) bowling | 볼링 연습을 하다 |
| ☐ | memory | 기억, 추억 | ☐ | once upon a time, | 옛날에는, |
| ☐ | forget | 잊어버리다 | ☐ | way back when I was ~ | 옛날에 제가 ~이었을 때 |
| ☐ | Did you (ever) ~? | ~했나요?, ~해보셨나요? | ☐ | Have you ever ~? | ~한 적 있나요? |

# 01 저는 OOO를 좋아해요.

I'm crazy about 저는 ~에 굉장히 빠져 있어요.

I enjoy 저는 ~을 즐겨요.

I feel like Ving 저는 ~하고 싶어요.

I like 저는 ~를 좋아해요.

I prefer 저는 ~를 선호해요.

I want 저는 ~를 원해요.

I would like 저는 ~하고 싶어요.

I would rather (=I'd rather) 저는 차라리 ~하겠어요.

I have a good mind to ~ 저는 ~을 좋게 생각해요.

My favorite OOO is ~ 제가 가장 좋아하는 OOO은 ~예요.

OOO is one of my favorite activities. OOO은 제가 가장 좋아하는 활동들 중 하나입니다.

What I enjoy doing is ~ 제가 즐겨하는 것은 ~입니다.

## 문장 말해보기

I'm crazy about jazz music.
저는 재즈 뮤직에 푹 빠져 있어요.

I prefered pop music.
저는 팝 음악을 선호했어요.

I liked to watch professional wrestling.
저는 프로 레슬링 보는 걸 좋아했어요.

## 나만의 답변 완성하기

다음의 우리말 문장을 영어로 말해봅시다.

**01** 저는 요리하는 걸 좋아해요.

 _____ .

**02** 저는 악기(musical instrument)를 연주하는 법을 배우고 싶어요.

 _____ .

정답 **01** I enjoy cooking.

**02** I want to learn to play a musical instrument.

# 02 저는 OOO를 싫어해요.

**I'm sick and tired of ~** 저는 ~가 지겨워요.

**I can't stand ~** 저는 ~이 정말 싫어요.

**I don't care much for ~** 저는 ~를 별로 좋아하지 않아요.

**I don't like/I dislike** 저는 ~을 싫어해요.

**I hate ~** 저는 ~을 싫어해요.

## 문장 말해보기

**I'm sick and tired of that song.** 저는 그 노래가 정말 지겨워요.

**I can't stand rock and roll.** 저는 락앤롤 음악이 정말 싫어요.

**I don't care much for tea.** 저는 차를 별로 좋아하지 않아요.

**I don't like to read.** 저는 독서를 싫어해요.

**I dislike doing homework.** 저는 숙제 하는 것을 싫어해요.

**I hate driving in traffic.** 저는 혼잡할 때 운전하는 것을 싫어해요.

## 나만의 답변 완성하기

다음의 우리말 문장을 영어로 말해봅시다.

**01** 저는 노래하는 걸 좋아하지 않아요.

 _____ .

**02** 저는 야채(vegetables)를 싫어해요.

 _____ .

정답  **01** I don't like singing.

**02** I hate vegetables.

# 저는 OOO을 기억해요. (기억 및 경험)

I remember ~ 저는 ~을 기억해요.

I'll always remember ~ (when~) 전 항상 (~ 했을 때) ~를 기억할 거예요.

I'll never forget the time I ~ 전 제가 ~한 때를 결코 잊지 못할 거예요.

I'm not sure I can remember all the details, but ~
세세한 것까지 다 기억할 수 있는지는 모르겠지만 ~

I have some recollection (recall) of ~ ~에 대해서 기억하는 것이 좀 있어요.

If I'm not mistaken, (= If I remember correctly) 제가 잘못 알고 있는 것이 아니라면

If my memory serves me right, 제 기억이 맞는다면

It's coming back to me now. 이제 그것이 기억나네요.

That takes me back (to~). 그걸 들으니 (~시절에 대한) 옛 생각이 나네요.

That reminds me of the time I ~ 그걸 보니 내가 ~하던 때가 생각나네요.

What I remember is ~ 제가 기억하는 건~

What I shall never forget is ~ 제가 결코 잊지 못하는 것은~

When I was a child, ~ 제가 어렸을 때, ~

The reason why I loved the place is ~ 제가 그 장소를 무척 좋아했던 이유는 ~입니다.

My favorite place/food is ~ 제가 가장 좋아하는 장소/음식은 ~입니다.

My most memorable trip was ~ 저에게 가장 기억에 남는 여행은 ~이었습니다.

As far as I can remember ~ 제가 기억할 수 있는 한 ~

As I recall, 돌이켜볼 때

As I remember it, 제가 기억하는 바로는

## 문장 말해보기

I remember **that day clearly.**
저는 그 날을 분명히 기억해요.

If I'm not mistaken, **I gave you the book after class.**
내가 잘못 알고 있는 게 아니라면, 나는 그 수업 후에 너에게 책을 줬어.

If I remember correctly, **you invited Chris.**
제 기억이 맞는다면, 당신은 크리스를 초대했어요.

That reminds me of the time **I rode a horse for the first time.**
그걸 보니 내가 처음 말을 타던 때가 생각 나네요.

What I remember is **that Danielle asked you to meet her at 6.**
제가 기억하는 건 대니얼이 당신에게 6시에 그녀를 만나라고 했다는 거예요.

As far as I remember, **my best friend's name was Sue.**
제가 기억하는 한, 제일 친했던 친구 이름은 수예요.

As I recall, **my brother and I used to play soccer together.**
돌이켜볼 때, 저와 제 동생은 같이 축구를 하곤 했어요.

It's coming back to me now. As I recall, **Susan left the room first.**
이제야 기억이 나네요. 돌이켜보니, 수잔이 먼저 방을 나간 거 같아요.

## 나만의 답변 완성하기

다음의 우리말 문장을 영어로 말해봅시다.

**01** 어디선가 그를 만난 기억은 나지만 그게 어디였는지는 기억이 안 나요.

🎤 _____.

**02** 제가 가장 좋아하는 음식은 햄버거예요.

🎤 _____.

정답 **01** I remember meeting him somewhere but can't recall where it was.
**02** My favorite food is a hamburger.

# 04 그 전에/그 후에 제가 한 일은

Before that, 그 전에,

After that, 그 후에,

So, then I ~ 그래서, 저는 ~

The next thing I did was~ 그 다음에 저는 ~을 했어요.

## 문장 말해보기

**Before that**, I was a waitress at an Italian restaurant.
그 전에, 이탈리안 식당에서 웨이트리스로 일했어요.

**Before that**, I worked for an insurance company from 2018 to 2020.
그 전에, 2018년에서 2020년까지 보험회사에서 근무했어요.

**After that**, the second year went much more smoothly.
그 후에, 2년째에는 일이 훨씬 원활하게 진행됐어요.

**So, then I** called the fire department.
그래서, 저는 소방서에 전화를 했어요.

**The next thing I did was** to start counting books.
그 다음에 저는 책들의 수를 세기 시작했어요.

## 나만의 답변 완성하기

다음의 우리말 문장을 영어로 말해봅시다.

**01** 그 다음에 저는 각자가 가장 잘할 수 있는 것을 배웠어요.

 _____.

**02** 그 전에, SJ 기업에서 비서로 일했어요.

 _____.

정답 **01** The next thing I did was to learn what each man could do best.
**02** Before that, I worked as a secretary for SJ company.

## 저는 OOO을 했어요. / 한 적 있어요. / 하곤 했어요.

I did + 동사원형~ 저는 ~했어요.

I have + 동사 과거완료~ 저는 ~한 적 있어요.

I used to + 동사원형 저는 ~하곤 했어요, 저는 ~이었어요.

Way back when I was ~ 옛날에 내가 ~였을 때

Never. 한번도 없어요.

I was there (시점/시기). 저는 (시점/시기)에 거기에 있었어요.

---

✔ used to + 동사원형: (과거에) ~하곤 했다. ~하는 것이 습관이었다.

> **ex** I used to wake up late. 저는 늦게 일어나곤 했어요.

> **cf** be used to + Ving: ~하는 데 익숙하다.
> **ex** I am used to waking up early. 저는 일찍 일어나는 데 익숙해요.

### 문장 말해보기

**I've been** there twice.
저는 거기에 두 번 가봤어요.

**I have** never smoked.
저는 절대 담배 피운 적 없어요.

**I used to live** in London.
저는 런던에 살았어요.

### 나만의 답변 완성하기

다음의 우리말 문장을 영어로 말해봅시다.

**01** 저는 거기에 한 번 가봤어요.

 _____ .

**02** 저는 부산에 살았어요.

 _____ .

정답  **01** I've been there once.
　　　 **02** I used to live in Busan.

아래 1~4번 실전 문제에 도전해봅시다.
녹음기를 사용하여 30초의 준비 시간을 가진 후 1분 동안 연습한 표현을 사용하여 자신만의 답변을 만들어 녹음해 봅시다.
재차 자신의 녹음을 들어보면서 표현과 발음을 연습하고, 좀 더 매끄러운 표현으로 바꿔봅시다.

▶ QR로 듣기

**01**

> When you were a child, what did you usually do after school?
> Describe what you did.

▶ QR로 듣기

**02**

> What is the biggest mistake you have ever made?

▶ QR로 듣기

**03**

> Have you ever been to a music concert?
> Describe what it was like.

▶ QR로 듣기

**04**

> Tell me about the time when you first had your own room
> (and what you cherish the most now).

정답

▶ QR로 듣기

**01** When I was a child, I spent a lot of time after school by myself. I am an only child, so I didn't have anyone else to play with. Because of this, I enjoyed hobbies like reading, watching TV, and playing video games. After I finished my homework, I would often read fantasy or young adult novels. I liked to wrap myself in a blanket and get absorbed in a new story. If I wasn't reading, I also liked to catch up on my favorite shows. Video games were also a pastime of mine because I could enjoy them alone. I could often be found with the latest gaming system in my hands, exploring a virtual world. After sharing a meal with my parents, it would be time to get ready for bed. I would brush my teeth, put on my pajamas, and curl under the sheets in anticipation of the following day.

저는 어렸을 때, 방과 후에 많은 시간을 혼자 보냈습니다. 저는 외동이라 같이 놀 사람이 없었습니다. 덕분에 독서, TV 시청, 비디오 게임과 같은 취미를 즐겼습니다. 숙제를 마친 후에는, 종종 판타지 소설이나 청소년 소설을 읽곤 했습니다. 저는 혼자 담요를 덮고 새로운 이야기에 빠져드는 걸 좋아했습니다. 책을 읽지 않으면, 좋아하는 프로그램을 몰아 보는 것도 좋아했습니다. 비디오 게임 또한 혼자 즐길 수 있기 때문에 취미였습니다. 저는 종종 최신 게임 시스템을 손에 들고 가상 세계를 탐험하는 모습을 볼 수 있었습니다. 부모님과 함께 식사를 하고 나면, 잠자리에 들 시간이 될 것입니다. 저는 양치질을 하고, 잠옷을 입고, 다음 날을 기대하며 이불 속에 몸을 웅크리곤 했습니다.

▶ QR로 듣기

**02** **ex01** When I was a senior at university, I started looking for a job before I graduated. I applied for a bank and an insurance company, and I got replies from the two companies that they wanted to see me. On the morning of the first interview, I had to get up at 6 because my house was very far from the company. But unfortunately, I slept right through my alarm because I stayed up late the previous night. I arrived there one hour later than the time I was supposed to be there by. After that, I really tried hard not to be late for my second interview and prepared a lot. Now I am working at the bank that I applied to before.

**ex01** 제가 대학교 3학년 때, 졸업하기 전에 구직 활동을 시작했습니다. 저는 은행과 보험사에 신청했는데, 두 회사에서 저를 보고 싶다는 답변을 받았습니다. 1차 면접 당일 아침, 저는 회사에서 집이 너무 멀어 6시에 일어나야 했습니다. 그러나 불행하게도, 저는 전날 밤 늦게까지 깨어 있었기 때문에 알람 소리에도 잤습니다. 저는 예정 시간보다 1시간 늦게 도착했습니다. 그 후로, 2차 면접에 늦지 않으려고 정말 많이 노력했고 많이 준비했습니다. 저는 지금 예전에 지원했던 은행에서 일하고 있습니다.

**ex02** The biggest mistake I have ever made was when I arrived an hour late for a job interview. I was in my senior year of university then, and was scheduled for an interview with an insurance company. My house was very far from the company, so I planned to get up at 6 so that I would make it on time. However, I stayed up late the previous night and ended up sleeping through the alarm I set. As a result, I arrived there one hour later than the time I was supposed to be there by. They still interviewed me, but I didn't get hired for the job. After that, I made sure to be prepared and arrive on time for the next interview I had. The interview was at a bank, and I was hired. In fact, I am still working for them now.

**ex02** 제가 한 가장 큰 실수는 면접에 한 시간 늦게 도착한 것입니다. 그때 저는 대학교 3학년이었고, 보험회사 면접을 보기로 예정되어 있었습니다. 저희 집은 회사에서 너무 멀어서, 제 시간에 도착할 수 있도록 6시에 일어나기로 계획했습니다. 그런데, 전날 밤 늦게까지 깨어 있었고 제가 설정한 알람 소리에도 결국 잠이 들었습니다. 그 결과, 저는 예정 시간보다 1시간 늦게 도착했습니다. 그들은 여전히 저를 면접 봤지만, 저는 그 직무에 고용되지 않았습니다. 그 후, 저는 준비되어 있도록 했고 다음 면접을 위해 정시에 도착했습니다. 면접은 은행에서 보았고, 저는 채용되었습니다. 사실, 저는 지금도 그들을 위해 일하고 있습니다.

▶ QR로 듣기

**03** Yes, I have been to a rock concert with a friend of mine. The rock concert that we attended was from one of our favorite bands since middle school. We had such a fun and delightful experience during the concert. We were located close to the stage, where some people would repeatedly push us, but it turned out okay. When the show started, every one of us started to scream and sing with the band. The band then threw some clothes and guitar picks to the crowd. Towards the end of the concert, the crowd was emotional while singing the last song of the concert. Overall, we enjoyed the show, and it was definitely worth the wait.

네, 제 친구와 함께 록 콘서트에 다녀온 적이 있습니다. 저희가 참석한 록 콘서트는 중학교 때부터 우리가 가장 좋아했던 밴드 중 하나의 콘서트였습니다. 저희는 콘서트 동안 너무 재미있고 즐거운 경험을 했습니다. 저희는 몇몇 사람들이 계속해서 저희를 밀쳐내는 무대 가까이에 있었지만, 괜찮았습니다. 쇼가 시작되었을 때, 우리 모두는 밴드와 함께 비명을 지르며 노래를 부르기 시작했습니다. 그런 다음 밴드는 군중에게 옷과 기타 피크를 던졌습니다. 콘서트가 끝나갈 무렵, 관객들은 콘서트의 마지막 곡을 부르며 감동을 받았습니다. 전반적으로, 우리는 쇼를 즐겼고 분명히 기다릴 만한 가치가 있었습니다.

▶ QR로 듣기

**04** **ex 01** I shared a room with my sister when I was young. Actually, I always wanted to have my own room but I couldn't because we didn't have enough rooms in our house. I shared a room with my sister until I went to college. The college was in a city far from my hometown, so I had to find a place to live there. I stayed in a dormitory at the college, but still the room was not only mine. I lived with a roommate until I graduated. After that, I found a job in a bigger city, and at last I could have my own room. I've lived in an apartment alone since I got my first job, and I like to live by myself. But sometimes I miss the times when I was sharing a room with my sister. I feel like that was the most joyful time of my life.

**ex 01** 저는 어렸을 때 언니와 방을 같이 썼습니다. 사실, 저는 항상 제 방을 갖고 싶었지만 저희 집에 방이 부족해서 그러지 못했습니다. 저는 대학에 갈 때까지 언니와 방을 같이 썼습니다. 대학은 고향에서 멀리 떨어진 도시에 있었기 때문에, 그곳에서 살 장소를 찾아야 했습니다. 저는 대학 기숙사에서 지냈지만, 여전히 그 방은 오로지 제 것이 아니었습니다. 저는 졸업할 때까지 룸메이트와 함께 살았습니다. 그 후, 저는 더 큰 도시에서 일자리를 구했고, 마침내 저만의 방을 가질 수 있었습니다. 첫 직장을 구한 후 아파트에서 혼자 살았고, 혼자 사는 것을 좋아합니다. 하지만 가끔은 언니와 방을 쓰던 때가 그립습니다. 그 때가 제 인생에서 가장 행복했던 시간이었던 것 같습니다.

**ex 02** I didn't have my own room until I started working. When I was young, I shared a room with my sister because there wasn't enough space in my parents' house. During my college years, I stayed at a dormitory because the college was in a city far from my hometown. I lived with a roommate until I graduated. After that, I found a job in a bigger city and moved into an apartment. I've been living by myself since, and while I do enjoy the privacy, I sometimes miss the time when I was sharing a room with my sister. I feel like that was the happiest time in my life.

**ex 02** 제가 일을 시작하기 전까지 제 방이 없었습니다. 어렸을 때, 부모님 집에 공간이 부족해서 언니와 방을 같이 썼습니다. 대학 시절에는, 대학이 고향에서 멀리 떨어진 도시에 있었기 때문에 기숙사에서 지냈습니다. 졸업할 때까지 룸메이트와 함께 살았습니다. 그 후, 저는 더 큰 도시에서 일자리를 찾았고 아파트로 이사했습니다. 그 이후로 혼자 살고 있고, 프라이버시를 누리는 동안에도, 가끔 언니와 방을 쓰던 때가 그립습니다. 그 때가 제 인생에서 가장 행복한 시간이었던 것 같습니다.

# Template Practice

## Giving autobiographical detail about a place / event

### Directions
Listen to the following question. You will have 30 seconds to think about your answer and one minute to speak. Give as much detail as possible.

Now listen to the question.

> **What is the most beautiful place you have been to?**
> **Why do you consider it the most beautiful place?**
> Explain your answer in as much detail as possible.

Now think about your answer. **30 SEC**
Now answer the question. **1 MIN**

✅ 준비 시간 동안 노트하기!

| | |
|---|---|
| 1. 문제 파악하기<br>2. 중요 단어 메모하기<br>3. 이야기 만들기 | ❶ **첫 문장** 방문한 곳 중 가장 아름다운 장소<br> : _____.<br><br>**이유(근거 말하기)**<br>❷ 이유 1: _____.<br>❸ 이유 2: _____.<br>❹ 이유 3: _____.<br>**마무리하기**<br>❺ 맺음 문장 _____. |

**질문을 역이용한 첫 문장** The most beautiful place I've been to is _____.

**이유 말하기**

　　　이유 1: I went there _____ ago, and it was _____.

　　　이유 2: I have always been crazy about _____.

　　　이유 3: Also, _____ is one of my favorite activities.

**맺음말** So, _____ is the most beautiful place I've been to so far.

The most beautiful place I've been to is Bandar Seri Begawan in Brunei.

I went there a few months ago, and it was very beautiful. I have always been crazy about landscaping, and there, even the streets were landscaped. Every building was surrounded by trees and gardens.

The average buildings were just small, from two to three stories high. The roads were wide and very clean. I hate driving in traffic so their roads were very good for me. Also, observing architecture is one of my favorite activities whenever I go to a place. In that city, Islamic and Mogul architecture were everywhere. There were big mosques that were made of gold and ivory.

So, Bandar Seri Begawan, Brunei, is the most beautiful place I've been to so far.

---

제가 가본 곳 중 가장 아름다운 곳은 브루나이의 반다르 세리 베가완입니다.

저는 그곳에 몇 달 전에 갔었는데, 너무 아름다웠습니다. 저는 항상 조경에 열광해왔는데, 그곳에서는 거리조차 조경되어 있었습니다. 모든 건물은 나무와 정원으로 둘러싸여 있었습니다. 게다가, 저는 번잡한 곳에 가는 것을 좋아하지 않아서 저에게 딱 맞는 곳이었습니다. 평균적인 건물은 2층에서 3층 높이로 작았습니다. 도로는 넓고 매우 깨끗했습니다. 저는 교통 체증으로 운전하는 것을 싫어하기 때문에 그들의 도로는 저에게 아주 좋았습니다. 또한, 건축물을 관찰하는 것은 제가 장소에 갈 때마다 가장 좋아하는 활동 중 하나입니다. 그 도시에서, 이슬람과 무굴 건축물은 어디에나 있었습니다. 금과 상아로 만든 큰 모스크가 있었습니다.

그래서, 브루나이 반다르 세리 베가완은 제가 지금까지 가본 곳 중 가장 아름다운 곳입니다.

# 07

# Responding to requests for information about places of interest

| GST part | 7 |
| --- | --- |
| 문항 수 | 6개 |
| 준비 시간 | 없음 |
| 답변 시간 | 각 25초 |

# PART 07 진행 순서

Responding to requests for information
about places of interest

질문은 화면에 나오지 않습니다!

## 01 Direction 화면

- Part 7은 1:1 대화 상황을 가정하며, 응시자와 인터뷰를 하듯 답변을 생각할 시간 없이 질문에 바로 답하는 **즉문즉답**의 형태로 진행됩니다.
- Part 7에 대한 direction과 함께 그림이 보여집니다.

## 02 Question & Response 화면

- "(S)he is going to ask you a few questions" 이후 총 6개의 질문이 주어집니다.
- 질문에 대해 생각할 시간이 주어지지 않으므로, "띵동" 하는 기계음이 울리면 화면 하단에 보여지는 25초의 시간 내에 바로 답변해야 합니다.

# 고득점 POINT!

Responding to requests for
information about places of interest

## Criteria 기준

| | |
|---|---|
| **Grammar**<br>문법 | ● 적절하고 정확한 동사 시제를 사용해야 합니다.<br>● 완벽한 하나의 문장을 완성할 수 있도록 합니다. |
| **Vocabulary**<br>어휘 | ● 자신이 설명하고자 하는 장소나 지역을 묘사하는 데 정확한 어휘를 사용해야 합니다. |
| **Pronunciation**<br>발음 | ● 설명에서 강조하고 싶은 부분에 억양과 강세 변화를 줍니다. 특히, 상대방이 잘 모르는 곳의 장소나 지역 이름은 알아듣기 쉽지 않으니 **또박또박** 분명하게 발음해줍니다. |
| **Fluency**<br>유창도 | ● 준비시간이 없기 때문에 예상치 못한 질문이 나오게 되면 당황하면서 머뭇거리다가 답변 시간을 다 채우지 못할 경우도 있습니다.<br>이런 경우에는 차선책으로 "**I don't know where the (묻는 장소) is. Let me look it up for you in the Internet or ask someone about it.**"과 같이 말할 수는 있지만, 계속 사용하면 Content 부분에서 감점을 받을 수 있습니다. |
| **Content**<br>내용 | **가상의 상대가 묻는 말에 대한** 정확하고 분명한 정보를 제공하기<br>**상** … 주어진 질문에 대해 정확하고 충분한 정보(장소 이름, 길 안내)를 제공하는 경우<br>**중** … 7개의 질문을 다 충족하지는 못하나, 그 중에서 4개 혹은 그 이상의 질문에 올바르게 답한 경우<br>**하** … 4개 이하의 질문에 답변한 경우<br>    … 문제에 대한 답변을 정확히 하고 있지 않은 경우 |

⊘ 제안을 하고, 상대방이 원하는 장소에 대해 설명한 후에 마무리를 해야 합니다.
1. You can't miss it!
2. You will never be disappointed in these traditional markets in Korea.

⊘ 생각지도 못한 질문이나 모르는 내용에 대한 질문이 나왔을 때에는 다음과 같이 답변할 수 있습니다.
1. I don't know where it is. Let me look it up for you on the Internet.
2. Hmm... I have no idea about it. Let me ask one of my close friends who might know about it and I will tell you that later. Is that okay with you?

한두 번은 괜찮지만 모든 질문에 대해 이렇게 답변하면 감점이 될 수 있다는 사실을 명심해야 합니다.

# Responding to requests for
## information about places of interest

## What to Expect

Part 7은 GST Part 1처럼 7개의 질문이 GST Part 1과 같이 즉문즉답의 형식으로 주어집니다. 단, GST Part 1보다 더욱 완성도 있게 답해야 하며, 최대한 많은 정보를 주어야 합니다.

주변의 추천할 만한 장소에 관한 질문에 적절히 답변하는 능력이 평가되므로, 평소 주변 지역의 식당이나 관광지 등을 소개할 수 있도록 필요한 단어들을 알아 두는 것이 좋습니다.

| | |
|---|---|
| **질문 유형** | 관심있는 장소에 대한 정보 요구에 응답하기 |
| **준비 시간** | 없음(별도의 준비시간이 주어지지 않습니다.) |
| **답변 시간** | 각 25초<br>• 상대방이 원하는 정보에 적합하게 말하기, 특정한 장소를 고른 것에 대한 분명한 이유 및 근거 말하기, 상대방에 맞는 적합한 어조로 말하기 |

★ Part 7의 질문들은 화면상에 보이지 않습니다.

## 들어가기 전

### Asking for and giving information / Asking for and giving suggestions

**01 누가(Who) 정보를 요구하는지 알아야 합니다.**

대화 상대 특성 알기

– 자신에게 질문하는 상대방에 대한 파악이 먼저 이루어져야 합니다.

이에 대한 정보는 화면에 제시되는 지시사항(Direction)과 그림을 통해 확인할 수 있습니다.

**02 무엇(What)을 추천 받고자 하는가?**

상대방이 요구하는 조건에 부합하는 장소 추천하기

– 주로 대화 상대방이 새로운 지역을 방문하거나 새로운 집단에 속하게 되어 도움을 요청하는 질문이 많이 등장하는데, 추천해야 할 장소의 특성과 상대방의 조건을 고려해서 상대방의 요구에 부합하는 장소를 추천할 수 있어야 합니다.

**03 왜(Why) 추천하는가?**

상대방이 요구한 내용과 추천한 장소와의 관련성을 바탕으로, 자신이 그 장소를 선택한 타당한 근거를 상대방에게 설명합니다.

# Sample Questions

Imagine that you have a foreign friend, Harper, who is visiting your country for the first time. You are now having dinner with her in a restaurant, and she is going to ask you some questions.

➜ Direction이 소개되고 6개의 관련 질문들이 주어집니다.

문제지에 질문이 제시되지 않으므로 응시자는 인터뷰 상황의 배경, 상대방 및 그와의 관계 등에 관해 간단하게 요약을 해 두어야 합니다.

---

**Opening questions**

**Q** Hi, it's really good to see you again. How have you been?

**Q** I'm pretty good, thanks. I'm really excited to be here, and I can't wait to go sightseeing! Would it be alright if I asked you some questions?

---

**Main questions**

**Q** Alright. I'm planning to stay for about three days, so I'd like to see a historically significant place before I leave. Which one would you recommend?
알겠어. 3일 정도 머물 예정이라, 떠나기 전에 역사적으로 의미 있는 곳을 보고 싶어. 어떤 곳을 추천하니?

**Q** Great. I would also like to try some of your country's traditional foods. What kind of food is your country known for, and where would you recommend I go to try some?
좋아. 너희 나라 전통 음식도 먹어보고 싶어. 너희 나라는 어떤 음식이 유명하고, 어디서 먹어보는 게 좋을까?

**Q** That sounds yummy! Maybe we can go there tonight? Speaking of going out tonight, I'd like to go shopping for some presents. Where can we go to find some practical and inexpensive gifts?

맛있겠다! 우리 오늘 밤에 거기 갈 수 있을까? 오늘 밤 외출 얘기가 나와서 말인데, 선물을 사러 가고 싶어. 실용적이고 비싸지 않은 선물을 어디서 찾을 수 있을까?

**Q** Okay, I think that about covers it. Is there any other place you think I should see? Why would you recommend that I see it?

네, 그 정도면 될 것 같아. 내가 가볼 다른 장소가 있니? 왜 나에게 그 곳을 추천하는 거야?

이렇게 달라질 수 있어요!

**Q** Can you tell me about any museums that you know of?
아는 박물관이 있다면 말해줄래?

**Q** Can you tell me about special outdoor places that I can go visit?
내가 방문할 수 있는 특별한 야외 장소를 알려줄래?

**Q** Can you recommend any good restaurants?
좋은 식당을 추천해줄래?

**Closing statement**

**Q** That sounds great. Thanks.

→ 인터뷰의 상황은 가상이지만, 자연스러운 대화를 고려한 첫 인사(opening or greeting statements)와 끝 인사(closing statements)가 대화의 시작과 끝에 위치합니다.

→ 첫 인사와 끝 인사는 주요 질문이 주어지기 전과 후의 대화를 자연스럽게 이끌어, 응시자가 상대방과 직접적인 대화를 통해 인터뷰 상황에 관여할 수 있도록 도와주는 역할을 하고 있습니다. 인사를 나눈 후 지시문의 상황에 기반을 둔 주요 질문들이 주어지는데, 모든 질문은 한 특정 장소에 관한 정보를 묻게 됩니다.

## Directions

Imagine that your cousin Vivian from Canada wants to spend her summer vacation at your place. She has never been to your country before and is quite excited about the visit. She is on the phone right now and wants to ask you a few questions.

❶ 상대방의 시작 멘트

ex Hi, it's really good to meet you here. Is it okay for you to ask a few questions?

❷ 본 질문 (Q1~Q6 각 25초)

ex 장소 추천
추가 장소 추천
다른 장소 추천
이유 묻기

❷ 상대방의 마무리 인사

ex That sounds great. Thank you so much.

ex Ah, that's good to know. I can't wait.

01
대화 상대,
문제 상황,
어조
파악하기

✔ 상대방 : 사촌(여자)
상황: 캐나다에 살다 여름방학 때 놀러 옴
어조: 친근감 있게 causal 한 스타일로 말할 것

02
시작하기

▶ ⅰⅲ Hi! I am happy that I got the chance to talk to you today and I'm looking forward to my upcoming visit there.
안녕! 오늘 너와 이야기할 기회가 생겨서 기쁘고 나는 다가오는 그 곳으로의 방문이 기대돼.

✔ 상대방의 멘트로 시작됩니다.
✔ 질문은 음성으로만 들리기 때문에 질문들을 듣고 바로 답합니다.

**03 질문에 답변하기**

Level 5
수준 답변

여행 명소 추천

▶ ◉◉◉ So tell me, what tourist attraction are we going to visit first when I arrive? Where is it located?

내가 도착하면 우리가 제일 먼저 갈 관광지는 어디야? 어디에 위치해 있어?

답변 시간 25 SEC

**A1** Well, I'm grateful that I have the chance to show you some fantastic sights in Korea. Since my country is known for its historical palaces, I suggest that we first visit one of those palaces, Gyungbok Palace. It is located in Jong-Ro, which is just a 25-minute drive from my place.

음, 내가 너에게 한국의 환상적인 광경을 보여줄 기회를 갖게 되어 감사해. 우리나라는 역사적인 궁궐로 유명하기 때문에, 나는 우리가 먼저 그 궁궐들 중 하나인 경복궁을 가보는 것을 추천해. 그곳은 우리 집에서 차로 25분 거리에 있는 종로에 있어.

추가 명소 추천

▶ ◉◉◉ Wow, that sounds nice. So, what will we do after that?

와, 그거 좋은데. 그럼, 우리는 그 후에 무엇을 할 거야?

답변 시간 25 SEC

**A2** After our palace tour, I recommend that we go to the Cheonggye creek, which is located in the middle of Seoul. It is quite a long stream, as it will take us an hour to walk alongside it, but I'm sure that you will be delighted when we reach the creek.

궁궐 탐방 후, 우리가 서울 한복판에 위치한 청계천을 가는 것을 추천해. 옆으로 걸어가면 한 시간이 걸릴 정도로 꽤 긴 개울이지만, 우리가 개울에 다다르면 분명 기뻐할 거야.

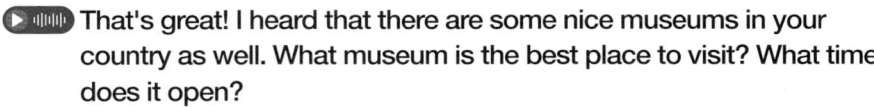 Responding to requests for information about places of interest

박물관 장소 추천

▶ ◀||||| That's great! I heard that there are some nice museums in your country as well. What museum is the best place to visit? What time does it open?

그거 멋진데! 너희 나라에도 좋은 박물관들이 몇몇 있다고 들었어.
어떤 박물관이 가장 가 볼만한 곳이니? 몇 시에 열어?

답변 시간 **25** SEC

A3 You're right, there are many great museums to visit in Korea. For starters, I suggest that we go to the *Seoul History Museum*. We can visit it in the morning as the museum opens at 8 AM. After that, perhaps we can go to the city's new art museum, which opens around lunch time.

네 말이 맞아, 한국에는 방문할 만한 훌륭한 박물관이 많아. 우선, 우리가 서울 역사 박물관에 가보는 것을 추천해. 박물관이 오전 8시에 문을 열기 때문에 우리는 아침에 방문할 수 있어. 그 후에, 우리는 점심시간 즘음에 문을 여는 그 도시의 새로운 미술관에 갈 수 있을 거야.

음식점 추천

▶ ◀||||| Fantastic! In addition, where is the best place to eat once we get tired from all that walking and sightseeing?

훌륭하다! 게다가, 그 많은 산책과 관광으로 지칠 때 가장 좋은 식사 장소는 어디일까?

답변 시간 **25** SEC

A4 I know a lot of places where we can eat a round there. One of them is called *Vision* and is located at the east side of the art museum. *Vision* is a traditional Asian diner in Jong-no area that serves the best dumplings and noodles. You will never be disappointed in that restaurant.

내가 그 주변에서 먹을 수 있는 장소들을 많이 알고 있거든. 그곳들 중 하나는 〈비전〉이라고 불리고 미술관의 동쪽에 있어. 〈비전〉은 종로 지역의 전통 아시아 식당으로 만두와 국수가 최고야. 너는 그 레스토랑에서 절대 실망하지 않을 거야.

**클럽&바 추천**

▶ ◀)))) **Perfect! I also would like to experience some nightlife. Where is the best place to go dancing?**

완벽해! 나는 또한 밤의 유흥을 경험해 보고 싶어. 춤추러 가기에 가장 좋은 장소는 어디야?

**답변 시간 25 SEC**

**A5** Hmmm... If you are looking for a place to go dancing, the best place to go to is the *Dime Bar*, which is located at Gangnam Station. The bar has a wide dancing area, plus the music is cool and their drinks are affordable. Not to mention, you can meet a lot of interesting people there.

흠... 춤추러 갈 곳을 찾고 있다면 강남역에 위치한 〈다임 바〉가 가장 가기 좋아. 그 바에는 넓은 댄스 공간이 있고, 게다가 음악도 멋지고 술값도 저렴해. 두말할 것 없이, 너는 그곳에서 흥미로운 사람들을 많이 만날 수 있어.

**백화점 추천**

▶ ◀)))) **That's wonderful! Oh, and lastly I want to buy some shoes as well. Is there a department store near your place?**

그거 좋다! 아, 그리고 마지막으로 나는 신발도 사고 싶어. 너희 집 근처에 백화점이 있니?

**답변 시간 25 SEC**

**A6** Well, we can go to *Lotte Department Store*. We can take a cab to get there and it will only take us 15 minutes to reach our destination. They have a large shoe department, so anyone can match their own taste and budget.

음, 롯데백화점에 가면 되겠네. 택시 타고 가면 되고 목적지까지 15분밖에 안 걸려. 그곳은 넓은 신발 매장이 있어서, 누구나 자신의 취향과 예산에 맞출 수 있어.

▶ ◀)))) **Ah, that's good to know. I can't wait. I'll see you in a couple of days!**

아, 다행이다. 너무 기대되네. 며칠 후에 보자!

◉ 상대방의 멘트로 파트가 마무리됩니다.

# 01 정보 묻기

**Do you happen to know~?** 혹시 ~을 알고 있니?
**Do you know~?** ~을 알고 있니?
**I'd like to ask you (about) ~.** ~에 대해 물어보고 싶어.

☑ 장소에 대해 바로 소개를 시작하기보다 다음과 같은 머리말로 시작하는 것도 좋습니다.

## 문장 말해보기

**Do you happen to know Nam-dae-mun market?** 남대문 시장을 알고 있니?
**I'd like to ask you about Korean food.** 한국 음식에 대해 물어보고 싶어.

## 나만의 답변 완성하기

다음의 우리말 문장을 영어로 말해봅시다.

**01** 너는 메트로폴리탄 박물관을 아니?

🎤 _____ .

**02** 국립공원(National Park)에 대해 물어보고 싶어.

🎤 _____ .

정답 **01** Do you know the Metropolitan Museum?
**02** I'd like to ask you about the National Park.

# 02 정보 주기

People say ~ 사람들이 말하길 ~

They say ~ 그들이 말하길 ~

Everybody says ~ 모두가 말하길 ~

I've heard ~ 나는 ~라고 들었어.

Word has it that ~ 들리는 말에 의하면 ~

for example, ~ 예를 들면 ~

for instance, ~ 예를 들면 ~

such as ~ ~처럼

## 문장 말해보기

**People say** that visiting the National Park is a must.
사람들이 국립공원이 꼭 가봐야 할 곳이라고 해.

**Everybody says** you should visit the Metropolitan Museum.
모두가 메트로폴리탄 박물관을 가봐야 한다고 해.

**Everybody says** the restaurant is very good.
모두가 그 식당이 아주 훌륭하대요.

**I've heard** Nam-dae-mun market is the best place to go for shopping.
나는 남대문 시장이 쇼핑하기 가장 좋은 장소라고 들었어.

**Word has it that** the restaurant is out of business.
들리는 말에 의하면 그 식당은 이제 영업을 안 한대.

## 나만의 답변 완성하기

다음의 우리말 문장을 영어로 말해봅시다.

**01** 모두들 올림픽 공원(Olympic Park)을 가봐야 한다고 해.

**02** 나는 남산 타워(the Namsan Tower)가 야경이 좋다는 말을 들었어.

정답 **01** People tell me that Olympic Park is a must.

**02** I've heard the Namsan Tower has a good night view.

# 03 장소 설명하기

One of the most popular places is ~ 가장 인기 있는 장소 중 하나는 ~이야.

A is one of the most famous places in B. A는 B에서 가장 유명한 장소 중 하나야.

A is a famous landmark in B. A는 B의 유명한 랜드마크야.

A is located in B. A는 B에 있어.

## 문장 말해보기

**One of the most popular places** for young people **is** the area surrounding Gangnam Station.
젊은 사람들이 가장 많이 찾는 곳 중 하나가 강남역 주변이야.

**The National Folk Museum of Korea is located in** Gyeongbok Palace.
국립민속박물관은 경복궁에 있어.

## 나만의 답변 완성하기

다음의 우리말 문장을 영어로 말해봅시다.

**01** 남산의 서울 타워는 서울의 중심에 있는 유명한 랜드마크야.

 _____ .

정답 **01** The Seoul Tower at Namsan is a famous landmark in the center of Seoul.

# 제안하기

**I suggest + 명사(장소)** 나는 ~을 추천해.

**I suggest + 동사 + ing** 나는 ~하는 것을 추천해.

**I suggest + that + 주어 + (should) + 동사원형** 나는 ~을 추천해.

**What/How about~?** ~은/는 어떨까?

**If you want to~, it would be a good idea to ~** ~을 원한다면, ~이 좋을 거야.

**If you are looking for A, you should ~** 만약 A를 찾고 있다면, 너는 ~해야 해.

---

✅ 장소나 물건 등을 추천하거나 제안할 때 사용할 수 있는 기본적인 표현들입니다. GST Part 7의 모든 대답이 제안 혹은 장소에 대한 설명이기 때문에 다양한 표현을 알아 두는 것이 유용합니다.

✅ "~하는 게 어때요?" 또는 "~하는 게 좋을 것 같아요." 와 같은 표현을 이용하여 자연스러운 시작을 할 수 있습니다. 이후에는 반드시 왜 그렇게 생각하는지에 대한 타당한 이유도 제시해야 합니다.

## 문장 말해보기

**I suggest** a tour of the museum.
나는 박물관 견학을 추천해.

**What/How about** the bookstore across from the elementary school?
초등학교 건너편 서점은 어떨까?

**If you are looking for** a fancy lamp, **you should** go to the shops on Marker Street.
만약 네가 화려한 램프를 찾고 있다면, 마커 가에 있는 상점에 가야 해.

## 나만의 답변 완성하기

다음의 우리말 문장을 영어로 말해봅시다.

**01** 나는 올림픽 공원으로 소풍을 가는 것을 추천하고 싶어.

🎤 _____ .

**02** 너는 장바구니를 가지고 와야 해.

🎤 _____ .

**정답** **01** I would like to suggest going on a picnic at Olympic Park.
**02** You should bring a shopping basket.

# 05 추천하기

I would recommend~ ~을 추천해.

I'd like to recommend~ ~을 추천하고 싶어.

I recommend to you + 명사(장소) 나는 너에게 ~을 추천해.

I recommend you to + 동사 나는 네가 ~할 것을 추천해.

I recommend + that + 주어 + (should) + 동사원형 나는 ~을 추천해.

---

✔ Part 7에서는 '권하다', '충고하다'의 의미를 가지고 있는 동사 (recommend, suggest)가 많이 사용됩니다.

## 문장 말해보기

If you are looking for a bargain, then I'd recommend any of the shops on Baker Street.
저렴한 물건을 찾으신다면 베이커 가에 있는 상점을 추천해.

I'd highly recommend the restaurant in the Marriot Building.
메리어트 빌딩에 있는 레스토랑을 적극 추천하고 싶어.

I would like to recommend the Electronics Market for good price on all types of electronics.
모든 종류의 전자제품을 좋은 가격에 구입할 수 있는 전자제품 마켓을 추천하고 싶어.

I recommend you (should) visit Jeju Island.
나는 네가 제주도에 가보는 것을 추천해.

## 나만의 답변 완성하기

다음의 우리말 문장을 영어로 말해봅시다.

01 예술의 전당에서 열리는 전시회에 가보는 것을 추천해.

🎤 _____.

02 한국의 전통음식을 추천하고 싶어.

🎤 _____.

정답 01 I recommend you to go to the exhibition at the Seoul Arts Center.
02 I'd like to recommend the traditional food in Korea.

# 06 구체적인 장소나 물건 추천하기

~is the best ~in Seoul.
~는 서울에서 가장 ~한 곳이야.

As my first choice, I'd like to recommend~
첫 번째 선택으로, 나는 ~를 추천하고 싶어.

I think that you can enjoy~
내 생각에 너는 ~를 즐길 수 있을 거야.

When you visit~, you can have fun.
~를 방문했을 때, 재미있을 거야.

I can take you to~
~로 데려다 줄게.

One of the most popular places is~
가장 인기 있는 곳 중 하나는~

When you visit~, you can have fun.
~를 방문했을 때, 재미있을 거야.

## 문장 말해보기

You can enjoy it more.
당신은 더 즐기실 수 있어요.

I can take you to many interesting places.
제가 많은 명소에 당신을 데려 가 줄게요.

I think it would be a good idea to visit the Korean Folk Village.
한국 민속촌에 가는 게 좋을 것 같아요.

## 나만의 답변 완성하기

다음의 우리말 문장을 영어로 말해봅시다.

**01** 나랑 스케이트장에 같이 가지 않을래?

 _____ .

**02** 아쿠아리움으로 가는 방법을 알려줄게.

 _____ .

정답 **01** Why don't you go to an ice rink with me?
**02** I can show you how to get to the aquarium.

▶ QR로 듣기

**01** 25초 동안 자신만의 답변을 만들어 녹음해 봅시다.
재차 자신의 녹음을 들어보면서 표현과 발음을 연습하고, 좀 더 매끄러운 표현으로 바꿔봅시다.

**25 SEC**

> **Can you tell me what it's like to live in Seoul?**

▶ QR로 듣기

**02** 위의 답변을 반복해서 연습한 후, 아래 문제에 도전해 봅시다. 완성된 자신의 답안과 제시된 예시 답변을 비교해 봅니다.

> **Can you tell me where I can buy some souvenirs for my family?**

▶ QR로 듣기

**03** 아래는 Part 7의 문제 중 하나로, 연습한 표현을 사용하여 자신만의 답변을 만들어 녹음해봅시다. 자신의 녹음을 들어보면서 표현과 발음을 연습하고, 좀 더 매끄러운 표현으로 바꿔봅시다.

> **I would like to try some of the famous foods in your country.**
> **What kind of food is your country known for, and where would you recommend**
> **I go to try some?**

▶ QR로 듣기

**04** 위의 답변을 반복해서 연습한 후, 아래 문제에 도전해 봅시다. 완성된 자신의 답안과 제시된 예시 답변을 비교해 봅니다.

> **Would you suggest any historical place to visit here in Seoul?**

정답

▶ QR로 듣기

**01** **ex01** Sure! For me, living in Seoul is like living with a lot of technology. The services here are so fast, especially when it comes to food, Internet, and transportation. If you like Korean food, of course you can find it here. This is one of the best places to eat authentic Korean food. Also, Seoul has fast Internet. On top of that, the public transportation here has improved compared to before. Today, there are 22 subway lines in Seoul. These lines make travel easier in the capital of South Korea.

**ex01** 물론이지! 나에게, 서울에 산다는 것은 많은 기술과 함께 사는 것과 같아. 이곳의 서비스는 특히 음식, 인터넷 및 교통 수단과 관련하여 매우 빨라. 네가 한국 음식을 좋아한다면, 물론 이곳에서 찾을 수 있어. 이곳은 정통 한국 음식을 먹을 수 있는 최고의 장소 중 하나야. 또한, 서울은 인터넷이 빨라. 게다가, 이곳의 대중교통도 이전에 비해 많이 향상되었어. 오늘날, 서울에는 22개의 지하철 노선이 있어. 이 노선들은 대한민국의 수도에서 여행을 더 쉽게 만들어.

**ex02** Sure! For me, living in Seoul is exciting. Everything here is fast-paced, such as the Internet connection and transportation, because of the advanced technology. The Internet is extremely fast, as the Internet speed a user can get here ranges from 500 megabytes per second to 1 gigabyte per second. Our public transportation system has also improved greatly over the years. To date, there are 22 subway lines in Seoul, which makes going from place to place a lot easier than in other cities. In addition, if you like Korean food, Seoul is one of the best places to eat authentic Korean dishes. Most of the time, you won't have to wait long for your food because the service in Seoul tends to be very fast.

**ex02** 물론이지! 나에게 있어, 서울에서의 생활은 흥미진진해. 첨단 기술로 인해 인터넷 연결 및 교통과 같은 모든 것들이 빠르게 진행돼. 사용자가 얻을 수 있는 인터넷 속도는 초당 500MB에서 초당 1GB에 이를 수 있기 때문에 인터넷은 매우 빨라. 우리의 대중 교통 시스템도 수년에 걸쳐 크게 개선됐어. 현재까지, 서울에는 22개의 지하철 노선이 있어서, 다른 도시에 비해 이동이 훨씬 수월해. 또한 한식을 좋아한다면, 서울은 정통 한식을 맛볼 수 있는 최고의 장소 중 하나야. 대부분의 경우, 서울의 서비스는 매우 빠른 경향이 있기 때문에 음식을 오래 기다리지 않아도 돼.

▶ QR로 듣기

**02** **ex01** There are two very popular markets in Seoul. They are Namdaemun Market and Dongdaemun Market, which mean "Great South Gate" and "Great East Gate" markets. Those two markets have a long history and tradition of more than 500 years. You can find almost anything there at a very cheap price. These days, the two markets are very popular with people from Southeast Asia. Western people who visit Korea also like to go shopping there because the markets have a unique atmosphere. People can still cut down prices by bargaining the merchants in traditional markets like those. Itaewon is another great place to visit. It's already well known to many foreigners. You will never be disappointed in these Korean markets.

**ex01** 서울에는 두 개의 아주 유명한 시장이 있어. 그것은 남대문 시장과 동대문 시장인데, 이는 '남쪽의 큰 문', '동쪽의 큰 문'이라는 뜻이야. 이 두 시장은 500년 이상의 긴 역사와 전통을 가지고 있어. 너는 그곳에서 거의 모든 것을 매우 저렴한 가격으로 찾을 수 있어. 요즘, 두 시장은 동남아 사람들에게 큰 인기를 끌고 있어. 한국을 방문하는 서양인들도 시장이 독특한 분위기를 가지고 있기 때문에 그곳에서 쇼핑하는 것을 좋아해. 사람들은 여전히 그런 전통 시장에서 상인들과 흥정함으로써 가격을 낮출 수 있어. 이태원은 방문하기 좋은 또 다른 곳이야. 이는 이미 많은 외국인들에게 알려져 있어. 너는 이 한국 시장들에 결코 실망하지 않을 거야.

## Responding to requests for information about places of interest

### Directions
Imagine that your friend from Europe, Denise, just arrived in your country. She will be staying at your house for a month. It is her second time to visit your city. She does not plan to visit tourist spots, but needs some practical information on going around. You are now talking to her in your living room. She is going to ask you a few questions.

Hey! Thanks for picking me up at the airport and offering for me to stay at your house. A lot has changed since I last visited. I'm excited to go around!

**Q1** I need to buy some toiletries first, though. Where is the nearest grocery store? I remember, the last time we had to travel far. I need to buy soap, shampoo, and paper towels.

**A1** Since _____. I suggest that you should visit _____. It is famous for _____and located in _____, which is _____from my place. (25 SEC)

**Q2** Perfect! After I take care of those things, I'll treat you to lunch. Hmmm… I was not able to eat at any Korean restaurant the last time I visited. Where can we have traditional Korean food?

**A2** Oh, right. I know a lot of places where we can eat. Among many of them, I would like to recommend _____, located near the _____. _____ is a is a Korean fusion restaurant that serves the _____and _____. (25 SEC)

**Q3** That's great! I have an idea. Why don't we meet other friends later to catch up over coffee? Which cafe do you recommend we visit? Is it far from your house?

**A3** I recommend _____ near _____, which is _____ away from my place. As it is such ___ place, so we might have a great time there together. (25 SEC)

**Q4** Wow! I can't wait to see our friends. By the way, my sister is requesting that I buy her a Korean doll. Where can we buy traditional Korean dolls?

**A4** As my first choice, I'd like to suggest you go to _____. The area is a landmark famous for _____and you can find a lot of stores for traditional Korean dolls as well. (25 SEC)

**Q5** Great! I'm sure I'll enjoy choosing a doll for her. Oh, in Europe, I always go for a skate. I will surely miss ice-skating! Is there an ice-skating rink in this city? How do we go there from here?

**A5** Oh, really? Fantastic! There is an ice-skating rink in _____. _____is one of the most famous amusement parks in Korea and is even located in _____so _____. (25 SEC)

**Q6** That's wonderful! I almost forgot. I only packed light clothes in my luggage. Where can we shop for winter clothes and jackets?

**A6** If you _____, I would like to recommend you to go to _____. It has _____. I am sure that you will be satisfied with _____. (25 SEC)

That's good. Thanks for those tips! I'll go to the grocery store now.

**A1** **Since** you have to buy a lot of stuff and want to go to the grocery store which is close to my house. **I suggest that you should visit** All in one. **It is famous for** having all kinds of grocery items **and is located in the** Song-Pa Building, **which is** a 5-minute walk away **from my place.**

네가 물건을 많이 사야 하고 우리 집에서 가까운 식료품점에 가고 싶어하니까 나는 네가 〈올인원〉에 방문하는 것을 추천해. 그곳은 모든 종류의 식료품들이 있는 곳으로 유명하고, 우리 집에서 걸어서 5분 거리에 있는 송파 빌딩에 위치해 있어.

**A2** Oh, right. I know a lot of places where we can eat. Among many of them, I would like to recommend *Kongbul*, **located near the** Sam-sung Station. *Kongbul* **is a Korean fusion restaurant that serves the** Bulgogi with bean sprouts.

아, 그래. 나는 우리가 먹을 수 있는 곳을 많이 알고 있어. 많은 곳들 중, 삼성역 근처에 위치한 〈콩불〉을 추천하고 싶어. 〈콩불〉은 콩나물 불고기를 제공하는 한식 퓨전 레스토랑이야.

**A3** **I recommend** *Coffee and Tea* **near** the library, **which is** a 10-minute walk **away from my place. As** It is such a quiet and cozy **place, so we might have a great time there together.**

우리 집에서 걸어서 10분 거리에 있는 도서관 근처의 〈커피 앤 티〉를 추천해. 거긴 매우 조용하고 아늑한 곳이어서, 우리는 그곳에서 함께 즐거운 시간을 보낼 수 있을 거야.

**A4** **As my first choice, I'd like to suggest you go to** Namdaemoon. **The area is a landmark famous for** being filled with numerous stores of all kinds **and you can find a lot of stores for traditional Korean dolls as well.**

첫 번째 선택으로, 나는 너에게 남대문으로 가는 것을 추천하고 싶어. 이 지역은 온갖 종류의 상점이 즐비한 것으로 유명한 랜드마크이며 한국 전통 인형을 파는 가게도 많이 찾을 수 있어.

**A5** Oh, really? Fantastic! There is an ice-skating rink in *Lotte World*. *Lotte World* is one of the most famous amusement parks in Korea **and** it is even located in Seoul **so** it is very convenient for us to visit.

아, 그래? 멋지다! 〈롯데월드〉에는 아이스 스케이트장이 있어. 〈롯데월드〉는 한국에서 가장 유명한 놀이공원 중 하나이고 심지어 서울에 있어서 우리가 방문하기에 매우 편리해.

**A6** If you don't want to pay too much for buying winter clothes, I would like to recommend you to go to *Happy Virus*. It has a lot of inexpensive but high-quality clothes. I am sure that you will be satisfied with the price as well as the quality of the clothes there.

겨울옷을 사는 데 너무 많은 돈을 지불하고 싶지 않다면, 〈해피 바이러스〉에 가보는 것을 추천해. 그곳에는 비싸지 않지만 질 좋은 옷들이 많이 있어. 나는 네가 그곳에 있는 옷의 품질뿐만 아니라 가격에도 만족할 것이라고 확신해.

# 08

# Discussing advantages and disadvantages of two related objects

# PART 08 진행 순서

Discussing advantages and
disadvantages of two related objects

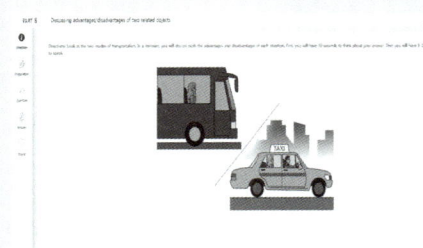

## 01 Direction 화면

- Part 8은 주어진 두 사물의 장점과 단점을 파악하여 비교/대조한 후 자신의 의견을 표현하는 영역입니다.

- Part 8의 Direction을 들으면서 화면에 제시된 두 그림을 파악합니다. 이 때, 두 그림이 무엇을 의미하는지, 또 각 그림 간의 차이점이 무엇인지 빠르게 파악하도록 합니다.

## 02 Preparation Time & Question 화면

- 30초의 준비 시간 동안 각 상황의 장단점을 최대한 많이 메모합니다.

## 03 Response Time 화면

- 각 파트 중에 답변 시간이(1분 30초)이 가장 깁니다.

- 주어진 시간 동안 적절한 시간 분배를 통해 장점과 단점 및 자신의 선호도와 그 이유를 말합니다. 적절한 시간 분배는 고득점을 위한 필수 요소입니다.

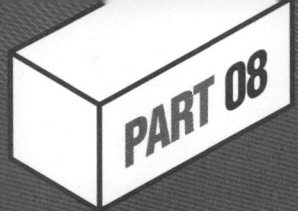

# 고득점 POINT!

Discussing advantages and
disadvantages of two related objects

## Criteria 기준

| | |
|---|---|
| **Grammar**<br>문법 | ● 두 개의 사물을 비교/대조하기 위해 문법을 적절히 사용해야 합니다.<br>● There is 단수 명사 / There are 복수 명사에 주의해야 합니다. |
| **Vocabulary**<br>어휘 | ● 주어진 두 개의 사물이나 상황에 대한 적절한 어휘를 사용해야 합니다.<br>● 그림을 제대로 파악했는지 안 했는지는 사용한 어휘를 보면 알 수 있습니다. 그림에서<br> 말하고자 하는 포인트를 정확하게 짚고, 장단점으로 언급할 수 있는 부분들에 대한 어휘를<br> 정확하게 사용하도록 합니다. |
| **Pronunciation**<br>발음 | ● 1분 30초 동안 말을 해야 하기 때문에 자칫 발음에 신경쓰기 어려울 수 있습니다.<br> 각 그림에 대한 장점 및 단점을 이야기할 때 중요 부분에 강세를 넣어 강조해줍니다. |
| **Fluency**<br>유창도 | ● 친구에게 말하듯 자연스럽고 편안하게 말을 합니다.<br>● 준비 시간에 그림에 대한 세부적인 예시를 미리 생각해 두어 말해야 할 시간에 당황하여<br> 머뭇거리거나 말하는 타이밍을 놓치지 않도록 합니다. |
| **Content**<br>내용 | ● 장단점을 가능한 두 개씩 제시하기<br> 두 대상의 장단점을 가능하다면 각각 두 개씩 들어 언급<br> 마무리로 자신의 선호하는 물건(상황)과 그 이유에 대해 간략하게 정리합니다.<br><br>● 답변 시간 적절히 배분하기<br> 두 대상에 대한 전반적인 설명 → 장점과 단점을 적절히 배분 → 차이점을 명확하게 피력<br><br> **상** … 두 개 이상의 장점과 단점을 명확히 잘 제시한 경우<br> **중** … 한 개 이상의 장점과 단점을 제시한 경우<br> **하** … 제시한 장점과 단점 중에 올바른 내용의 주장이 한 개 정도인 경우<br> … 장점과 단점이라고 주장하는 내용이 불분명한 경우 |

# Discussing advantages and disadvantages of two related objects

## What to Expect

Part 8은 연관이 있는 두 사물 혹은 상황의 장점과 단점을 파악하여 그에 대한 자신의 의견을 대조 및 비교를 통해 발화하는 것입니다.

답변하는 데는 특정한 규칙이 없지만, 두 사물의 전반적인 설명을 하고, 각 사물의 장점과 단점을 들고 서로 비교하여 차이점을 명확히 피력해야 합니다.

| 질문 유형 | 의견 표현 및 지지하기 |
|---|---|
| 준비 시간 | 30초<br>• 그림 파악하기, 각 그림에 대한 장단점 가능한 한 많이 메모하기 |
| 답변 시간 | 1분 30초<br>• 준비된 장단점을 시간 내 적절히 배분하여 말하기,<br>  자신의 선호도와 그 이유에 대해 말하기 |

## 들어가기 전 TIP!

### Comparing things

**01** 준비 시간을 잘 이용하는 것이 중요합니다. 30초 동안 두 개의 그림을 빠르게 파악하고 장단점을 메모합니다.

**02** 아래의 필수적인 표현들을 적절히 사용하여, 어떤 그림이 나와도 응용할 수 있도록 암기합니다.

## PART 8    Directions

Look at the four pairs of shoes pictured below. Two pairs are formal, and two pairs are casual. In a moment, **you will discuss both the advantages and disadvantages of formal and informal shoes.** First, you will have 30 seconds to think about your answer. Then you will have 1-1/2 minutes to speak.

이렇게 달라질 수 있어요!

**Q** Discuss both the advantages and disadvantages of each situation pictured below.

**Q** Discuss both the advantages and disadvantages of each type of the objects.

Now think about your answer. (30 SEC)

Now begin your discussion. (1 MIN 30 SEC)

→ 질문을 듣고 30초간 답변을 준비할 시간이 주어집니다. 다른 파트와는 달리 1분 30초 동안 그림에서 묘사된 대상에 대해 비교하며 논의해야 하므로 대상의 명칭, 각 대상의 장단점 및 자신의 의견 등을 간단하게 요약해 두어야 합니다.

 **GST** **PART 08** **엿보기** | **Discussing advantages and disadvantages of two related objects**

## Directions

Look at the two situations pictured below. In a moment, you will discuss both the advantages and disadvantages of each situation. First, you will have 30 seconds to think about your answer. Then you will have 1-1/2 minutes to speak.

**01 그림 파악하기**

at - 구체적인 지점, 장소 자체를 말할 때.
in - 실제 그 공간 안에 있을 때, 비교적 넓은 영역을 말할 때

- ✔ Watching television at home
- ✔ Watching a movie at the theater

**02 각 그림의 장단점 가능한 많이 메모하기**

## Now think about your answer.
이제 당신의 답을 생각해 보세요.

생각할 시간 **30** SEC

- ✔ 장점: relax, save money/no interruption from others
  단점: smaller screen, being lazy
- ✔ 장점: larger screen, better sound quality system/good place to hang out with friends
  단점: spend money buying tickets and wait/no privacy

**03**
장단점
적절히
배분하여
말하기

Level 5
수준 답변

## Now answer the question.
이제 질문에 대답하세요.

답변 시간 **1** MIN **30** SEC

**머리말**

○ There are several advantages and disadvantages to **watching a movie at a theater** and **watching TV at home.**
영화관에서 영화를 보는 것과 집에서 TV를 보는 것에는 몇 가지 장점과 단점이 있습니다.

**첫 번째 그림**

○ Well, I think the advantage of watching TV at home is that **you can relax at home without spending money since you don't have to buy tickets just to watch your favorite show!** However, the disadvantage of watching TV at home is that **you watch it on a smaller screen. Also, the television can sometimes cause a distraction and prevent people from doing other things such as studying or doing household chores.**
음, 저는 집에서 TV를 시청하는 것의 장점은 단지 좋아하는 프로그램을 보기 위해 표를 살 필요가 없기 때문에 집에서 돈을 들이지 않고 편히 쉴 수 있다는 것이라고 생각합니다! 하지만, 집에서 TV를 시청하는 것의 단점은 작은 화면으로 시청한다는 것입니다. 또한, 텔레비전은 때때로 주의를 산만하게 하여 사람들이 공부나 집안일과 같은 다른 중요한 일을 하는 것을 방해할 수 있습니다.

**두 번째 그림**

○ The advantage of watching movies in a theater is that **you can enjoy watching a movie on a wider screen with better sound quality. Also, the movie theater is a great place to spend time with friends.** However, one disadvantage of watching a movie at a theater is that **you have to spend money to buy tickets and sometimes may have to wait in a long line in order to do so. In addition, you won't be able to watch the movie in private as there are many other people inside the theater.**

영화관에서 영화를 보는 것의 장점은 더 넓은 화면에서 더 좋은 음질로 영화를 감상할 수 있다는 것입니다. 또한, 영화관은 친구들과 시간을 보내기에 좋은 장소입니다. 그러나, 영화관에서 영화를 보는 것의 한 가지 단점은 티켓을 사기 위해 돈을 써야 하고 때로는 그렇게 하기 위해 긴 줄을 기다려야 할 수도 있다는 것입니다. 또한, 극장 안에는 다른 사람들이 많이 있기 때문에 따로 영화를 볼 수 없습니다.

**04**
**자신의 선호 정도와 의견 말하기**

**마무리**

◇ However, in my case, I prefer watching a movie at the theater rather than watching TV at home because I love to watch a movie and spend my time with friends at the same time.

하지만, 저의 경우에는, 집에서 TV를 보는 것보다 극장에서 영화를 보는 것을 더 좋아하는데, 그 이유는 영화를 보는 것과 동시에 친구들과 시간을 보내는 것을 좋아하기 때문입니다.

# 01 A와 B 사이에는 몇 개의 장점과 단점이 있습니다.

→ 위 **A와 B는 사물**(ex. 우산vs모자)**이 될 수도 있고, 두 개의 상황 묘사**(ex. 혼자 공부하기vs선생님과 함께 공부하기)**가 될 수도 있습니다.**

There are several advantages and disadvantages to A and B.
A와 B 사이에는 몇 개의 장점과 단점이 있다.

✅ 두 개의 그림에 대한 장단점을 바로 묘사하기보다는 다음과 같은 머리말로 매끄럽게 시작하는 것이 좋습니다.

## 문장 말해보기

There are several advantages and disadvantages to **umbrella** and **raincoat**.
우산과 우비에는 몇 개의 장점과 단점이 있다.

There are several advantages and disadvantages to **watching a movie at a theater** and **watching TV at home.**
극장에서 영화를 보는 것과 집에서 TV를 보는 것 사이에 몇 개의 장단점이 있습니다.

## 나만의 답변 완성하기

다음의 우리말 문장을 영어로 말해봅시다.

**01** 혼자 공부하는 것과 모임으로 공부하는 것에는 몇 개의 장점과 단점이 있다.

 _____.

정답 **01** There are several advantages and disadvantages to studying alone and studying as a group.

# 02 A는 B에 비해 몇 개의 장점을 가지고 있습니다.

**A has several merits over B.**
A는 B에 비해 몇 개의 장점을 가지고 있습니다.

---

✔ 두 개의 그림 중에서 어떤 것을 먼저 설명할 지는 본인의 선택이지만, 여기에서는 이해를 돕기 위해 A부터 먼저 다루겠습니다. Level 5 이상을 목표로 한다면, 각 그림에 대한 장단점을 각 두 개 정도 언급해 주는 것이 좋습니다. 아래 제시되는 부사(구)를 활용하여 내용을 자연스럽게 이어주도록 합니다.

---

✔ 비교할 때에는 다양한 표현을 사용해봅시다.

➜ **All in all, / By and large, / Mostly, / For the most part,** 대체로
**Compared to** ~에 비유하면
**Compared with** ~와 비교하면
**In comparison with** ~와 비교하여
**On balance,** 비교해보면 결국은,

## 문장 말해보기

**Umbrella has several merits over** a raincoat.
우산은 우비보다 몇 개의 장점을 가지고 있습니다.

**Sneakers have several merits over** high heels.
운동화는 하이힐보다 몇 개의 장점을 가지고 있습니다.

**Compared to** the price in the States, it's really quite reasonable.
미국 내의 가격과 비교하면 그건 아주 적절한 값이에요.

## 나만의 답변 완성하기

다음의 우리말 문장을 영어로 말해봅시다.

**01** 친구들과 어울려 노는 것은 혼자 노는 것보다 몇 가지 장점이 있다.

 _____.

정답 **01** Hanging out with friends has several merits over hanging out alone.

# 03

## 반대로, B의 두 가지 주된 장점은 OOO입니다.

**On the other hand, the two main advantages of B are OOO.**
반대로, B의 두 가지 주된 장점은 OOO입니다.

**On the contrary, there are several merits to B.**
반대로, B에는 몇 가지 장점이 있습니다.

---

✅ A에 대한 장단점을 설명했다면, 이제 B에 대한 설명을 할 차례입니다.

✅ 장단점을 두 개씩 말하는 것이 부담스럽다면 구체적인 예를 들어주는 것도 좋습니다.

## 문장 말해보기

**On the other hand, the two main advantages of** watching movies in the theater **are** that you can enjoy watching a movie on a wider screen. Also, you can watch the movie with better sound quality.
반면에, 극장에서 영화를 보는 것의 두 가지 주요 장점은 더 넓은 스크린에서 영화를 즐길 수 있다는 것입니다. 또한, 여러분은 더 좋은 음질로 영화를 볼 수 있습니다.

**On the contrary, there are several merits to** umbrella.
반대로, 우산에는 몇 가지 장점이 있습니다.

## 나만의 답변 완성하기

다음의 우리말 문장을 영어로 말해봅시다.

**01** 반대로, 에어팟(Airpods)을 사용하는 것에는 몇 가지 장점이 있습니다.

 _____.

**02** 반면에, 버즈(Buds)를 사용하는 것에는 두 가지 주요 장점이 있습니다.

 _____.

정답 **01** On the contrary, there are several advantages of using Airpods.
**02** On the other hand, the two main advantages of using Buds.

# 04 A와 B는 차이가 있습니다.

A is incomparably -er than B.
A는 B보다 비교가 안 될 정도로 더 ~해요.

I don't see/understand how you can talk about A and B in the same breath/sentence.
저는 당신이 어떻게 A와 B를 같은 수준으로 얘기할 수 있는지 이해가 안 가요.

There's a large number of differences between A and B.
A와 B 사이에는 많은 차이가 있어요.

There's absolutely no comparison between A and B.
A와 B는 절대 비교가 안돼요.

You just can't compare A and (to or with) B.
A와 B를 단순히 비교할 순 없어요.

## 문장 말해보기

There's a large number of differences between reading with paper and e-books.
종이책을 읽는 것과 전자책을 읽는 것에는 많은 차이가 있어요.

There's absolutely no comparison between Beethoven and pop music.
베토벤과 대중음악은 절대 비교할 수 없어요.

## 나만의 답변 완성하기

다음의 우리말 문장을 영어로 말해봅시다.

01 냉동 생선과 싱싱한 생선은 비교가 안돼요.

_____.

02 저는 당신이 어떻게 피카소와 모네를 같은 수준으로 얘기할 수 있는지 이해가 안 가요.

_____.

정답 01 There's no comparison between frozen and fresh fish.
02 I don't understand how you can talk about Picasso and Monet in the same breath.

# 05

## A와 B는 비슷합니다.

A is similar to B. (= A and B have a lot in common.) A는 B와 비슷/유사해요.

A is the same as B. A는 B와 같아요.

A is just like B. A는 B와 꼭 같아요.

A and B are exactly alike. A와 B는 완전 똑같아요.

A and B are exactly identical. A와 B는 완전 동일해요.

✔ 해당 Part는 장단점을 기술하는 내용으로, 위의 표현은 최대한 자제하고, 1에서 4까지의 비교 관련 문구를 사용하여 발화하는 것이 좋습니다.

### 문장 말해보기

Bioplastic is similar to ordinary plastic. 바이오 플라스틱은 일반 플라스틱과 유사해요.

Her birthday is the same as Harry Potter. 그녀의 생일은 해리포터의 생일과 같아요.

My printer is just like yours. 제 프린터는 당신 것과 같아요.

### 나만의 답변 완성하기

다음의 우리말 문장을 영어로 말해봅시다.

01 제 의견도 당신과 같아요.

 _____.

02 제 옷이 당신 것과 같아요.

 _____.

정답 01 My opinion is the same as yours.
02 My clothes is just like yours

# Exercise

아래 1~3번 실전 문제에 도전해봅시다. 녹음기를 사용하여 30초의 준비 시간을 가진 후 1분 30초 동안 연습한 표현을 사용하여 자신만의 답변을 만들어 녹음해 봅시다. 재차 자신의 녹음을 들어보면서 표현과 발음을 연습하고, 좀 더 매끄러운 표현으로 바꿔봅시다.

 QR로 듣기

**01**

> Discuss both advantages and disadvantages of a digital camera and a manual camera.

 QR로 듣기

**02**

> Discuss both the advantages and disadvantages of paper books and e-books.

 QR로 듣기

**03**

> Discuss both advantages and disadvantages of offline classes and online classes.

정답

▶ QR로 듣기

**01** Though I am not an expert, I can talk about the advantages and disadvantages of both digital and film cameras. I believe digital cameras are convenient because you can take pictures and upload the digital files onto your computer without a scanner. You can also see the pictures you take immediately after you take them, so you can try to take better ones if you don't like the way they turned out. One drawback, however, is that digital cameras are quite expensive, so they are a big investment. Thankfully, film cameras are usually much cheaper, and they are able to produce more artistic-looking pictures. Further, the experience of holding something in your hand is much different than seeing it on a screen, which makes film cameras more appealing than digital cameras. Unfortunately, film cameras use film that has to be replaced often and developed over long periods of time. Plus, you can't edit the photo after you've taken it. Both of these types of cameras have positives and negatives, so it is up to the individual to decide which one they prefer.

저는 전문가는 아니지만, 디지털 카메라와 필름 카메라의 장단점에 대해 이야기할 수 있습니다. 디지털 카메라는 스캐너 없이도 사진을 찍고 컴퓨터에 디지털 파일을 업로드할 수 있기 때문에 편리하다고 생각합니다. 또한 촬영 후에 찍은 사진을 즉시 볼 수 있으므로, 사진이 마음에 들지 않으면 더 나은 사진을 찍을 수 있습니다. 그러나, 한 가지 단점은 디지털 카메라가 상당히 비싸기 때문에, 큰 투자라는 것입니다. 고맙게도, 필름 카메라는 일반적으로 훨씬 저렴하며 더 예술적으로 보이는 사진을 만들 수 있습니다. 게다가, 손에 무언가를 들고 있는 느낌은 화면에서 보는 것과 많이 다른데, 이는 디지털 카메라보다 필름 카메라를 더 매력적으로 만듭니다. 안타깝게도, 필름 카메라는 자주 교체해야 하고 오랜 시간에 걸쳐 현상해야 하는 필름을 사용합니다. 또한, 사진을 찍은 후에는 편집할 수 없습니다. 이러한 유형의 카메라 모두 긍정적인 부분과 부정적인 부분이 있으므로, 선호하는 카메라를 결정하는 것은 개인에게 달려 있습니다.

▶ QR로 듣기

**02** E-books are becoming more popular these days, but I greatly prefer paper books over e-books. I enjoy the feeling of holding a book in my hands as I read. Plus, when people come to visit my home, they can see the books I've been reading and we can have a conversation about them. My main problem with paper books is they can be very heavy to carry around all day. Some books have even gone out of print, so it's nearly impossible to find them anymore. Even though I still prefer paper books, I do see the benefits in reading e-books. They are very lightweight and easy to carry. You can also store many different books in one device. Unlike paper books, you can even use the search function to find specific words or phrases within the book. However, e-books lack the charm of paper books. E-readers can also be a bit expensive, so you need to spend a lot of money up front to enjoy e-books. While I do prefer paper books, e-books have many clear advantages as well.

오늘날에는 전자책이 점차 인기가 많아지고 있는데, 저는 전자책보다 종이책을 훨씬 더 좋아합니다. 저는 책을 읽으면서 손에 책을 쥐고 있는 느낌을 즐깁니다. 또한, 사람들이 저희 집에 오면, 제가 읽은 책을 보고 그에 대한 이야기를 나눌 수 있습니다. 종이책의 가장 큰 문제점은 하루 종일 들고 다니기에는 너무 무거울 수 있다는 것입니다. 일부 책은 절판되기도 하여 더 이상 찾기가 거의 불가능합니다. 비록 저는 여전히 종이책을 선호하지만, 전자책을 읽는 것의 이점을 알고 있습니다. 그들은 매우 가볍고 휴대하기 쉽습니다. 또한 하나의 기기에 다양한 책을 저장할 수 있습니다. 종이책과 달리, 검색 기능을 사용하여 책 내에서 특정 단어나 구문을 찾을 수도 있습니다. 그러나, 전자책은 종이책의 매력이 부족합니다. 전자책을 읽어주는 기계는 약간 비싸기 때문에, 전자책을 즐기기 위해서는 먼저 많은 돈을 써야 합니다. 저는 종이책을 선호하지만 전자책도 분명한 장점이 많습니다.

답변 듣기

QR로 듣기

03 In my opinion, both offline and online classes have their own pros and cons. For starters, offline classes are good for hands-on learning such a science experiments and group projects. Additionally, students can easily interact with each other when they're collaborating or enjoying break time. It is also difficult for teachers to control unruly classrooms in person. In contrast, online learning is great because teachers can easily mute or remove students who misbehave. Online learning is also convenient because participants don't have to get dressed or commute to their place of learning or teaching. It is, however, difficult to pay attention in class when there are so many distractions available to you. Further, if there are Internet connectivity issues, classes cannot be held. All in all, offline and online classes both have interesting and unique features.

제 생각에는, 오프라인 수업과 온라인 수업 모두 장단점이 있습니다. 우선, 오프라인 수업은 과학 실험 및 그룹 프로젝트와 같은 체험 학습에 좋습니다. 또한, 학생들은 협동을 하거나 휴식 시간을 즐길 때 서로 쉽게 상호 작용할 수 있습니다. 또한 교사가 제멋대로인 교실을 직접 통제하는 것도 어렵습니다. 대조적으로, 온라인 학습은 교사가 잘못된 행동을 하는 학생을 쉽게 침묵시키거나 내보낼 수 있기 때문에 좋습니다. 온라인 학습은 또한 참가자들이 옷을 차려 입거나 학습 또는 교육 장소로 통근할 필요가 없기 때문에 편리합니다. 그러나, 수업 중에 주의를 산만하게 하는 요소가 너무 많으면 주의를 기울이기가 어렵습니다. 또한, 인터넷 연결 문제가 있는 경우 수업이 진행될 수 없습니다. 대체로, 오프라인과 온라인 수업은 모두 흥미롭고 독특한 기능을 가지고 있습니다.

## Discussing advantages and disadvantages of two related objects

**Directions**
Look at the two pictures below. In a moment you will discuss both the advantages and disadvantages of each picture. First, you will have 30 seconds to think about your answer. Then you will have 1-1/2 minutes to speak.

Now think about your answer. (30 SEC)
Now begin your discussion. (1 MIN 30 SEC)

✓ 준비 시간동안 노트하기!

**머리말** There are several advantages and disadvantages to 그림 1: 바다에서 수영하는 것 and 그림 2: 수영장에서 수영하는 것.

**그림1** Swimming at the beach has several advantages/benefits over swimming in a pool.

First, the beach _____ 그림 1의 장점 1 _____.
Also, _____ 그림 1의 장점 2 _____.
However, _____ 그림 1의 단점 1 _____.
And because _____ 그림 1의 단점 2 _____.

**그림2** On the contrary, _____ 그림 2의 장점 1 _____.
Furthermore, _____ 그림 2의 장점 2 _____.
Even so, _____ 그림 2의 단점 1 _____.
The pool also _____ 그림 2의 단점 2 _____.

**마무리** In short, I think swimming at the beach is more enjoyable, but swimming in a pool is safer.

# Sample Answer

There are several advantages and disadvantages to swimming at the beach and swimming in a pool.

Swimming at the beach has several benefits over swimming in a pool.

First, the beach has better ambience than the pool. It has a bigger natural environment where people can enjoy views of the sky, sun, sand, and sea all at once. Also, the area is very big, so there are more fun activities to do. However, the beach can be a dangerous place for little children or for people who cannot swim. Since the sea has no boundaries, people might drown in the water. And because the beach is big, people may easily fail to notice when someone is drowning.

On the contrary, swimming in a pool is safer because most pools have designated depths. For example, little children can only swim in the pool that is 3 feet deep. Furthermore, the pool has no sea creatures that can harm anyone. Even so, activities in a swimming pool are limited and can be very boring. The pool also gets more crowded because it has a smaller space than the beach.

In short, I think swimming at the beach is more enjoyable, but swimming in a pool is safer.

---

해변에서 수영하는 것과 수영장에서 수영하는 것에는 몇 가지 장점과 단점이 있습니다.

해변에서 수영하는 것은 수영장에서 수영하는 것보다 몇 가지 장점이 있습니다.

첫째, 해수욕장은 수영장보다 분위기가 더 좋습니다. 해수욕장은 사람들이 하늘, 태양, 모래, 그리고 바다의 경치를 한 번에 즐길 수 있는 더 큰 자연환경을 가지고 있습니다. 또한, 공간이 매우 넓어서 할 수 있는 재미있는 활동들이 더 많습니다. 하지만, 해변은 어린 아이들 또는 수영을 할 수 없는 사람들에게 위험한 장소가 될 수 있습니다. 바다는 경계가 없기 때문에 사람들이 물에 빠져 죽을 수도 있습니다. 그리고 해변이 크기 때문에, 사람들은 누군가가 물에 빠졌을 때 쉽게 알아차리지 못할 수 있습니다.

반대로, 수영장에서 수영하는 것은 대부분의 수영장이 정해진 깊이가 있기 때문에 더 안전합니다. 예를 들어, 어린 아이들은 3피트 깊이의 수영장에서만 수영을 할 수 있습니다. 또한, 그 수영장에는 누군가를 해칠 수 있는 바다 생물이 없습니다. 그렇기는 하지만, 수영장에서의 활동은 제한적이고 매우 지루할 수 있습니다. 또한 수영장은 해변보다 공간이 더 좁아서 더 붐빕니다.

즉, 저는 바닷가에서 수영하는 것이 더 즐겁지만, 수영장에서 수영하는 것이 더 안전하다고 생각합니다.

# 고득점 POINT!
Giving directions from a map

## Criteria 기준

| | |
|---|---|
| **Grammar**<br>문법 | ● 이해하기 쉽도록 **짧고 간결한 문장을 사용**해야 합니다. |
| **Vocabulary**<br>어휘 | ● 설명하고자 하는 길의 알맞은 건물(장소) 어휘나 도로 이름을 사용해야 합니다.<br>　다른 길이나 다른 장소를 묘사한 경우 감점의 요인이 됩니다. |
| **Pronunciation**<br>발음 | ● 방향이나 거리의 이름을 분명하게 발음할 수 있어야 합니다. |
| **Fluency**<br>유창도 | ● 복잡한 지도의 경우 5개 이상의 방향 전환을 필요로 하는 경우가 있습니다.<br>　주어진 시간 안에 **도착 지점을 설명하고 끝맺음 할 수 있도록** 말하는데 있어 속도 조절을<br>　해야 합니다. |
| **Content**<br>내용 | **가상의 상대가 묻는 길에 대한 정확하고 분명한 정보를 제공하기**<br><br>**상** … 분명하고 정확한 지명과 방향을 제시한 경우<br><br>**중** … 5개의 방향 전환 중 4개만 성공한 경우<br>　　 … 제시한 설명이 최소한의 것이거나 약간 부족한 경우<br><br>**하** … 왼쪽과 오른쪽을 혼용하여 사용하는 경우<br>　　 … 설명 도중 한 개의 방향 전환을 빼먹은 경우<br>　　 … 도로 하나 전체를 건너 뛴 경우<br>　　 … 처음 시작점이나 방향 전환이 잘못된 경우<br><br>● **참고 사항**<br>　만약 발화 중 설명을 하다 틀린 것을 인정하고 재설명할 경우, 이를 참작하여 맞는<br>　내용으로 다시 채점 됩니다. |

✓ Part 5~8까지의 과제가 중급수준의 문제로 구성되었다면, 이제부터 학습할 Part 9~11에는 고급수준의 문제들로 구성됩니다.
가상의 상대에게 길을 안내하거나, 주어진 가상 상황에 대한 자신의 의견이나 이유를 논리적으로 구술하는 것이 요구됩니다.

## What to Expect

**Part 9의 과제는 상대방에게 주어진 지도의 특정 장소까지 갈 수 있도록 길을 안내하는 것입니다.**

즉, 지도를 먼저 분석하고 이해한 뒤 목적지까지의 방향을 적절하게 안내해야 합니다. 길 안내와 관련한 기본적인 표현만 알아 둔다면 크게 어렵지 않으므로 당황하지 않고 침착하게 설명하는 것이 중요합니다.

| 질문 유형 | 지도보고 길 안내하기 |
|---|---|
| 준비 시간 | 30초<br>• 상황 파악하기 |
| 답변 시간 | 1분<br>• 상대방에 맞는 적합한 어조로 말하기, 상대가 이해하기 쉽도록 눈에 띄기 쉬운 건물이나 도로 이름을 명확하게 설명하기 |

★ Part 9의 전화 내용은 화면상에 보이지 않습니다.

## 들어가기 전

### Describing Locations / Giving directions from a map

**01 누구에게(to whom) 설명하는가?**

단순히 지도를 분석해 출발점에서 목적지까지의 길을 설명하는데 그치지 않고, 전화 상대자로부터 파악한 정보를 자연스럽게 활용할 수 있어야 합니다. 따라서 상대방의 문의 내용을 바탕으로 상대방의 지위, 연령, 자신과의 관계 등을 파악한 후 적절한 어조로 요구에 응해야 합니다.

**02 어떤 장소의(which place) 지도인가?**

다양한 종류의 지도가 등장합니다. 건물 이름과 도로명이 나오는 지도가 주로 등장하지만, 놀이 공원, 시설물 안내도, 산악 등반 지도 등의 형태로 주어지기도 합니다. 따라서 평소 다양한 용도의 지도를 보며 필요한 정보를 빨리 읽을 수 있는 연습이 필요합니다.

**03 무엇을(about what) 말해야 하는가?**

지도를 분석하는 30초 동안 먼저 설명해야 하는 두 지점 간의 위치를 파악합니다. 그 후 어떤 길을 택해서 어떤 방법으로 가라고 설명할지를 구상합니다. 또한 상대방이 필요로 하는 정보가 정확히 어떤 것인지, 지도의 해당 지역에 대해 얼마나 알고 있는지, 어떤 교통 수단으로 이동할 것인지를 반드시 파악해야 합니다.

# Sample Questions

## PART 9　Directions

Look at the map below. Imagine that you are working at the City Zoo. A visitor calls you and asks you how to get to the zoo from the bus stop. First you will have 30 seconds to study the map. Then you will have one minute to tell the visitor how to find the zoo. The visitor does not have a map, so make sure that your directions are very clear.

Now study the map.

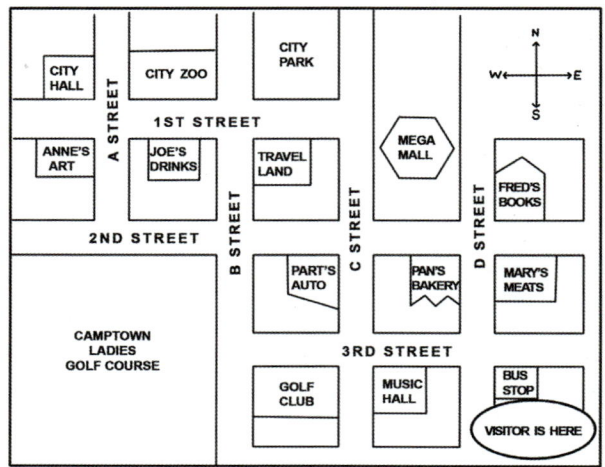

### Telephone ring

질문

Visitor: Hello, I am on my way to the zoo from the bus stop on D street. Could you tell me how to get there from here?

이렇게 달라질 수 있어요!

**Q** Could you tell me how to get there from here?

**Q** Can you tell me the best way to get to the science hall?

**Q** I am on the 2nd Avenue heading for the campus library. Can you tell me again the way to his office?

→ Part 9 역시 Part 8처럼 Directions와 그림이 지문에 제시되지만, 준비시간 이후 들려주는 상대방의 대화내용은 지문에 나오지 않습니다.

# GST · PART 09 · 엿보기 · Giving directions from a map

## Directions

Look at the map below. Imagine that you are the New Accounts Manager of First Metro Bank. Mr. Smith, a prospective client, wants to open an account in your bank. The problem is he does not know the way to your bank.

In a moment, Mr. Smith will give you a call to ask for directions to your bank. You will have 30 seconds to study the map. Then you will receive his call. You will have one minute to give Mr. Smith the directions. He does not have a map, so be sure that your directions are very clear.

Now study the map.
이제 지도를 살펴보세요.

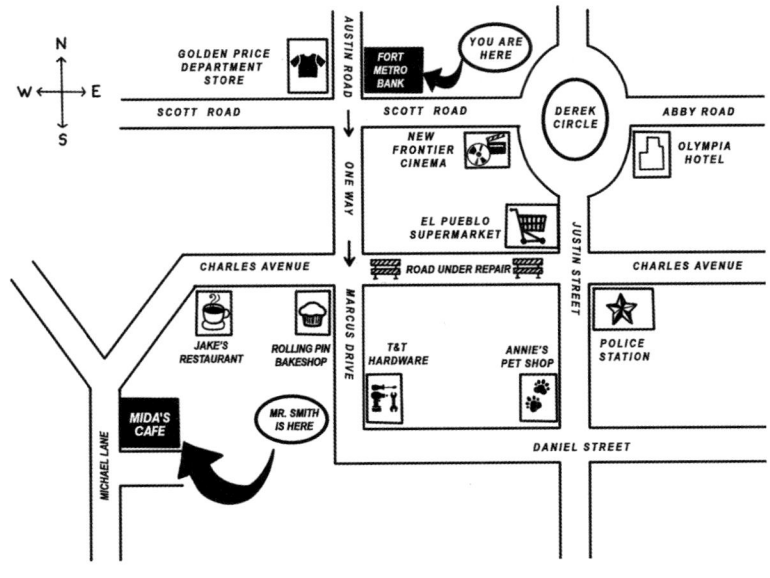

**01 지도 익히기, 방향 정하기**

✔ 지도의 특성에 따라 설명할 방향을 정하고, 그 주변의 지역이나 거리 이름을 익혀 둘 것

생각할 시간 **30** SEC

*지도 이미지: GOLDEN PRICE DEPARTMENT STORE, FORT METRO BANK, YOU ARE HERE, DEREK CIRCLE, ABBY ROAD, OLYMPIA HOTEL, SCOTT ROAD, AUSTIN ROAD, NEW FRONTIER CINEMA, EL PUEBLO SUPERMARKET, ONE WAY, CHARLES AVENUE, ROAD UNDER REPAIR, CHARLES AVENUE, JUSTIN STREET, JAKE'S RESTAURANT, ROLLING PIN BAKESHOP, MARCUS DRIVE, T&T HARDWARE, ANNIE'S PET SHOP, POLICE STATION, MICHAEL LANE, MIDA'S CAFE, MR. SMITH IS HERE, DANIEL STREET, N/W/E/S*

▶ 음성으로만 나옵니다!

**Telephone ring**    Hello, I am Mr. Smith. I would like to open an account in your bank. Problem is, I don't know how to get there. Can you help me out? Right now, I am here at *Mida's Cafe*.

**전화벨소리**    안녕하세요, 저는 당신의 은행에 계좌를 개설하고 싶습니다. 문제는 거기까지 어떻게 가는지 모른다는 거예요. 저 좀 도와 주실 수 있나요? 지금, 저는 〈마이더스 카페〉에 있습니다.

**02 대화 상대, 문제 상황, 어조 파악 하기**

상대방 Mr. Smith(남자) ↔ 나 은행 직원

✔ 상황 : *Mida's Cafe*에 있음
      계좌를 개설하기 위해 은행에 가려 함
✔ 어조 : 손님에게 예의 바르고 친근하게 말할 것

**03**

인사
멘트로
시작

Level 5
수준 답변

⊘ **Good morning Mr. Smith! Thank you for being interested in our bank. It is not that far from where you are. Here are the instructions to get to our bank.**

좋은 아침이에요, 스미스씨! 저희 은행에 관심을 가져 주셔서 감사합니다. 이곳은 귀하가 있는 곳에서 그리 멀지 않습니다. 여기 저희 은행에 오시는 방법이 있습니다.

**04**

질문에
**답변하기**

• **To get to our bank, if you drive from *Mida's Cafe* and take Michael Lane, you will see *Jane's Restaurant*.**

저희 은행으로 오시기 위해, 〈마이더스 카페〉에서 운전해서 Michael Lane을 타고 가시면 〈제인의 레스토랑〉이 보일 겁니다.

• **Once you see the restaurant, head east towards Charles Avenue until you reach the *Rolling Pin Bakeshop*, then turn right to Marcus Drive.**

레스토랑이 보이면, 동쪽의 Charles Avenue 방향으로 가서 〈롤링 핀 베이크샵〉에 도착한 다음, Marcus Drive로 우회전하세요.

• **Once you see the *T&T Hardware Store*, turn left to Daniel Street, and keep going until you see Annie's Pet Shop.**

〈T&T 하드웨어 스토어〉가 보이면 Daniel Street쪽으로 좌회전해서 〈애니 펫샵〉이 보일 때까지 계속 가세요.

• **From there, turn left and take Justin Street.**

거기서 왼쪽으로 꺾어서 Justin Street로 가세요.

• **Go all the way, until you see *Derek Circle*, and then head towards the left side of the circle until you see *New Frontier Cinema*.**

Derek Circle이 보일 때까지 쭉 가다가 〈뉴프런티어 시네마〉가 보일 때까지 서클 왼쪽으로 가세요.

• **Then turn west on Scott Road. Just drive along and you will see our bank on the left side.**

그런 다음 Scott Road에서 서쪽으로 도세요. 그냥 쭉 운전해 오시면 왼쪽에 저희 은행이 보일 겁니다.

**05**

끝
마무리
멘트

⊘ **You cannot miss it. I'll be looking forward to seeing you, Mr. Smith!**

절대 못 보고 지나치지 않을 겁니다, 스미스씨를 만나 뵙길 기대하겠습니다!

# 01 Go

길을 안내할 때 가장 많이 사용할 수 있는 동사는 바로 'Go(가다)'입니다.

**Go straight (ahead)** (앞쪽으로) 곧장 가세요, 직진하세요.

**Go along + N** ~을 따라 가세요.

**Go up + N** ~로 올라가세요.

**Go down** ~을 따라 가세요.

**Go back** 되돌아가세요.

☑ 지도를 설명해주고 길을 안내해 주기 위한 기본적인 표현들입니다. Part 9는 길의 방향을 안내 해주기 위한 답변을 해야 하기 때문에 다양한 표현을 알아 두는 것이 유용합니다.

## 문장 말해보기

**Go straight.** 곧장 가세요.

**Go straight ahead** two blocks and turn left. 두 블록을 앞쪽으로 쭉 직진하시고 왼쪽으로 가세요.

**Go up** this street and take the second right. 이 길로 올라가다가 두 번째 교차로에서 우회전하세요.

**Go** straight **up** this road until you see a farm. 농장이 보일 때까지 이 길로 곧장 올라가세요.

**Go down** this street until you get to the intersection. 사거리가 나올 때까지 이 길을 따라 가세요.

**Go** straight **down** this road. 이 길로 곧장 내려가세요.

## 나만의 답변 완성하기

다음의 우리말 문장을 영어로 말해봅시다.

**01** 계속 앞으로 가세요.

 _____ .

**02** 이 다리를 따라 곧장 가세요.

 _____ .

**03** 왔던 길로 되돌아가세요.

 _____ .

정답 **01** Keep going straight. **02** Go straight along this bridge. **03** Go back the way you came.

# 02 Turn

지도나 길을 안내할 때 방향을 제시하며 사용할 수 있는 동사는 'Turn(돌다)'가 있습니다.

Turn right / Turn to the right / Make a right turn 오른쪽으로 도세요.

Turn left / Turn to the left / Make a left turn 왼쪽으로 도세요.

Turn back 되돌아가세요.

## 문장 말해보기

Turn right on Main St. 중심가에서 우회전 하세요.

Once you see the post office, turn right at the lights. 우체국이 보이면, 신호등에서 우측으로 도세요.

Then turn left at the intersection. 교차로가 보이면 좌회전하세요.

Turn back the way you came. 왔던 데로 다시 돌아가세요.

## 나만의 답변 완성하기

다음의 우리말 문장을 영어로 말해봅시다.

**01** 15번가 도로에서 좌회전하세요.

 _____.

정답 **01** Turn left on 15th St.

# 03 Take

Take는 교통과 관련된 표현에서 매우 다양하게 쓰이는 동사입니다.

**Take + 길/도로** 길/도로를 택하여 가세요.

**Take + 이동수단** 이동수단을 타세요.

**Take + 방향** 방향을 돌리세요.

## 문장 말해보기

**Take the first street** on your right.
오른쪽의 첫 번째 길로 가세요.

**Take a taxi/a bus/a train/the subway.**
택시/버스/기차/ 지하철을 타세요.

**Take the escalator** up to the next level (floor) and turn right.
위층까지 에스컬레이터를 타고 올라가서 우회전하세요.

**Take a right** when you reach the fork in the road.
길에서 갈림길이 나오면 우측으로 가세요.

**Take a left** (= Turn left). 좌회전하세요.

**Take a right** (= Turn right). 우회전하세요.

## 나만의 답변 완성하기

다음의 우리말 문장을 영어로 말해봅시다.

**01** 버스를 타세요.

 _____ .

**02** 다음 코너에서 좌측으로 가세요.

 _____ .

정답 **01** Take a bus.
**02** Take a left at the next corner.

# A 0-minute walk / ride or drive

**It is about a five-minute walk from here.** 여기서 걸어서 약 5분 거리입니다.

- ✅ 길을 알려주다 보면, 또는 길을 물어보다 꼭 "여기서 얼마나 걸려요?"라는 질문을 합니다. 약속 시간이 정해져 있거나, 만나기로 한 장소에서 기다리고 있는 사람이 있다면 이와 같은 소요시간에 대한 정보가 중요하게 느껴질 수 있습니다.
- ✅ 상대방의 이동 수단에 따라 다양한 표현을 사용할 수 있습니다. 걸어서 이동하는 경우에는 walk, 차로 가는 경우는 ride, drive를 사용할 수 있습니다.

## 문장 말해보기

**It is about a 30-minute drive from here** to the amusement park.
여기서부터 놀이공원까지 차로 30분 거리입니다.

**It is about a five-minute walk from here** to my house.
여기서부터 저의 집까지 걸어서 5분 거리입니다.

## 나만의 답변 완성하기

다음의 우리말 문장을 영어로 말해봅시다.

**01** 여기서부터 동물원까지 차로 30분 거리입니다.

 _____ .

정답 **01** It is about a 15-minute ride from here to the zoo.

# 05

## It's ~

It's about ~ 약 ~정도에 있어요.

It's across ~ ~의 맞은편에 있어요.

It's at ~ ~에 있어요.

It's on ~ ~에 있어요.

It's in the middle of ~의 중간에 있어요.

It's next to (beside) ~의 옆에 있어요.

### 문장 말해보기

**It's about** a five-minute walk/ride/drive from here.
여기서 걸어서/차로 5분 정도 걸립니다.

**It's about** three blocks ahead and on the right.
오른쪽으로 약 세 블록 정도 위에 있어요.

Just keep going straight. **It's about** a five-minute walk from here.
계속 앞으로 가시면 돼요. 여기서 한 5분정도 걸으시면 돼요.

**It's around** the corner from the bank.
은행에서 모퉁이를 돌면 있어요.

**It's around** the corner on the (your) right.
모퉁이를 돌아 오른쪽에 있어요.

**It's across** from the store.
가게 맞은편에 있어요.

**It's at** the end of the block.
그 블록 끝에 있어요.

**It's at** the intersection of Mulberry and 7th Avenue.
Mulberry와 7번가의 교차로에 있어요.

**It's on** the opposite side of the drugstore.
약국 맞은편에 있어요.

**It's in the middle of** the block.
그 블록 중간쯤에 있어요.

It's between the movie theater and the coffee shop.
극장과 커피숍 사이에 있어요.

It's down this street on the right.
이 길 오른편에 있어요.

It's just up the street on the left.
바로 그 길 왼편에 있어요.

It's past the French restaurant.
그 프랑스 레스토랑 지나서 있어요.

It's the first right.
첫 번째 우회전이요.

You'll see it on Fifth Avenue, on the other corner.
5번가, 다른 쪽 모퉁이에 있을 거예요.

## 나만의 답변 완성하기

다음의 우리말 문장을 영어로 말해봅시다.

**01** 모퉁이에 있어요.

_____.

**02** 그 가게 옆에 있어요.

_____.

정답 **01** It's on the corner.
**02** It's next to (beside) the store.

# 06 Head

**Head + 방향** 방향으로 가세요.

✓ GST Part 9에 나오는 지도에는 대부분 동서남북 방향이 표시되어 있는데, 이는 지도에서 방향을 설명할 때 유용하게 사용할 수 있습니다.

✓ 거리 이름이나 건물 이름을 언급하면서 방향을 제시하면 분명하고 깔끔한 설명을 할 수 있습니다.

## 문장 말해보기

**When you see the big tree, head south toward Irene's Toy Store.**
큰 나무가 보이면, Irene's Toy Store를 향해 남쪽으로 가세요.

**Head north toward Seongsu Station.**
성수역을 향해 북쪽으로 가세요.

## 나만의 답변 완성하기

다음의 우리말 문장을 영어로 말해봅시다.

**01** 유치원(kindergarten)을 향해 서쪽으로 가세요.

 _____ .

정답 **01** Head west toward kindergarten.

# 07 그 외 다양한 표현

Across 건너에, 가로질러서

Continue 계속 가세요.

~ is around the corner. ~는 모퉁이를 돌면 나옵니다.

Follow 따라 가세요.

Proceed 가세요.

Keep going ~ until you see A. A가 보일 때까지 ~로 계속 가세요.

Then you will see~ 그러면 당신은 ~을 보게 될 것입니다.

You cannot miss it! 절대 못 보고 지나치지 않을 거예요!

## 문장 말해보기

It's across the street.
그건 그 길 건너에 있어요.

Follow Route 128 for approximately 3 miles.
128번 도로를 따라 대략 3마일 정도 가세요.

Proceed west for about two miles.
서쪽으로 약 2마일 정도 가세요.

Keep going to Princeton Avenue until you see a toy store.
장난감 가게가 보일 때까지 Princeton Avenue로 계속 가세요.

Then you will see the cafe on your right.
그러면 오른쪽 카페가 보일 거예요.

## 나만의 답변 완성하기

다음의 우리말 문장을 영어로 말해봅시다.

01 건물은 크고 화려해서 절대 못 보고 지나치지 않을 거예요.

 _____ .

02 이 길을 따라 계속 가세요.

 _____ .

정답 | 01 The building is huge and fancy so you can't miss it!
02 Continue along the street.

▶ QR로 듣기

▶ 문제 듣기

**01** 아래는 연습 문제로, 연습한 표현을 사용하여 주어진 응답 시간 동안 자신만의 답변을 만들어 녹음해봅시다. 재차 자신의 녹음을 들어보면서 표현과 발음을 연습하고, 좀 더 매끄러운 표현으로 바꿔봅시다.

> Tell a visitor how to find the zoo from the bus stop.
> The visitor does not have a map, so make sure that your directions are very clear.

```
        CITY              CITY
        HALL    CITY ZOO  PARK                          N
                                                        |
               A          1ST STREET        MEGA    W---+---E
               STREET                       MALL        |
        ANNE'S   JOE'S   TRAVEL                          S
        ART      DRINKS  LAND                    FRED'S
                                                 BOOKS
        2ND STREET    B        C        D
                      STREET   STREET   STREET
                         PART'S   PAN'S    MARY'S
                         AUTO     BAKERY   MEATS
        CAMPTOWN
        LADIES              3RD STREET
        GOLF COURSE
                      GOLF     MUSIC    BUS
                      CLUB     HALL     STOP

                                        VISITOR IS HERE
```

**02** 괄호에 주어진 단어를 변형하여 질문에 적절한 답변을 만들어봅시다.

> **Example**
>
> **Q** Is there a police station near here?
> (Yes/Fox Street/next to/post office)
> → **A** Yes, there is. There's one on Fox Street next to the post office.

> **1** Are there any gas stations around here?
> (Elm Street/opposite/drugstore)
>
> **2** Are there any grocery stores around here?
> (go up/three blocks/on the corner)
>
> **3** Are there any hotels near here?
> (walk/straight/left)
>
> **4** Is there a pay phone near here?
> (around the corner/2nd Ave)
>
> **5** Are there any restaurants around here?
> (right at the hotel/past/the post office)

**03** 아래 실전 문제에 도전해봅시다. 녹음기를 사용하여 30초의 준비 시간을 가진 후 1분 동안 연습한 표현을 사용하여 자신만의 답변을 만들어 녹음해 봅시다. 재차 자신의 녹음을 들어보면서 표현과 발음을 연습하고, 좀 더 매끄러운 표현으로 바꿔봅시다.

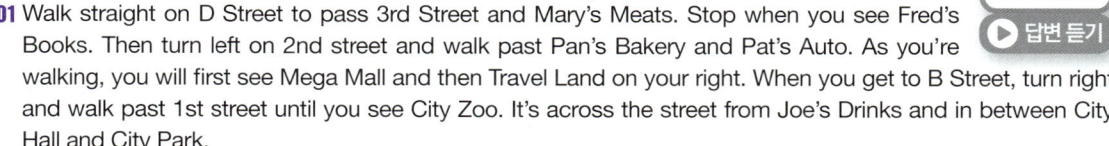

정답

 QR로 듣기

**01** Walk straight on D Street to pass 3rd Street and Mary's Meats. Stop when you see Fred's Books. Then turn left on 2nd street and walk past Pan's Bakery and Pat's Auto. As you're walking, you will first see Mega Mall and then Travel Land on your right. When you get to B Street, turn right and walk past 1st street until you see City Zoo. It's across the street from Joe's Drinks and in between City Hall and City Park.

D Street에서 직진하여 3rd Street와 〈Mary's Meats〉를 지나가세요. 〈Fred's Books〉가 보이면 멈추세요. 그런 다음 2번가에서 좌회전하여 〈Pan's Bakery〉와 〈Pat's Auto〉를 지나가세요. 걷다 보면, 먼저 〈Mega Mall〉이 보이고 오른쪽에 〈Travel Land〉가 보입니다. B Street에 도착하면, 우회전하여 1번가를 지나 〈City Zoo〉가 보일 때까지 걷습니다. 그곳은 〈Joe 's Drinks〉길 건너편에 있으며 시청과 도시 공원 사이에 있습니다.

**02** ❶ It's on Elm Street opposite the drugstore.     ❹ It's around the corner on 2nd Ave.
❷ Go up three blocks. It's on the corner.     ❺ Take a right at the hotel. It's past the post office.
❸ Walk straight and take a left.

 QR로 듣기

**03** ex01 My house is located in the northern part of Seoul. The easiest way to get to my house is to take the subway. Just look at the subway map and find Ichon Station. You have to get off there and go out of Exit 2. Then walk up the street one block and turn left. You'll see a bakery on the corner. After you take a left, go straight until you get to a crosswalk. When you cross the street there, you'll find a drugstore and a grocery store on your left side. There's a narrow street between the two stores. Go up the street about 50 meters, then, you will see a house with a brown gate.

ex01 우리 집은 서울 북쪽에 있어. 우리 집에 가는 가장 쉬운 방법은 지하철을 타는 거야. 지하철 노선도를 보고 이촌역을 찾으면 돼. 거기서 내려서 2번 출구로 나와야 해. 그런 다음 거리를 한 블록 더 올라가서 좌회전을 해. 모퉁이에 빵집이 보일 거야. 좌회전 후, 횡단보도가 나올 때까지 직진해. 거기서 길을 건너면 왼편에 약국과 식료품점이 보여. 두 가게 사이에 좁은 골목이 있어. 길을 따라 50m 정도 올라가면, 갈색 문이 있는 집이 보일 거야.

ex02 My house is located in the northern part of Seoul. The easiest way to get to my house is by taking the subway. If you look at the subway map, find line 1, the dark blue line, and take it to Ichon Station. Once you get to Ichon Station, go out Exit 2. Once you exit the station, turn right and walk for one block. When you see a bakery on the corner, turn left and go straight. You will soon come to a crosswalk and across the street you will see a drugstore and grocery store. There will be an alleyway between these two stores. Walk down the alleyway for about 50 meters. Stop when you see a yellow, two-story house with a brown gate. That's my house.

ex02 우리 집은 서울 북쪽에 있어. 우리 집에 가는 가장 쉬운 방법은 지하철을 타는 거야. 지하철 노선도를 보면, 짙은 파란색인 1호선을 찾아서 이촌역까지 가면 돼. 이촌역에 도착하면, 2번 출구로 나와. 역에서 나온 후, 우회전하여 한 블록 정도 걸어가. 모퉁이에 빵집이 보이면, 좌회전하여 직진해. 너는 곧 횡단보도에 올 것이고 길 건너편에 약국과 식료품점이 보일 거야. 이 두 가게 사이에 골목이 있을 거야. 골목길을 따라 50m 정도 걸어가. 갈색 문이 있는 노란색 2층 집이 보이면 멈춰. 거기가 우리 집이야.

### Directions

Look at the map below. Imagine that you are a wedding coordinator, organizing a wedding. You are at the Glass Garden of Hillside Resort, the venue for the wedding. One of your consultants, Danny, calls you to ask directions to the venue. He has just entered Hillside Resort by the south entrance.

In a moment, Danny will give you a call to ask for directions to the venue. You will have 30 seconds to study the map. Then you will receive the phone call. You will have one minute to give Danny the directions. He does not have a map, so be sure that your directions are very clear.

Now study the map.

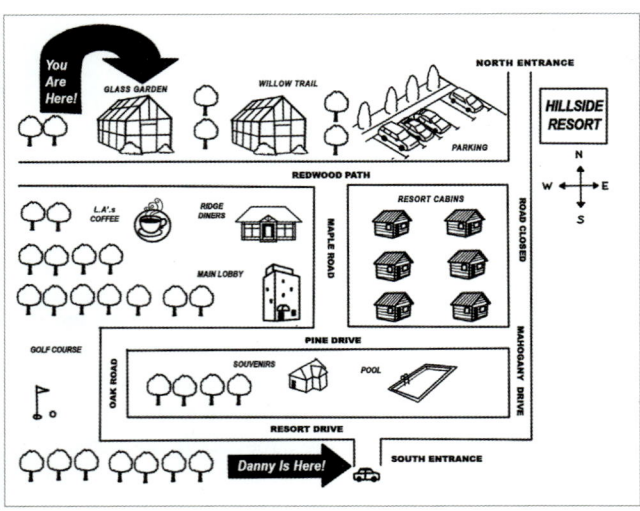

▶ ◁|◁|◁ 음성으로만 나옵니다!

**Telephone ring** Hi, it's me, Danny. I'm at the south entrance right now. How do I get to Glass Garden from here?

Hello, Danny. From the South Entrance, _____.

Keep going _____ until you see _____.

When you see _____, turn right to _____.

As soon as you see _____, turn left to _____.

Then you will see _____ on your _____ side. Glass Garden is next to that, just across from L.A.'s Coffee.

I will be waiting for you here. See you soon!

Hello, Danny. From the South Entrance, turn left on Resort Drive.

Keep going on Resort Drive until you see a golf course. When you see the golf course, turn right to Oak Road. Then at the end of Oak Road, turn right to Pine Drive. Follow Pine Drive until you see a souvenir shop on your right-hand side and the main lobby on your left-hand side. As soon as you see the main lobby, turn left to Maple Road. Then you will pass by the Resort Cabins on your right side. Keep going, and when you see Ridge Diners on the left corner, turn Left to Redwood Path. Then you will see Willow Trail Garden on your right-hand side. Glass Garden is next to that, just across from LA.'s Coffee.

I will be waiting for you here. See you soon!

---

안녕하세요, 대니. 남쪽 입구부터 Resort Drive에서 좌회전하세요.

Resort Drive를 따라 골프장이 보일 때까지 계속 가세요. 골프장이 보이면 Oak Road 쪽으로 우회전하세요. 그런 다음 Oak Road 끝에서, Pine Drive 쪽으로 우회전하세요. 오른쪽에 기념품 가게가 있고 왼쪽에 메인 로비가 보일 때까지 Pine Drive를 따라 가세요. 메인 로비가 보이자마자 Maple Road 쪽으로 좌회전하세요. 그러면 오른쪽에 있는 〈Resort Cabins〉 옆을 지나가게 됩니다. 계속 가다가, 왼쪽 모퉁이에 〈Ridge Diners〉가 보이면, 좌회전해서 Redwood Path 길로 가세요. 그러면 오른쪽에 〈Willow Trail Garden〉이 보일 거예요. 〈Glass Garden〉은 〈LA.'s Coffee〉 바로 건너편에 있어요.

여기서 기다리고 있을게요. 곧 만나요!

# 10

# Presenting a solution to a specific problem

# PART 10 진행 순서

Presenting a solution to a specific problem

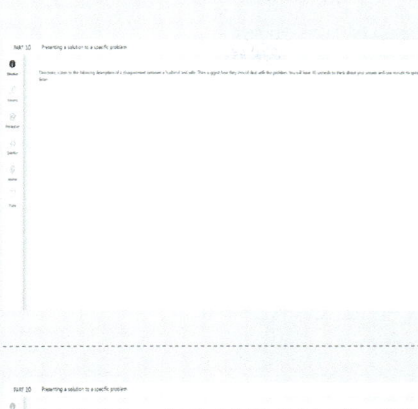

## 01 Direction & Scenario 화면

- Part 10은 두 인물 간의 문제 상황을 어떻게 해결할 수 있을지에 대한 의견을 제시하는 영역입니다.

- Part 10에 대한 Direction 화면과 함께 해당 음성이 들립니다. 주어진 지시문과 그림을 보며 상황을 파악합니다.

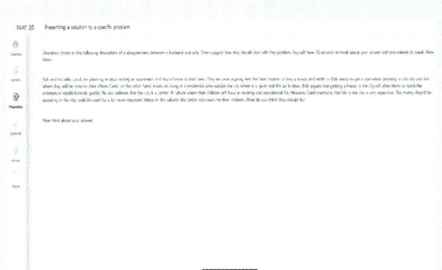

## 02 Preparation Time & Question 화면

- 30초의 준비 시간 동안 두 사람 간의 쟁점을 파악하고, 자신이 말할 내용을 중요 단어 위주로 꼼꼼히 메모해 놓습니다.

## 03 Response Time 화면

- "띵동" 하는 기계음이 울리면 주어지는 1분 동안 자신이 생각하는 해결책을 서론 – 본론 – 결론 순으로 답변합니다.

# 고득점 POINT!

Presenting a solution to a specific problem

## Criteria 기준

| | |
|---|---|
| **Grammar**<br>문법 | ⊘ 자신의 주장이 전달되기 쉽도록 **짧고 간결한 문장을 사용**해야 합니다. |
| **Vocabulary**<br>어휘 | ⊘ 상황(시나리오)에서 제시된 어휘(어구) 및 문장을 지나치게 반복해서는 안 됩니다. 다양한 어휘를 활용하여 과도한 반복을 피해줍니다. |
| **Pronunciation**<br>발음 | ⊘ can(could)이나 can't(couldn't)와 같은 발음 차이를 분명히 합니다. |
| **Fluency**<br>유창도 | ⊘ 30초 동안의 준비 시간을 이용하여 자신이 말할 내용을 분명히 메모해 놓고, 1분 동안의 답변 시간 동안 **흐름이 끊기지 않도록** 합니다. |
| **Content**<br>내용 | **하나의 문제에 대한 두 사람 상반된 의견을 듣고 해결책 제공하기**<br><br>**상** … 두 개의 의견에 대한 충분한 이해를 바탕으로 자신의 분명한 입장을 정하고, 그것에 대해 정확한 근거를 제시하며 그 의견을 지지하는 경우<br><br>**중** … 두 개의 의견에 대해 애매모호한 입장을 보이나, 자신의 입장을 표현하며 해결책을 제시하는 경우<br><br>**하** … 주어진 문제에 대한 해결책이 미흡하거나 설명이나 근거가 다소 부족한 경우 |

# Presenting a solution
## to a specific problem

## What to Expect

Part 10에서는 두 인물이 등장하여 의견 일치를 보지 못하는 어떠한 문제 상황을 제시하고, 그 문제를 어떻게 해결할 것인지에 대한 응시자의 견해를 물어봅니다.

응시자 자신의 결론을 내린 후에 그 이유를 뒷받침할 수 있는 충분한 부가 설명을 논리적으로 제시해야 합니다.

| 질문 유형 | 특정 문제에 대한 해결책 제시하기 |
|---|---|
| 준비 시간 | 30초<br>• 상황 파악하기, 문제점 파악과 해결책 메모하기 |
| 답변 시간 | 1분<br>• 자신이 생각하는 최상의 해결책을 논리적으로 말하기,<br>　해결책에 대한 이유나 근거 제시하기 |

## 들어가기 전 TIP!

### Presenting a solution to a specific problem

#### 01 무엇이 논의되고 있는가에 집중하기

특정 문제에 대한 두 사람 간의 논쟁이 제시됩니다. 논쟁에 참여한 사람들이 누구인지, 또 무엇이 논의되고 있는지 파악하고 그에 대한 해결책을 논리적으로 제시해야 합니다. 주어지는 문제의 주제는 일상생활을 통해 접할 수 있는 수준이기 때문에 평소 여러 상황에 쓰이는 다양한 단어와 표현들을 정리해두는 것이 유용합니다.

#### 02 서론, 본론, 결론 순으로 이야기를 풀어나가기

서론에서 두 사람 간의 의견이 충돌하는 부분에 있어 응시자 본인의 입장(또는 의견에 대한 동의/비동의 여부)을 제시합니다. 이후 본론에서는 본인이 생각하는 최선책을 제시하며 한 개 이상의 근거나 예를 들고, 결론에서는 자신의 의견을 다시 한 번 요약하며 마무리합니다.

#### 03 빠른 시간 내에 자신의 의견을 제시하기

설정된 상황에 맞는 해결책을 얼마나 설득력 있게 제시하는지 평가하기 때문에 정해진 답은 없습니다. 30초라는 짧은 준비 시간 동안 본인의 의견에 대해 논리적으로 구성해야 고득점을 획득할 수 있습니다.

# Sample
## Questions

**Listen to the following description of a disagreement between a girl and her parents. Then suggest how they should deal with the problem. You will have 30 seconds to think about your answer, and one minute to speak.**

**Now listen.**

상황
제시

This problem involves a disagreement between a girl and her parents over whether or not the girl should go to college. The girl is in her last year of high school, and she does not want to go to college. Instead, she would like to go into business for herself, so that she could help her family by earning money. She points out that college tuition is very expensive, and she insists that the money could be used to start up a successful business instead. However, her parents want her to go to college because they feel that the education she would receive would help her get a good job, which would help her earn more than what she could earn from her own business. What do you think they should do and why?

**Q** What do you think that they should do and why?

**Q** What do you think that the husband should do and why?    이렇게 달라질 수 있어요!

**Q** Whose opinion do you think is right and how would you persuade the other if you were involved in the argument?

**Now think about your answer. 30 SEC**
**Now answer the question.  1 MIN**

→ Part 10에서는 제시된 주제에 대한 두 사람의 상반된 견해를 듣고 자신의 입장을 정하여 의견을 말해야 합니다. 정해진 정답이 있는 것이 아니므로 자신의 주장을 얼마나 설득력 있게 제시할 수 있는지에 중점을 두어야 합니다.

→ 두 사람 혹은 두 집단이 의견 차이를 보이는 상황이 묘사된 지문은 100자 이상으로 구성된 하나의 단락으로 제시되며, 답변에 앞서 주어진 상황과 문제를 요약할 수 있는 30초의 준비 시간이 주어집니다. 응시자는 무엇보다 상황을 명확하게 파악한 후 자신만의 해결책을 1분간 답변해야 합니다.

## Directions

Listen to the following description of a disagreement between a husband and his wife. Then suggest how they should deal with the problem. You will have 30 seconds to think about your answer and one minute to speak. Now listen.

This problem involves a disagreement between Melvin and his wife, Beth, over what type of business they should start. Melvin wants to open a restaurant in the city, while Beth wants to start a small grocery store near their place. Melvin believes that opening a restaurant in the city would be better because it will provide more room for financial growth, and that their income would be twice as much. On the other hand, Beth argues that they should start a small business first to minimize the loss of money if the business does not succeed. She also believes that they can handle the grocery business better because it would be near their place. What do you think they should do, and why?

이 문제는 멜빈과 그의 아내 베스 사이에서 시작하려고 하는 사업의 종류에 대한 의견 불일치와 관련된 것입니다. 멜빈은 도시에 식당을 열고 싶어하지만, 베스는 그들의 집 근처에 작은 식료품점을 차리고 싶어합니다. 멜빈은 도시에 식당을 여는 것이 경제적인 성장을 위한 더 많은 공간을 제공하고, 그에 따라 그들의 수입은 두 배가 될 것이기 때문에 더 좋을 것이라고 생각합니다. 반면, 베스는 만약 사업이 성공하지 못할 경우 돈의 손실을 최소화하기 위해 먼저 소규모 사업을 시작해야 한다고 주장합니다. 그녀는 또한 그들의 집 근처에 식료품점이 있기 때문에 그들이 식료품 사업을 더 잘 해 나갈 수 있을 것이라 생각합니다. 당신은 그들이 무엇을 해야 한다고 생각하십니까, 그리고 왜 그렇게 생각하십니까?

---

**01**
지시사항 내 두 사람 간의 관계 및 문제 상황 파악하기

✔ **두 사람 : 부부 사이**

남편 Melvin ↔ 부인 Beth

✔ **상황 :** 새로운 사업 구상 ➜ 장소 위치에 대해 의견 차이

• 남편 : 돈을 더 벌기 위해 사람이 많은 도시에 큰 식당을 열고 싶어 함.
• 부인 : 실패할 경우를 대비해 집 근처에 작은 가게를 열고 싶어 함.

**02**
준비 시간
의견 정하기,
할 말
메모하기

### Now think about your answer.
이제 당신의 답을 생각해 보세요.

생각할 시간 **30** SEC

 Beth(부인)의 의견에 찬성
- 처음 시작하는 사업에 위험 요소가 너무 많음
- 소규모 투자로 시작하는 것이 나음
- 집 근처에 가게를 하면 편하게 다니면서 작은 부분까지 관리할 수 있음
- 큰 식당 사업은 나중에 해도 늦지 않음

**03**
질문에
답변하기

Level 5
수준 답변

### Now answer the question.
이제 질문에 대답하세요.

답변 시간 **1** MIN

서론

I think Beth's suggestion is better than her husband's.
저는 베스의 제안이 그녀의 남편의 제안보다 더 좋다고 생각합니다.

본론

◎ 해결책 제시하기
I think the best thing they can do is to **start a small store near their place.**
저는 집 근처에 작은 가게를 차리는 게 그들이 할 수 있는 최선이라고 생각합니다.

◎ 이유 말하기
Of course, Melvin may be correct in assuming that opening their own restaurant would give more opportunity to earn more money. However, it would be too risky on their part to invest a large amount of money in a business, especially if they are just starting out.
물론, 멜빈이 자신들만의 레스토랑을 차리면 더 많은 돈을 벌 수 있는 더 많은 기회가 생긴다고 가정한 것은 맞을지도 모릅니다. 하지만, 특히나 만약 그들이 이제 막 시작한 것이라면, 사업에 많은 돈을 투자하는 것은 그들 입장에서 너무 위험할 것입니다.

It is important that they should learn first how to properly manage a business and know the different processes involved in it before venturing into a bigger business such as a restaurant.

식당과 같은 더 큰 사업에 도전하기 전에 그들이 사업을 제대로 운영하는 방법을 먼저 배우고 그 사업에 관련된 다양한 과정을 알아야 하는 것은 중요합니다.

**결론**

**So, I agree with Beth's idea** but, later on, if their small grocery store is doing better, they can probably think of branching out or starting a new business like the restaurant that Melvin really wanted.

따라서, 저는 베스의 생각에 동의하지만, 나중에 작은 식료품점이 더 잘 되면 멜빈이 정말 원했던 레스토랑처럼 지점을 내거나 새로운 사업을 시작하는 것도 생각해 볼 수 있을 겁니다.

# 01 저는 ~에 동의합니다.

**✔ 강한 동의 및 동의 표현**

**I couldn't agree with you more.** 저도 전적으로 동감해요.

**I entirely/ fully/completely/totally agree.** 저도 전적으로 동의해요.

**I'm all in favor of~** 저는 ~에 전적으로 찬성해요.

**I'm in total agreement with~** 저는 ~에 전적으로 동의해요.

**You are absolutely right.** 당신이 전적으로 옳아요.

**I totally accept that~** 저는 ~를 전적으로 인정해요.

**I totally agree with~** 저는 ~에 전적으로 찬성해요.

**I'm of exactly the same opinion as~** 저는 ~와 똑같은 의견이에요.

**I don't think anyone would disagree with~** 저는 누구도 ~에 동의하지 않을 거라 생각하지 않아요.
(=저는 모두가 ~에 동의할 것이라고 생각해요)

**I think I'd accept~** 저는 ~를 받아들이겠어요.

**I'm with~** 저는 ~와 같은 생각이에요.

**My feelings exactly.** 동감이에요.

**My own view, exactly.** 제 견해도 그래요.

**That's exactly what I was thinking.** 그게 바로 제가 생각하던 거예요.

**That's for sure.** 확실해요.

**That's precisely my own opinion.** 제 생각이 바로 그거에요.

**I feel the same way.** 저도 같은 생각이에요

---

✔ 제시되는 반대의 두 의견 중 하나에 대한 자신의 동의를 표현할 때 쓸 수 있는 표현입니다.
얼마나 동의를 하는지에 따라 강한 동의나 부분 동의로 사용되기도 합니다.

## 문장 말해보기

**I couldn't agree with her more.**
저는 그녀의 말에 전적으로 동의해요.

**I totally agree with him.**
저는 그에게 전적으로 동의해요.

**I'm with him there.**
저는 그 점에는 그와 같은 생각이에요.

**I feel the same way.**
저도 같은 생각이에요.

**I know exactly what she means.**
저는 그녀가 정확히 무엇을 말하는지 알아요.

**I can't help thinking the same.**
저는 그와 같이 생각할 수밖에 없어요.

## 나만의 답변 완성하기

다음의 우리말 문장을 영어로 말해봅시다.

**01** 저도 전적으로 동감해요.

_____.

**02** 저는 그녀의 의견에 전적으로 찬성해요.

_____.

정답 **01** I couldn't agree with you more.
**02** I totally agree with her opinion.

# 02 저도 어느 부분에선 동의하지만 ~

## ✔ 부분 동의 표현

**I agree with you up to a point, but ~** 저는 어느 부분에서는 동의하지만, ~

**That's quite true, but ~** 그건 어느정도 맞습니다만, ~

**I agree with you in principle, but ~** 이론상으론 동의하지만, ~

**I agree in principle, but ~** 원칙적으로는 동의하지만, ~

**Agreed, but ~ (=I almost agree, but~)** 동의하지만, ~

**Could be, but ~ (= maybe, perhaps)** 그럴 수도 있지만, ~

**I'd accept that, but ~** 그 점은 인정하지만 ~

**I'd agree with him/her, but ~** 그/그녀의 말에 동의하지만 ~

**I'd go along with a lot of that, but** 그 점에 대해서는 상당히 동의하지만, ~

**I agree with most of what he/she says, but I don't entirely agree with ~**
그/그녀가 말한 것에 대부분 동의하지만, ~부분에서 전적으로 동의하는 건 아니예요.

**I see his/her point, but ~** 그/그녀의 요점은 알겠어요, 그러나 ~

**I take his/her point, but ~** 그/그녀의 요점을 알겠어요, 그러나 ~

**I think he/she has a point there, but ~** 그 점에서 그/그녀의 말이 일리는 있지만, ~

**In fact, I don't ~** 사실, 전 ~하지 않아요.

**Maybe, but ~** 그럴 수도 있지만 ~

**He/she could/may be right, but ~** 그/그녀가 맞을 수도 있지만 ~

**He/she may have something there but ~** 그/그녀가 그 점에서 맞을 수도 있지만, ~

**That's one way of looking at it, but ~** 그것도 그 문제를 바라보는 한 방법이지만 ~

**That may be so, but ~** 그럴 수도 있지만 ~

**That may/might be right, but ~** 그게 맞을지도 모르지만 ~

**That's quite true, but ~** 그건 정말 맞는 말이지만 ~

**There's some truth in what he/she says. Still ~** 그/그녀가 한 말에는 맞는 점이 있지만 ~

**To a certain extent, yes, but ~ (= To a certain degree, somewhat)** 어느 정도까지는 맞지만 ~

**Under the circumstances, I can see (understand) ~** 그런 상황에서는, 저는 ~라고 생각해요.

**Yes, but on the other hand, ~** 네, 하지만 반면에, ~

**Yes, but we shouldn't forget ~** 네, 하지만 우린 ~를 잊어서는 안돼요.

**Yes, up to a point, but ~** 네, 하지만 어떤 점에 있어서는 ~

## 문장 말해보기

I agree with you up to a point, but not completely.
어느 정도는 동의하지만, 완전히 동의하지는 않아요.

That may be so, but he is wrong in one respect.
그럴 수도 있지만, 한 가지 면에서 그는 틀렸습니다.

I somewhat agree with him there.
그 점에 있어서는 그의 말에 어느 정도 동의해요.

That makes sense in some ways.
어떤 면에서는 그 말도 일리가 있어요.

That might be true to a certain extent.
어느 정도까지는 그게 맞을 수도 있어요.

## 나만의 답변 완성하기

다음의 우리말 문장을 영어로 말해봅시다.

**01** 그건 어느정도 맞아요.
Q _____.

**02** 그럴 수도 있어요.
Q _____.

정답 **01** That's quite true.
**02** That may be so.

# 03 선호도 표현

compared to / compared with / in comparison with ~와 비교하면

**A is better than B.** A가 B보다 나아요.

**A is more ~ than B.** A가 B보다 더 ~해요.

**prefer A to B / prefer A rather than B** B보다 A를 선호해요.

**would rather A(동사원형) than B(동사원형)** B보다는 A가 나을 거예요.

**would A(동사원형) rather than B(동사원형)** B보다는 A가 나을 거예요.

**about the same / not much difference** 유사해요. / 비슷한 것 같아요. / 큰 차이 없어요.

---

☑ 두 가지 상황 또는 사물 중에 선택 가능한 경우, 이 둘에 대한 비교 및 선호도 표현을 익혀 두면 훨씬 유용합니다.

☑ prefer는 (동)명사구와 to부정사를 모두 취할 수 있는 동사입니다.

   ❶ **(동)명사구가 들어가는 경우 – prefer A to B**
     여기서 to는 전치사로 뒤에 나오는 내용이 명사나 (동)명사구가 나와야 합니다.

   ❶ **to부정사를 사용하는 경우 – prefer A rather than B**
     위의 ❶번처럼 비교하는 대상에 전치사 **<to>**를 사용할 수 있지만, **to**부정사의 중복으로 인한 혼란을 막기
     위해 전치사 **<to>**대신 rather than이란 어구를 넣습니다.

---

## 문장 말해보기

**Compared to** the first suggestion, I think the second one is quite reasonable.
첫 번째 제안과 비교하면, 저는 두 번째 제안이 꽤 합리적이라고 생각합니다.

**This regulation is quite challenging** in comparison with **the other one.**
이 규정은 다른 것에 비해 꽤 쉽지 않은 것 같습니다.

**The first suggestion** is better than **the second one.**
첫 번째 제안이 두 번째 제안보다 더 낫습니다.

**The idea A sounds** more **reasonable** than **the idea B to me.**
저에게는 아이디어 A가 B보가 좀 더 합리적인 것처럼 들립니다.

**A growing number of people** prefer **bread** to **rice.**
점차 많은 사람들이 밥보다는 빵을 더 선호합니다.

He prefers playing basketball to (playing) baseball.
그는 야구하는 것보다 농구하는 것을 더 좋아해요.

I would rather stay home than go out on Christmas Day.
저는 크리스마스에 밖에 나가기보다는 집에 있는 것이 나을 것입니다.

I would tell the truth to my wife rather than keep it secret.
저는 부인에게 비밀로 하기보다는 진실을 말하는 것이 나을 것입니다.

Both solutions are about the same.
두 가지 방법들은 대략 비슷한 것 같습니다.

There's not much difference between/among them.
그것들 사이에 큰 차이는 없습니다.

## 나만의 답변 완성하기

다음의 우리말 문장을 영어로 말해봅시다.

**01** 저는 슈퍼마켓에서 인스턴트 음식을 사는 것보다 직접 음식을 요리하는 것을 선호합니다. (rather than을 사용하기)

_____.

**02** 두 번째 제안과 비교해서, 이 상황에서는 첫 번째 생각이 훨씬 나은 것 같습니다.

_____.

정답 **01** I prefer to cook foods myself rather than to buy instant foods at the supermarket.

**02** Compared with the second idea, the first one sounds much better in this condition.

# 저는 ~에 동의하지 않습니다.

**I don't agree at all.** 저는 전혀 동의할 수 없습니다.

**I totally disagree.** 저는 전혀 동의할 수 없습니다.

**I disagree entirely with ~** 저는 전적으로 ~에 반대해요.

**I couldn't agree with you less.** 저는 정말 동의할 수 없어요.

**I couldn't disagree more.** 저는 전적으로 반대해요.

**Actually, I'm not sure about ~** 사실, 저는 ~에 대해 확신할 수 없어요.

**I'm not sure I agree with you.** 저는 동의하는지 확신할 수 없어요.

**As a matter of fact, I think ~** 사실, 저는 ~라고 생각해요.

**I'm afraid I can't accept ~** 저는 ~를 받아들일 수 없을 것 같아요.

**I'm afraid I can't agree ~** 저는 ~에 동의할 수 없을 것 같아요.

**I'm afraid I can't agree with you.** 유감스럽게도 저는 당신 의견에 동의할 수 없습니다.

**I'm afraid I don't agree.** 유감스럽게도 저는 동의하지 않아요.

**I'm afraid I don't share your opinion.** 유감스럽게도 저는 당신 의견에 동의할 수 없어요.

**I'm sorry, but I can't agree ~** 죄송하지만, 저는 ~에 동의할 수 없을 것 같아요.

**I'm not sure if I agree ~** 저는 ~에 동의해야 할지 잘 모르겠어요.

**I can't go along with ~** 저는 ~에 동의할 수 없어요.

**I can't help thinking (about the counterpart)** 저는 ~라고 생각하지 않을 수 없어요.

**I can't say that I share (= agree) that ~** 저는 그것에 동의한다고 할 수 없어요.

**I can see that, but ~** 그 점은 알겠지만 ~

**I don't accept that ~** 저는 ~를 받아들일 수 없어요.

**I hate to disagree with ~, but ~** 저도 ~에 반대하기는 싫지만 ~

**I may be wrong, but ~** 제가 틀릴 수도 있지만 ~

**I see his/her point, but ~** 그/그녀의 요점은 알겠지만 ~

**I see what he/she means, but ~** 그/그녀가 말하는 건 알겠지만 ~

**I wish I could agree with him/her, but ~** 저도 그/그녀에게 동의할 수 있었으면 좋겠지만 ~

**In fact(= To be honest,), I don't think ~** 사실, 저는 ~라고 생각하지 않아요.

In spite of (= regardless of) what he/she says, I think (=My own opinion is that)~
그/그녀가 하는 말에도 불구하고, 저는 ~라고 생각해요.

Personally, I'd be more inclined to agree with ~ 개인적으로 저는 ~에 더 동감해요.

Well, I am not really sure ~ 음, 확실하지는 않지만 ~

I don't know maybe ~ 저는 모르지만 아마도 ~

Well, I think they maybe ~ 음, 제 생각에 아마도 그들은 ~

I'm afraid that's nonsense. 그것은 말도 안 되는 것 같아요.

❷ 자신과 다른 생각이나 의견에 대해 말할 때 사용할 수 있는 표현 방법을 익혀야 합니다.

## 문장 말해보기

I'm afraid I don't agree. 유감스럽게도 저는 동의하지 않아요.

I'm afraid that's nonsense. 그것은 말도 안 되는 것 같아요.

I'm not sure if I agree with him/her on that. 그 점에 대해 그/그녀에게 동의해야 할지 잘 모르겠어요.

I don't think so. 저는 그렇게 생각하지 않아요.

I wouldn't go as far as that. 저는 그렇게까지 생각하지 않아요.

Personally, I wouldn't go so far as that. 개인적으로, 저는 그렇게까지 생각하지 않아요.

That's not the way I see it. 그건 제가 생각하는 바가 아니에요.

## 나만의 답변 완성하기

다음의 우리말 문장을 영어로 말해봅시다.

**01** 전혀 동의할 수 없습니다.

_____ .

정답 **01** I don't agree at all.

# 05 의구심 제기하기

**I'm not sure it will work because ~.**
~이기 때문에 그것이 효과가 있을지 모르겠어요.

**I'm not so sure about that.**
그 점에 대해서는 잘 모르겠어요.

**I'm afraid that might not be such a good idea because ~.**
~이기 때문에 그것은 좋은 생각이 아닌 것 같아요.

## 문장 말해보기

**I'm not sure it will work because** staying up all night can hurt your body.
밤을 새는 것은 당신의 몸을 해칠 수 있기 때문에 그것이 효과가 있을지 의문입니다.

**I'm afraid that might not be such a good idea because** they would only do what they want to do.
그들은 그들이 원하는 대로만 행동할 것이기 때문에 그것은 좋은 생각이 아닌 것 같아요.

## 나만의 답변 완성하기

다음의 우리말 문장을 영어로 말해봅시다.

**01** 교통 체증을 유발할 것이기 때문에 그건 좋은 생각이 아닌 것 같아요.

 _____ .

정답 **01** I'm afraid that might not be such a good idea because it would cause traffic problems.

## 06 방법 제시하기

I think the best thing they can do is to ~.
저는 그들이 할 수 있는 최선은 ~라고 생각합니다.

I think they should ~.
저는 그들이 ~해야 한다고 생각합니다.

## 문장 말해보기

I think the best thing they can do is to **study the map first and try it later.**
저는 그들이 할 수 있는 최선은 지도를 먼저 공부하고 나중에 시도하는 것이라고 생각합니다.

I think they should **follow the rule if they are eager to work there.**
저는 그들이 그곳에서 일하기를 간절히 원한다면 그 규칙을 따라야 한다고 생각합니다.

## 나만의 답변 완성하기

다음의 우리말 문장을 영어로 말해봅시다.

**01** 저는 그들이 양보(give away)해야 한다고 생각합니다.

_____.

정답 **01** I think they should give away.

문제 듣기

아래 1~3번 실전 문제에 도전해봅시다. 녹음기를 사용하여 30초의 준비 시간을 가진 후 1분 동안 연습한 표현을 사용하여 자신만의 답변을 만들어 녹음해 봅시다. 재차 자신의 녹음을 들어보면서 표현과 발음을 연습하고, 좀 더 매끄러운 표현으로 바꿔봅시다.

QR로 듣기

**01**

Samantha and her 10-year-old son have different opinions on fighting. Her son thinks it is right to hit someone back when he gets attacked, but Samantha does not agree with him there. Whose opinion do you think is right and how would you persuade the other if you were involved in the argument?

사만다와 그의 10살 된 아들은 싸움에 대해 다른 의견을 가지고 있습니다. 그녀의 아들은 그가 공격을 받았을 때 누군가를 때리는 것이 옳다고 생각하지만, 사만다는 그 점에 동의하지 않습니다. 당신은 누구의 의견이 옳다고 생각하는지 그리고 만약 당신이 논쟁에 참여한다면 어떻게 다른 사람을 설득할 건가요?

QR로 듣기

**02**

Michael just got a job offer from a big consulting company that he always wanted to work at with a lot more money than he gets now. He wants to take the job, but his wife says no because if he takes the job, he should move to another country and his family will be living apart. What should he do?

마이클은 큰 컨설팅 회사로부터 일자리를 제안 받았는데, 그는 항상 지금보다 훨씬 더 많은 돈을 받고 일하고 싶어했습니다. 그는 그 일을 맡기를 원하지만, 그의 아내는 만약 그가 그 일을 맡는다면, 그는 다른 나라로 이주해야 하고 그의 가족은 떨어져 살게 될 것이기 때문에 싫다고 말합니다. 그는 어떻게 해야 할까요?

QR로 듣기

**03**

Your 25-year-old son wants to move out, but you think he's too young. He just got a job and he says he can support himself, but you think he should wait until he saves some money. What do you think?

당신의 25살 아들은 이사하고 싶어하지만, 당신은 그가 너무 어리다고 생각합니다. 그는 이제 막 직장을 구했고 자활할 수 있다고 말하지만, 당신은 그가 돈을 모을 때까지 기다려야 한다고 생각합니다.
당신은 어떻게 생각하나요?

▶ QR로 듣기

▶ 답변 듣기

**01** ex 01 I think Samantha is right about the problem of hitting back to others, compared to the opinion of the mother's 10-year-old son. It is a mistake to fight someone back if he or she is attacked by someone else. People who are attacked must not fight the same way their attackers did, or else, he or she might be just compared to them. Now, if I would persuade the 10-year old son, I would tell him that attacking back could only cause problems for the both of them.

ex 01 엄마의 10살짜리 아들의 의견에 비교하여, 저는 다른 사람에게 반격하는 문제에 대해 사만다가 옳다고 생각합니다. 만약 그 혹은 그녀가 다른 사람에게 공격 당한다면, 누군가에게 맞서 싸우는 것은 실수입니다. 공격을 받은 사람들은 공격자들이 했던 것과 같은 방식으로 싸워서는 안 되며, 그렇지 않으면 그 혹은 그녀는 그들과 단지 비교될 수 있습니다. 이제, 제가 10살짜리 아들을 설득한다면, 반격은 두 사람 모두에게 문제를 일으킬 뿐이라고 말씀드리고 싶습니다.

ex 02 I think Samantha's opinion is correct. I agree that it is wrong to hit someone, even if you are attacked. Whether it is physically or verbally, people who are attacked must avoid stooping down to the level of their attackers. However, it's a different case if the same person repeatedly attacks someone. This is a case of bullying and should be stopped. If I were involved in this argument, I would tell the 10-year old boy that hitting back will only cause more trouble for both students involved. However, if he's being attacked by the same person more than once, he should definitely report the attacker to someone in authority.

ex 02 저는 사만다의 의견이 옳다고 생각합니다. 비록 당신이 공격을 당하더라도, 누군가를 때리는 것은 옳지 않다는 것에 동의합니다. 신체적으로나 언어적으로, 공격을 받는 사람들은 공격자의 수준으로 몸을 숙여 피해야 합니다. 하지만, 같은 사람이 반복적으로 누군가를 공격한다면 이는 다른 경우입니다. 이것은 괴롭힘의 한 사례이며 중단되어야 합니다. 만약 제가 이 논쟁에 연루됐다면, 저는 10살 소년에게 반격은 관련된 두 학생 모두에게 더 많은 문제를 일으킬 뿐이라고 말할 것입니다. 하지만, 만약 그가 같은 사람에게 한 번 이상 공격을 당한다면, 그는 무조건 그 공격자를 권위가 있는 누군가에게 보고해야 합니다.

▶ QR로 듣기

**02** ex 01 I think Michael should listen to his wife and reject the offer from the consulting company. Michael should always maintain his relationship with his family and should not leave his family for a work in another country. Even if the work offers a big salary, the money he will get is not enough to make up all the time and moments lost with his family. However, if he can bring his entire family to the country where the job is located, then I think it's possible to have both. This can benefit him and his entire family since he will be working at his dream company, and at the same, get to be with his family.

ex 01 저는 마이클이 아내의 말을 듣고 컨설팅 회사의 제안을 거절해야 한다고 생각합니다. 마이클은 항상 가족과 관계를 유지해야 하며, 다른 나라로 일하기 위해 가족을 떠나서는 안 됩니다. 비록 그 일이 많은 월급을 준다고 해도, 그가 받게 될 돈은 가족과 함께 잃어버린 시간과 순간을 모두 만회하기에는 충분하지 않습니다. 하지만, 만약 그가 그의 직장이 있는 나라로 온 가족을 데려올 수 있다면, 저는 두 가지 모두를 갖는 것이 가능하다고 생각합니다. 이것은 그가 꿈꾸는 회사에서 일할 것임과 동시에 그의 가족과 함께 할 수 있기 때문에 그와 그의 가족 모두에게 이득이 될 수 있습니다.

ex 02 I think Michael should listen to his wife and reject the offer from the big consulting company. I think it is more important for Michael to maintain his relationship with his family rather than leave to work for a company in another country. Even if the job offers a huge salary, the money he earns will not be enough to replace all the precious moments he will miss out on with his family. Even though he will be able to talk to his family through video chats, it is not the same as being physically present in a relationship.

ex 02 저는 마이클이 아내의 말을 듣고 큰 컨설팅 회사의 제안을 거절해야 한다고 생각합니다. 저는 마이클이 다른 나라에 있는 회사로 일하기 위해 떠나는 것보다 가족과의 관계를 유지하는 것이 더 중요하다고 생각합니다. 비록 그 직업이 많은 월급을 준다고 해도, 그가 버는 돈은 그가 가족과의 모든 소중한 순간을 놓쳐 대체하기에는 충분하지 않을 것입니다. 비록 그가 화상 채팅을 통해 가족과 대화할 수 있을 지라도, 그것은 인간 관계에 육체적으로 존재하는 것과 다릅니다.

---

▶ **QR로 듣기**

**03** **ex 01** Traditional Korean parents think their children have to live together with them until they get married. But, these days it's getting more natural for children who have graduated from college and got a job to live by themselves. I think this son really can support himself; it would be okay to let him live for himself. But if he just got a job, then he wouldn't have enough money to find a place to live alone. In that case, I think it would be better for him to wait some time until he saves some money. If he had to get help from his parents even after moving out, that may not be a real independence from them. Therefore, I agree with the parents who think their son should live with them until he saves some money.

**ex 01** 한국의 전통적인 부모들은 자녀가 결혼할 때까지 함께 살아야 한다고 생각합니다. 하지만, 요즘은 대학을 졸업하고 취업한 자녀들이 혼자 사는 것이 점점 더 자연스러워지고 있습니다. 저는 이 아들이 정말로 스스로를 책임질 수 있다고 생각합니다. 그가 자신을 위해 살도록 내버려 두는 것이 좋을 것입니다. 그러나 그가 직장을 구했다면, 혼자 살 곳을 찾을 만큼 충분한 돈이 없었을 것입니다. 그런 경우에는, 그가 돈을 모을 때까지 잠시 기다리는 것이 좋을 것 같습니다. 만약 그가 이사를 가더라도 부모님의 도움을 받아야 한다면, 부모로부터 진정한 독립이 아닐 수 있습니다. 그러므로, 저는 아들이 돈을 모을 때까지 그들과 함께 살아야 한다고 생각하는 부모의 말에 동의합니다.

**ex 02** Traditional Korean parents think that their children have to live with them until they get married. However, it's becoming more common nowadays for young people who get a job after college to live by themselves. In this case, if my son really can support himself, then I would let him live on his own. However, as he has just gotten a job, he probably hasn't been able to save much, so I would recommend that he stay with me so that he can save up.

**ex 02** 한국의 전통적인 부모들은 자녀가 결혼할 때까지 자녀와 함께 살아야 한다고 생각합니다. 하지만, 요즘은 대학을 마치고 취직한 젊은이들이 혼자 사는 것이 점점 더 보편화되고 있습니다. 이 경우, 제 아들이 정말 스스로를 부양할 수 있다면, 저는 그를 혼자 살도록 내버려 둘 것입니다. 그러나, 그는 이제 막 직장을 구했기 때문에 충분히 저축하지 못했을 것이므로 저는 그가 저축할 수 있도록 저와 함께 머물 것을 권하고 싶습니다.

# Template Practice

## Presenting a solution to a specific problem

### Directions

Listen to the following description of a disagreement between sisters. Then suggest how they should deal with the problem. You will have 30 seconds to think about your answer and one minute to speak. Now listen.

This problem involves a disagreement between Therese and her sister, Amy, over which type of housing they should get in the city. Therese wants to get a two-bedroom condominium unit. She says that living in a condominium is safer and more convenient. She argues that a condominium has services like security and laundry, and is nearer to the malls and other establishments. On the other hand, Amy wants to get a small house in the outskirt of the city with its own yard and a balcony. She argues that a condominium offers too little space, and would be more expensive in the long run. She thinks that they could choose a house where there is little traffic and noise, unlike a condominium which is likely to be located in the middle of the city. What do you think they should do and why?

이 문제는 도시에서 어떤 종류의 주택을 얻어야 하는지에 대한 테레즈와 그녀의 여동생인 에이미 사이의 의견 불일치와 관련된 것입니다. 테레즈는 방 두 개짜리 아파트를 분양받고 싶어 합니다. 그녀는 아파트에 사는 것이 더 안전하고 편리하다고 말합니다. 그녀는 아파트에 경비와 세탁과 같은 서비스를 가지고 있고, 쇼핑몰과 다른 시설들과 더 가깝다고 주장합니다. 반면에, 에이미는 도시 외곽에 자신의 마당과 발코니가 있는 소형 주택을 얻고 싶어합니다. 그녀는 아파트가 너무 적은 공간을 제공하고, 장기적으로 더 비쌀 것이라고 주장합니다. 그녀는 도심 한복판에 있을 법한 아파트와 달리, 차량과 소음이 적은 주택을 선택할 수 있다고 생각합니다. 당신은 그들이 무엇을 선택해야 한다고 생각하며, 왜 그렇게 생각하나요?

Now think about your answer. (30 SEC)

Now answer the question. (1 MIN)

| | |
|---|---|
| **1. 문제 파악하기** | 관계: _____ .<br><br>상황: _____ . |
| **2. 메모하기** | **❶ 서론**<br>　· 입장: _____ .<br><br>**❷ 본론:**<br>　· 입장: _____ .<br><br>**❸ 결론:**<br>　· 마무리 멘트: _____ . |

I agree with (두 명 중) A'(찬성)s idea because _____자신의 의견 이유_____ .

Like what B said, _____B(반대)의 의견에 대한 부분 옹호_____ .

However, _____의견 및 이유_____ .

In addition, _____추가 의견 및 이유_____ .

So, I prefer _____본인의 의견_____ .

I agree with Amy that living in a small house is better than living in a condominium unit because it is comfortable and less expensive in the end.

Like what Therese said, a condominium unit is more convenient to live in because it is usually near commercial establishments and has household services. So, if convenience is more important to them, then they should get a condominium unit.

However, a condominium unit is more expensive than a small house because they would have to pay for dues and a parking space, which they wouldn't when living in a house.

In addition, it's quite true that a condominium unit still has little space as compared to a small house with its own lot.

So, I prefer to live in a house rather than a condominium unit but I guess they should choose what their priority is and decide where to live based on that.

---

저는 소형 주택에 사는 것이 결국에 더 편안하고 저렴하기 때문에 소형 주택에 사는 것이 아파트에 사는 것보다 낫다는 에이미의 말에 동의합니다.

테레즈가 말했듯이, 아파트는 일반적으로 상업 시설 근처에 있고 가사 서비스가 있기 때문에 살기에 더 편합니다. 따라서, 그들에게 편의성이 더 중요하다면, 아파트를 분양 받아야 합니다.

그러나, 아파트는 집에서 거주할 때는 지불하지 않았던 관리비와 주차비를 지불해야 하기 때문에 소형 주택보다 더 비쌉니다.

또한, 소형 주택에 비해 아파트의 공간이 부족한 것이 사실입니다.

그래서, 저는 아파트보다는 주택에 사는 걸 선호하지만, 그들의 우선순위가 무엇인지를 선택하고 그 기준에 따라 어디에서 거주해야 할 지를 결정해야 한다고 생각합니다.

# 11

# Presenting solutions to complex hypothetical problems

## 가상의 문제에 대한 해결책 제시하기

| GST part | 11 |
| --- | --- |
| 문항 수 | 1개 |
| 준비 시간 | 30초 |
| 답변 시간 | 1분 |

# PART 11 진행 순서

Presenting solutions to complex
hypothetical problems

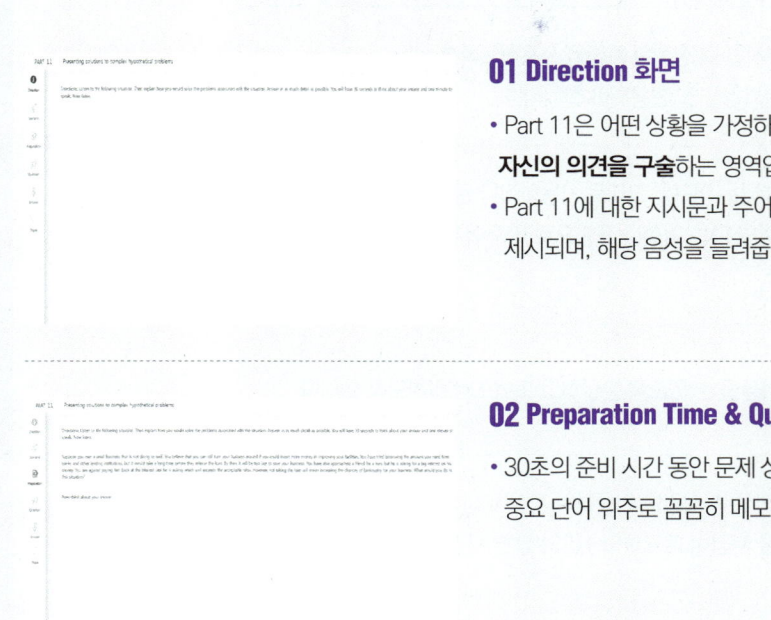

## 01 Direction 화면

- Part 11은 어떤 상황을 가정하며, **그 상황을 해결하려면 어떻게 할 것인지를 자신의 의견을 구술**하는 영역입니다.
- Part 11에 대한 지시문과 주어진 상황에 대한 설명 및 그림이 화면 상에 제시되며, 해당 음성을 들려줍니다.

## 02 Preparation Time & Question 화면

- 30초의 준비 시간 동안 문제 상황을 파악하고, 자신이 생각한 해결책을 중요 단어 위주로 꼼꼼히 메모합니다.

## 03 Response Time 화면

- 1분 간의 답변 시간이 주어집니다. "띵동" 하는 기계음이 울리면 해당 시간 내에 자신이 생각하는 해결책과 그렇게 생각하는 이유까지 논리적으로 답변합니다.

고득점 POINT!

Presenting solutions to complex hypothetical problems

## Criteria 기준

| | |
|---|---|
| **Grammar**<br>문법 | ◉ 해결책을 제시할 때 정확한 문법을 사용하도록 합니다.<br>◉ **조동사의 과거형을 잘 활용해야 합니다.** |
| **Vocabulary**<br>어휘 | ◉ 시나리오에 나온 어구를 그대로 사용하거나 답변 시간 내내 같은 어휘를 사용하기보다는 **유사한 의미의 다른 어휘나 표현으로 바꾸어 말하기(rephrase)**를 통해 다양한 어휘를 발화합니다. |
| **Pronunciation**<br>발음 | ◉ 답변을 알아들을 수 있도록 분명하고 또박또박 말하도록 합니다. |
| **Fluency**<br>유창도 | ◉ 30초 동안의 준비 시간을 이용하여 자신이 생각하는 가장 합리적인 해결 방법을 정하고, 말할 내용을 분명히 메모하여 1분의 답변 시간 동안 흐름이 끊기지 않도록 합니다. |
| **Content**<br>내용 | **하나의 문제에 대한 해결책을 근거를 들어 논리적으로 제공해야 합니다.**<br>**상** ⋯ 제시된 문제에 대한 충분한 이해를 바탕으로 자신이 생각한 해결책을 정확한 근거를 들어 제시할 경우<br>**중** ⋯ 문제에 대해 완벽하게 이해하지는 못하지만, 자신의 입장을 분명히 표현하며 해결책을 제시할 경우<br>**하** ⋯ 문제에서 주어진 조건이나 상황을 제대로 이해하지 못하지만, 적어도 해결책은 제시할 경우 |

# Presenting solutions to complex hypothetical problems

## What to Expect

Part 11은 GST 마지막 파트로 가장 난이도가 높습니다. 어떤 가정적 상황에서 그 상황을 해결하려면 어떻게 할 것인지 해결책을 논리적으로 제시하는 능력이 요구됩니다.

이 과제에서 가장 중요한 점은 상황을 해결하려면 어떤 방법을 취해야 하는지 자세히 논의하는 것인데, 확실한 근거는 물론 대안을 함께 제시하여 논리적으로 구술하는 것이 중요합니다.

| 질문 유형 | 가상의 문제에 대한 해결책 제시하기 |
|---|---|
| 준비 시간 | 30초<br>• 상황 파악하기, 문제점 파악과 해결책 메모하기 |
| 답변 시간 | 1분<br>• 논리적으로 자신이 생각하는 최상의 해결책 말하기,<br>  해결책에 대한 이유나 근거 제시하기 |

## 들어가기 전

### Asking hypothetical questions

#### 01 가상의 상황에 대해 가정 표현 사용하기

주어진 가상 상황을 표현하기 위한 특정 형태가 있습니다. 특히, GST Part 11에서는 조동사 과거형이 사용된다는 점을 기억하시기 바랍니다.

#### 02 논리적으로 답하기

자신이 생각하는 일련의 해결책에 대해 세부적이고 순차적으로 설명하고, 왜 그렇게 생각하는지에 대해서 간략하게 언급합니다.

# Sample Questions

**Look at the picture below, and listen to the following situation. Then explain how you would solve the problems associated with the situation. Answer in as much detail as possible. You will have 30 seconds to think about your answer, and one minute to speak.**

Now listen.

- - - - - - - - - - - - - - - - - - - - - - - - - - - - - - - - - - - - - - - -

상황 제시

When you arrive at the venue, you realize that you have left the documents you were to use for the meeting on a table in your hotel room. The meeting is about to start, so you don't have enough time to go back to your hotel room and get them. The meeting is very important to the future of the company, and the documents are necessary to ensure its success. What would you do in such a situation?

당신이 외국에서 열리는 중요한 비즈니스 회의에 참석한다고 가정해 보세요. 당신이 행사장에 도착했을 때, 당신은 회의에 사용하기로 한 서류를 호텔 방의 테이블 위에 놓고 왔다는 것을 깨달았습니다. 회의가 곧 시작할 것이어서, 호텔 방으로 돌아가서 가져올 시간이 충분하지 않습니다. 그 회의는 회사의 미래에 매우 중요하며, 그 서류들은 회사의 성공을 보장하기 위해 필요합니다. 그런 상황에서 당신은 어떻게 하겠습니까?

**Q** Suppose you have to leave everything and move to France forever. What would you do?

**Q** Imagine that you saw your boyfriend with another girl. What would you do?

**Q** What if you were told you had one month to live? What would you do?

이렇게 달라질 수 있어요!

- - - - - - - - - - - - - - - - - - - - - - - - - - - - - - - - - - - - - - - -

Now think about your answer. **30** SEC

Now answer the question. **1** MIN

- - - - - - - - - - - - - - - - - - - - - - - - - - - - - - - - - - - - - - - -

→ 지시문과 해당 상황이 화면과 음성으로 소개되는데, 30초 동안 응시자는 상대방 및 그와의 관계를 비롯해 논쟁의 핵심과 그 해결책 등에 관해 간단하게 요약해야 합니다.

## Directions

Look at the picture below and listen to the following situation. Then explain how you would solve the problems associated with the situation. Answer in as much detail as possible. You will have 30 seconds to think about your answer and one minute to speak.

Now listen.

Suppose you applied for a job, and two companies, B & C, responded positively to your application. Company B responded within a week and offered you a job. Although you were more interested in working for company C, you were not sure if they would make a solid offer of employment, so, you went ahead and took the offer of company B and signed a contract. However, a week after you started working for company B, you received a call from company C asking you to consider a job offer. You want to take their offer, but you have a valid contract with company B. Now, what would you do in this situation?

당신이 입사 지원을 했고, B와 C, 두 회사가 당신의 지원서에 긍정적으로 반응했다고 가정해 봅시다. B사는 일주일 이내에 회신하여 당신에게 일하자고 제의를 했습니다. 비록, 당신은 C사에 더 관심이 있었지만, 그들이 확실한 채용 제안을 할 지 확신이 없어서 B사의 제안을 받아들여 계약을 맺었습니다. 그런데, B사에 입사한 지 일주일 만에 C사로부터 채용 제안을 고려해 보라는 연락을 받았습니다. 당신은 그들의 제안을 받아들이고 싶지만, 당신은 B사와 유효한 계약을 맺고 있습니다. 이 상황에서 당신은 어떻게 하겠습니까?

## 01 지시 사항 파악하기 (나의 상태 및 문제 상황)

- ✅ **나의 상태:** 구직자
- ✅ **상황 :** 두 개의 회사에 지원함
- ❶ **B 회사:** 일주일 내에 합격 결과 통보를 받음
  - → C 회사를 더 가고 싶었지만 확신이 없어 B 회사에 입사함.
- ❷ **C 회사:** 뒤늦게 합격 결과 통보가 옴
  - → C 회사에 가고 싶지만 B 회사와 계약한 후라 입장이 곤란함.

## 02 준비시간 의견 정하기, 할 말 메모하기

### Now think about your answer.
이제 당신의 답을 생각해 보세요.

생각할 시간 **30**SEC

- ✅ **C 회사에게 조언을 구함**
  - · 자신의 상황을 이야기하고, 상황을 정리할 때까지 기다려 줄 것인지에 대한 여부를 물어봄
- ✅ **B 회사 매니저에게 사실대로 말함**
  - → 만약 부정적인 반응이 나오면, C 회사로 가는 것을 포기하고 B 회사에 남음
- ✅ **이유**
  - · 이미 계약 관계이기 때문에 그것을 어겨서 좋을 것이 없음
  - · 만약 법적인 대응을 한다면 나에 대한 신뢰도가 낮아질 것이기 때문에 손해임

## 03  질문에 답변하기

Level 5
수준 답변

### Now answer the question.
이제 질문에 대답하세요.

답변 시간 **1**MIN

 서론

If I were in this situation, first, I would **call Company C and tell its manager of my situation. I would also ask the company how willing they really are to accept me and if the position could wait until I am available.**

After making sure that the responses to these questions are favorable to my intentions, I would try to contact my supervisor of Company B to honestly talk about my current situation.

만약 제가 이 상황에 있다면, 저는 먼저 C사에 전화해서 인사 관리자에게 제 상황을 말했을 것입니다. 저는 또한 회사가 얼만큼 기꺼이 저를 정말로 받아들이고자 하는지, 제가 가능할 때까지 기다려 줄 수 있는지도 물어볼 것입니다. 이러한 질문들에 대한 답변이 저의 의도에 맞는지를 확인한 뒤, B사의 상사에게 연락하여 저의 현재 상황에 대해 솔직하게 말하고자 합니다.

### 본론

**Then, if s/he expresses a negative reaction toward it, I would give up moving to Company C and just work for Company B.**

그리고 나서, 만약 그가 이에 부정적인 반응을 보인다면, 저는 C사로의 이직을 포기하고 B사에서 일할 것입니다.

### ✅ 이유 말하기 1

**Since I have already signed a contract with Company B, I think it would not be good if I just backed out of the agreement.**

이미 B사와 계약을 맺었기 때문에, 만약 제가 계약을 저버린다면 좋지 않을 것 같다고 생각합니다.

### ✅ 이유 말하기 2

**In addition, Company B may pursue legal action against me if I do not honor the terms of the contract, I signed with them, and this may damage my professional credibility.**

게다가, 제가 계약 조건을 지키지 않을 경우 B사는 저를 상대로 법적 조치를 취할 수 있으며, 그들과 계약한 것이기에 이로 인해 저의 직업적 신뢰도가 훼손될 수 있습니다.

### 결론

**Therefore, the best thing I could do is to talk to my manager at Company B about whether I should continue my employment with Company B or move to Company C. I would just try to make the best of my situation after getting feedback from the manager.**

그러므로, 제가 할 수 있는 최선의 방법은 B사의 매니저와 B사에서 계속 일할 것인지 C사로 옮겨야 할지에 대해 이야기하는 것입니다. 매니저로부터 피드백을 받은 다음 제 상황에서 최선을 다하려고 노력할 것입니다.

# 01 가정법 현재(미래에 있을 법한 일에 대한 가정)

**If + 주어 + 현재동사 ~, 주어 + will, shall, may, can + 동사원형 ~.**
만약 ~한다면, ~할 것이다.

**If you leave now, you will arrive home at 10 o'clock.**
당신이 지금 출발한다면, 10시에는 집에 도착할 거예요.

**If we go by bus, it will be cheaper.**
버스로 가면, 더 저렴할 거예요.

### ✔ 다른 표현

**If I were in that situation,** 제가 그 상황이라면,
**If I were in your position,** 제가 당신 입장이라면,
**If I were in your shoes,** 제가 당신 입장이라면,
**I guess I'd + 동사 원형** 저는 ~할 것 같아요.
**I might + 동사 원형** 저는 ~할지도 몰라요.
**I think I'd + 동사 원형** 저는 ~할 것이라고 생각해요.
**It might be an idea to + 동사 원형** ~하는 것도 방법이 될 수 있을 거예요.

## 문장 말해보기

**If I have enough money, I will buy the computer.**
만약 제가 돈이 충분하다면, 저는 컴퓨터를 살 거예요.

**If they help me, I can finish my homework soon.**
만약 그들이 저를 도와준다면, 저는 곧 제 숙제를 끝낼 수 있어요.

## 나만의 답변 완성하기

다음의 우리말 문장을 영어로 말해봅시다.

**01** 내가 지금 시간이 있으면, 책을 읽을 거야.

 _____.

**02** 버스가 늦게 오면, 택시를 탈 거야.

 _____.

정답 **01** If I have time, I will read a book.
**02** If the bus comes late, I will just take a taxi.

# 02 가정법 과거 (현재 사실과 반대되는 가정)

**If + 주어 + 과거동사 ~, 주어 + 조동사 과거형 (would, should, could, might) + 동사 원형 ~.**
만약 ~한다면, ~할 것이다.

**If John left now, he would arrive home at 10 o'clock.**
존이 지금 출발한다면, 그는 10시에 집에 도착할 거예요.

**If I were in this situation, I would go to the police station and report what I saw.**
제가 만약 이 상황이라면, 저는 경찰서로 가서 제가 본 것을 전할 것입니다.

## 문장 말해보기

**If I were in his shoes, I would call my friends and tell them that I would be late.**
제가 만약 그의 상황이라면, 저는 아마도 제 친구들에게 전화해서 늦을 것이라고 말할 것입니다.

**If I lost my credit card, I would probably call the credit card company to report the card missing.**
제가 만약 제 신용카드를 분실한다면 아마도 저는 카드 분실을 신고하기 위해 회사로 전화를 할 것입니다.

**If I were him, I might buy a surprise present for my girlfriend to cheer her up since she must be disappointed with the result.**
제가 만약 그라면, 제 여자친구를 위한 깜짝 선물을 사겠어요. 왜냐하면 그녀는 분명히 그 결과에 실망하고 있을 것이기 때문이에요.

## 나만의 답변 완성하기

다음의 우리말 문장을 영어로 말해봅시다.

**01** 제가 만약 그녀의 입장이라면, 저는 그 사건에 대해 그에게 사과할 것입니다.

_____ .

**02** 제가 만약 그들이라면, 저는 119에 전화해서 도움을 요청할 것이라고 생각합니다.

_____ .

정답 **01** If I were in her position, I guess I would apologize to him for the accident.
**02** If I were them, I think I would call 119 to ask for help.

# 03 가정법 과거완료 (과거 사실과 반대되는 가정)

If + 주어 + had p.p ~, 주어 + 조동사 과거형 (would, should, could, might) + have p.p ~.
만약 ~했다면, ~했을 것이다.

---

**If you** had said **"I'm sorry,"** everything would have been **better.**
(과거에) 당신이 미안하다고 말했더라면, 모든 것이 나아졌을 것입니다.

**If I** hadn't help **her, she** couldn't have finished **the assignment.**
제가 그녀를 도와주지 않았다면, 그녀는 과제를 끝내지 못했을 거예요.

## 문장 말해보기

**If I** had been **hungry, I** would have eaten **something.**
내가 배가 고팠다면, 뭐라도 먹었을 거야.

**If I** had gone **to the party last night, I** would be tired **now.**
어젯밤 파티에 갔다면, 나는 지금 피곤했을 거야.

## 나만의 답변 완성하기

다음의 우리말 문장을 영어로 말해봅시다.

**01** 내가 널 봤다면, 인사를 했겠지.

 _____.

**02** 날씨가 그렇게 나쁘지 않았다면, 우리는 나갔을 텐데.

 _____.

정답 **01** If I had seen you, I would have said hello.
**02** If the weather hadn't been so bad, we would have gone out.

# 04

# 의견 뒷받침하기

**The reason why I would do so is ~.** 제가 그렇게 할 이유는 ~입니다.

**I think it is a good idea because ~.** 저는 ~이기 때문에 그것이 좋은 의견이라고 생각합니다.

**I support A's opinion because ~.** 저는 ~이기 때문에 A의 의견을 지지합니다.

## 문장 말해보기

**The reason why I would do so is** because I know it is my duty to finish the assignment.
제가 그렇게 할 이유는 그 과제를 끝내는 것이 저의 임무라는 곳을 알기 때문이에요.

**I think it is a good idea because** my friends will arrive here in one hour.
제 친구들은 한 시간 안에 여기에 도착할 것이기 때문에 그것이 좋은 의견이라고 생각해요.

**I support Sharon's opinion because** it takes so much time to go there by car.
그 곳을 차로 가면 시간이 아주 많이 걸리기 때문에 샤론의 의견을 지지해요.

## 나만의 답변 완성하기

다음의 우리말 문장을 영어로 말해봅시다.

**01** 네가 돈을 아낄 수 때문에 그것이 좋은 의견이라고 생각해.

 _____.

**02** 제가 만약 이 상황이라면, 저는 버스를 이용하는 것이 택시를 이용하는 것보다 시간이 훨씬 더 많이 걸리는 것을 알기 때문에 바로 버스에서 내려 택시를 타겠어요.

🎤 _____.

정답 **01** I think it is a good idea because you can save money.
**02** If I were in this situation, I would get off the bus and grab a taxi right away because I know that using a bus takes much more time than using a taxi.

**01** 괄호 안에 주어진 동사를 적절한 시제 형태로 바꾸어 문장을 완성하세요.

(1) If you _____(come), we'll discuss it in detail.

(2) If we _____(reach) agreement, we'd have signed the contract the same day.

(3) Unless there is a major problem, we_____(need) only one day.

(4) If we advertise well, the product _____(be) a success.

(5) If there _____(be) an easy solution, we would have avoided the problems.

(6) If we had taken your advice, we _____(spend) more money.

▶ **QR로 듣기**

**02** 학습한 내용을 토대로, 자신만의 답변을 녹음해보세요. 완성된 자신의 답안과 제시된 예시 답변을 비교해 봅시다.

> **Suppose you rented a boat and sailed it into the ocean. Suddenly your boat engine stops and you realize the next boat will not come by for two days. What would you do in such a situation?**
>
> 당신이 배를 빌려서 바다로 항해했다고 가정해 봅시다. 갑자기 당신의 보트 엔진이 멈추고 당신은 다음 배가 이틀 동안 오지 않을 것임을 깨닫게 됩니다. 그런 상황에서 당신은 어떻게 하겠습니까?

**정답**

**01** ❶ come ❷ had reached ❸ need ❹ will be ❺ had been ❻ would have spent

▶ QR로 듣기

**02** **ex01** These days, more and more people carry a cell phone everywhere they go, so I most likely would have my cell phone in that situation. First, I would call the police, the coast guard, or 119 for help. Sadly, there's no better way to get back to shore except to call someone with my cell phone. If I don't have a phone and the fishing boat doesn't come by for two days, then I would have no other choice than to wait. If that's the case, I just hope that I have enough food and fresh water in the boat and that the weather is fine until someone else finds me.

**ex01** 요즘, 점점 더 많은 사람들이 어디를 가든 휴대폰을 가지고 다니기 때문에, 저는 그 상황에서 휴대폰을 가지고 있을 것입니다. 먼저 경찰, 해양경찰, 119에 도움을 요청할 것입니다. 슬프게도, 제 핸드폰으로 누군가에게 전화하는 것 외에는 해안으로 돌아가는 가장 좋은 방법이 없습니다. 전화가 없고 이틀 동안 어선이 오지 않으면 기다리는 수밖에 없습니다. 만약 그런 상황이라면, 배 안에 음식과 신선한 물이 충분히 있고 다른 사람이 나를 찾을 때까지 날씨가 좋기를 바랄 뿐입니다.

**ex02** I bring my cell phone with me everywhere I go, so if I got stuck in the middle of the ocean, I would call the police or the coast guard. I don't know what the exact number for the coast guard is, but if I called 119, they would be able to contact them for me. If for some reason I didn't bring my phone, or it couldn't get any signal, then I would have no choice but to wait until another boat passes by. I'd try to conserve what food and fresh water I have in the boat, and I'll pray that the weather will be fine until someone comes along to rescue me.

**ex02** 저는 어디를 가든 핸드폰을 가지고 다니기 때문에, 바다 한가운데에 갇힌다면 경찰이나 해경에 신고할 것입니다. 해경은 정확한 번호가 몇 번인지 모르겠지만, 제가 119에 전화하면 그들이 저 대신 연락할 수 있을 것입니다. 어떤 이유로 핸드폰을 안 가져왔거나 어떠한 신호도 잡을 수 없다면, 다른 배가 지나갈 때까지 기다릴 수밖에 없을 것입니다. 배 안에 있는 음식과 신선한 물을 아껴 두려고 노력하고, 누군가가 저를 구해주러 올 때까지 날씨가 좋기를 기도할 것입니다.

## Presenting solutions to complex hypothetical problems

**Directions**
Look at the picture below and listen to the following situation. Then explain how you would solve the problems associated with the situation. Answer in as much detail as possible. You will have 30 seconds to think about your answer and one minute to speak. Now listen.

Suppose you are driving along a narrow highway in the middle of the night. You step on the brakes several times and realize that they are not working. You haven't slowed down safely enough when you see a dog lying in the middle of the road a few meters in front of you. Just as you are about to veer off to the opposite lane to avoid the dog, you see another car coming towards you. You try to honk at the dog, but it stays on the road. You think of avoiding the dog, but you will surely crash either to the approaching car on your left, or to a grove of trees on your right. What would you do in this situation?

당신이 한밤중에 좁은 고속도로를 따라 운전하고 있다고 가정해 봅시다. 당신은 브레이크를 여러 번 밟고 그것들이 작동하지 않는다는 것을 알게 됩니다. 당신의 몇 미터 앞 도로 한복판에 누워있는 개를 봤을 때 당신은 안전하게 속도를 줄이지 않았습니다. 당신이 개를 피하기 위해 반대편 차선으로 방향을 틀려고 할 때, 당신은 다른 차가 당신을 향해 다가오는 것을 봅니다. 당신은 개를 향해 경적을 울리려고 하지만, 개는 도로에 머무릅니다. 당신은 개를 피하는 것을 생각하겠지만, 분명히 왼쪽에서 다가오는 차나 오른쪽의 나무 숲에 충돌할 것입니다. 이 상황에서 당신은 어떻게 하겠습니까?

Now think about your answer. (30 SEC)
Now answer the question. (1 MIN)

| | |
|---|---|
| **1. 문제 파악하기** | 나의 상태: _____ . <br><br> 문제 상황: _____ . |
| **2. 메모하기** | ❶ 서론 _____ . <br><br> ❷ 본론: <br>   • 이유 말하기: _____ . <br><br> ❸ 결론: _____ . |

If I were in this situation, I would  <u>자신이 앞으로 할 행동</u>.

That means I would <u>자신이 앞으로 할 행동</u> rephrase 해서 다시 말하기.

The reason why I would do so is that <u>이유 설명하기</u>.

I don't think <u>다른 선택 가능한 행동</u> is a good idea because <u>이유 설명하기</u>.

So first, I would _____<u>할 행동 1</u>_____ .

Second, I would _____<u>할 행동 2</u>_____ .

Third, I would _____<u>할 행동 3</u>_____ .

Finally, I would _____<u>할 행동 4</u>_____ .

That's what I would do if I were in this situation.

If I were in this situation, I would continue driving straight along the road. That means I would not avoid the dog. The reason why I would do so is that I think dogs have a reflex action of avoiding danger.

So, since I could not stop my car, I would trust that the dog would run and get out of my way. I could not avoid the dog because if I turned to the left, I would crash into the approaching car. I don't think it is a good idea because I would hurt myself and other people. I don't think it is a good idea to hit the trees too because doing that would threaten my life.

So first, I would calm myself down. Second, I would focus on driving and the road ahead of me. Third, I would go straight on the road until the dog is startled by my car. In addition, I would turn on my emergency lights to warn other vehicles to stay away. Finally, I would look for a safe area to pull over.

That's what I would do if I were in this situation.

---

만약 제가 이런 상황이라면, 저는 계속해서 길을 따라 직진했을 것입니다. 이는 제가 그 개를 피하지 않을 것임을 의미합니다. 제가 그렇게 하는 이유는 강아지가 위험을 피하는 반사적인 행동을 한다고 생각하기 때문입니다.

그래서, 저는 차를 멈출 수 없기 때문에, 그 개가 달려서 제 길을 비켜줄 것이라고 믿을 것입니다. 왼쪽으로 돌면 다가오는 차에 부딪힐 것이기 때문에 개를 피할 수가 없었습니다. 저는 제 자신과 다른 사람들을 다치게 할 것이기 때문에 그것은 좋은 의견이라고 생각하지 않습니다. 나무에 부딪히는 것 또한 제 목숨을 위협할 수 있기 때문에 좋은 의견이 아니라고 생각합니다.

그래서 먼저, 스스로 마음을 진정시키겠습니다. 두 번째로, 저는 운전과 제 앞길에 집중할 것입니다. 세 번째로, 강아지가 제 차에 깜짝 놀랄 때까지 저는 길을 직진할 것입니다. 게다가, 저는 다른 차량들에게 가까이 오지 말라고 경고하기 위해 비상등을 켤 것입니다. 마지막으로, 저는 차를 세울 수 있는 안전한 장소를 찾을 것입니다.

제가 이 상황에 처했다면 그렇게 했을 것입니다.

# Actual Test

# 01

본 모의고사는 실제 G-TELP Speaking Test에 출제된 문제를 기준으로 제작되었습니다.

해당 실전 문제는 기초실력 검정 및 학습 진단용으로 활용해볼 수 있습니다.

MP3 파일을 들으며 문제를 풀어보고, 녹음 어플 혹은 음성 메모 기능을 사용해 실제 시험처럼 본인의 답변을 녹음해 보세요.

중간에 멈추지 말고, 처음부터 끝까지 실제 시험이라 생각하고 임해보세요.

PART 01

**Directions**

In a moment, you will answer some questions about yourself. Answer them as best as you can. Please speak clearly and loudly.

PART 02

**Directions**

Look at the picture of the building. In a moment, you will describe the building. First, describe the building in general, and then describe at least one room of the building in detail. You will have 30 seconds to think about your description. Then you will have one minute to speak.

Now think about your answer.

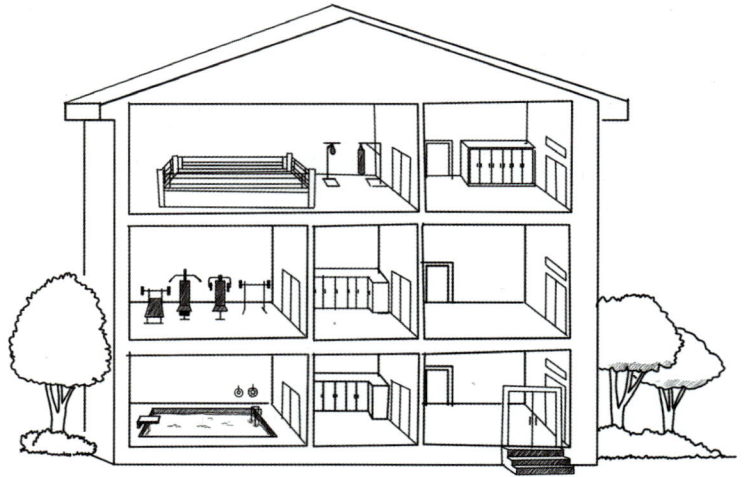

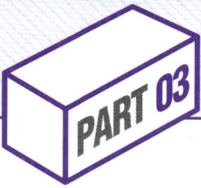

PART 03

Directions

Listen to the following question. You will have 30 seconds to think about your answer, and one minute to speak. Give as much detail as possible. Now listen to the question.

> Where do you usually get together with your friends? What do you usually talk about? Give your answer in as much detail as possible.

Now think about your answer.

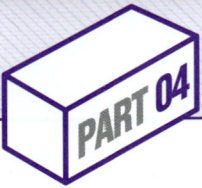

**Directions**

Look at the pictures below. These pictures show a story. In a moment you will tell the story. First, you will have 30 seconds to look at the pictures. Then you will have one minute to tell the story. Begin the story with:

"Last weekend, Ellen was walking home from school."

Now think about your answer.

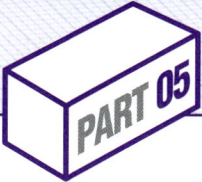

PART 05

Listen to the following question. You will have 30 seconds to think about your answer and one minute to speak. Now listen to the question.

> What do you think are the most important factors to consider when choosing a job?
> Explain your opinion in as much detail as possible.

Now think about your answer.

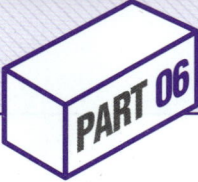

PART 06

Listen to the following question. You will have 30 seconds to think about your answer, and one minute to speak. Give as much detail as possible. Now listen to the question.

> When you were a child, what did you usually do after school?
> Describe what you did in as much detail as possible.

Now think about your answer.

## PART 07

Imagine that you have a foreign friend, Harper, who is visiting your country for the first time. You are now having dinner with her in a restaurant, and she is going to ask you some questions.

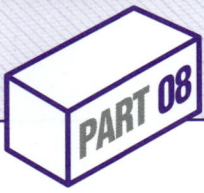
**Directions**

Look at the four pairs of shoes pictured below. Two pairs are formal, and two pairs are casual. In a moment, you will discuss both the advantages and disadvantages of formal and informal shoes. First, you will have 30 seconds to think about your answer. Then you will have 1-1/2 minutes to speak.

Now think about your answer.

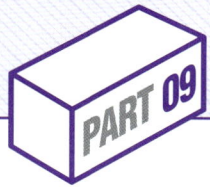

**Directions**

Look at the map below. Imagine that you are working at the City Zoo. A visitor calls you and asks you how to get to the zoo from the bus stop. First, you will have 30 seconds to study the map. Then you will have one minute to tell the visitor how to find the zoo. The visitor does not have a map, so make sure that your directions are very clear.

Now study the map.

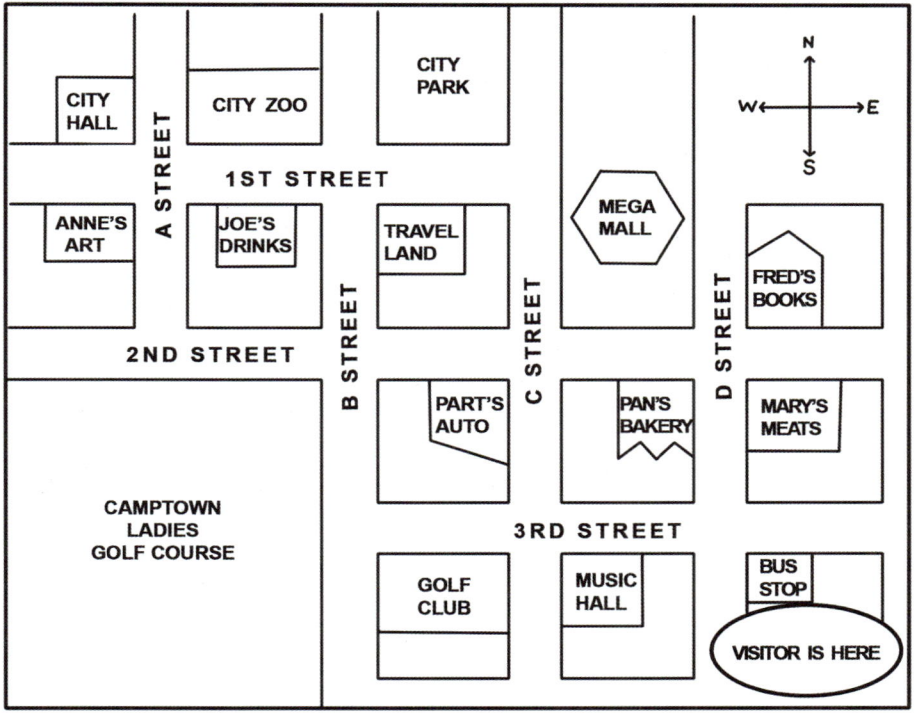

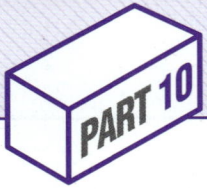

# PART 10

Listen to the following description of a disagreement between a girl and her parents. Then suggest how they should deal with the problem. You will have 30 seconds to think about your answer, and one minute to speak.

Now listen.

This problem involves a disagreement between a girl and her parents over whether or not the girl should go to college. The girl is in her last year of high school, and she does not want to go to college. Instead, she would like to go into business for herself, so that she could help her family by earning money. She points out that college tuition is very expensive, and she insists that the money could be used to start up a successful business instead. However, her parents want her to go to college because they feel that the education she would receive would help her get a good job, which would help her earn more than what she could earn from her own business. What do you think they should do and why?

Now think about your answer.

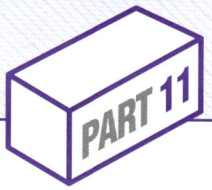

**Directions**

Look at the picture below, and listen to the following situation. Then explain how you would solve the problems associated with the situation. Answer in as much detail as possible. You will have 30 seconds to think about your answer, and one minute to speak.

Now listen.

> Suppose you are going to attend an important business meeting in a foreign country. When you arrive at the venue, you realize that you have left the documents you were to use for the meeting on a table in your hotel room. The meeting is about to start, so you don't have enough time to go back to your hotel room and get them. The meeting is very important to the future of the company, and the documents are necessary to ensure its success. What would you do in such a situation?

Now think about your answer.

**Directions**

In a moment, you will answer some questions about yourself. Answer them as best as you can. Please speak clearly and loudly.

잠시 후에, 본인에 대한 몇 가지 질문에 답변할 것입니다. 할 수 있는 한 최선을 다해 답변하세요. 명확하고 큰 소리로 말씀해 주세요.

---

**Q** Hello. I'm going to ask you a few questions. I hope you don't mind. First of all, what is your name?

**A** My name is Byung-Geuk Kim.

**Q** 안녕하세요. 몇 가지 질문을 드리겠습니다. 실례가 되지 않길 바랍니다. 먼저, 성함이 어떻게 되시나요?

**A** 제 이름은 김병극입니다.


**Q** Is that your full name?

**A** Yes, that's my full name.

**Q** 그게 당신의 전체 이름인가요?

**A** 네, 그게 제 전체 이름입니다.


**Q** And how do you spell your family name?

**A** It's an easy one, K-I-M.

**Q** 그리고 당신의 성은 철자를 어떻게 쓰나요?

**A** 그건 쉬워요, K-I-M입니다.


**Q** When were you born?

**A** I was born on January 26th, 1993.

**Q** 당신은 언제 태어났나요?

**A** 저는 1993년 1월 26일에 태어났습니다.


**Q** And where were you born?

**A** I was born in Gangnam which is in Seoul.

**Q** 그리고 당신은 어디서 태어났나요?

**A** 저는 서울 강남에서 태어났습니다.


**Q** Where do you live now?

**A** Right now, I'm living in Jeju Island.

**Q** 당신은 지금은 어디에 사시나요?

**A** 지금은 제주도에 살고 있습니다.

**Q** How many are there in your family?

**A** There are four of us: myself, my father, my mother and my younger brother.

**Q** 당신의 가족은 몇 명인가요?

**A** 저희 가족은 저, 아버지, 어머니, 남동생 이렇게 4명입니다.


**Q** How many books do you usually read per month?

**A** I usually read two books every month. I read three books this month, and among them, I was impressed with Jane Austin's 'Pride and Prejudice'.

**Q** 당신은 보통 한 달에 몇 권의 책을 읽으시나요?

**A** 저는 매달 보통 책을 두 권 읽습니다. 이번 달에는 3권을 읽었는데, 그 중에서도 제인 오스틴의 '오만과 편견'을 감명 깊게 읽었습니다.


**Q** Do you have a lot of books at home?

**A** No, I don't. I wish I had some more. I only have few novels in my house, so I'm going to buy more history books.

**Q** 집에 책이 많이 있나요?

**A** 아니요. 좀 더 있었으면 좋겠습니다. 우리 집에는 소설이 몇 권밖에 없어서 역사책을 더 구매할 예정입니다.


**Q** Which do you like better, watching sports or playing sports?

**A** Well, I'm kind of lazy, so I guess I prefer watching sports. Especially, I like to watch baseball games. But I also play sports sometimes.

**Q** 스포츠를 보는 것과 스포츠를 하는 것 중, 어떤 것을 더 좋아하나요?

**A** 음, 저는 좀 게을러서 스포츠 보는 것을 더 좋아하는 것 같아요. 특히, 야구 경기 보는 것을 좋아합니다. 하지만 가끔 운동을 하기도 합니다.


**Q** What kinds of sports do you like to play?

**A** I used to enjoy playing indoors, but at the moment I play target shooting when there are sponsored tournaments here in our company.

**Q** 어떤 종류의 스포츠를 좋아하나요?

**A** 실내에서 노는 것을 즐기곤 했는데, 지금은 회사에서 후원하는 대회가 있을 때 표적 사격을 합니다.


**Q** What is something that you want to buy, but can't afford right now?

**A** I'd like to buy some sort of transportation, maybe a motorcycle with a side-car, but I can't afford one right now.

**Q** 당신이 사고 싶지만, 지금 당장 살 여유가 없는 것은 무엇인가요?

**A** 저는 사이드카가 달린 오토바이 같은 종류의 이동수단을 사고 싶은데, 저는 그것을 당장 살 여유가 없습니다.


**Q** Thank you very much.

**A** 정말 감사합니다.

# Actual Test 1 Sample Answer

### Directions

Look at the picture of the building. In a moment, you will describe the building. First, describe the building in general, and then describe at least one room of the building in detail. You will have 30 seconds to think about your description. Then you will have one minute to speak.

건물의 그림을 보세요. 잠시 후에, 당신은 그 건물에 대해 설명할 것입니다. 먼저, 건물을 전반적으로 묘사한 다음, 적어도 한 개의 방 이상을 자세히 묘사하세요. 본인의 설명을 생각할 30초의 시간을 갖게 될 것입니다. 그 후 1분 동안 말할 시간이 주어집니다.

**Now think about your answer.**
이제 당신의 답변을 생각해 보세요.

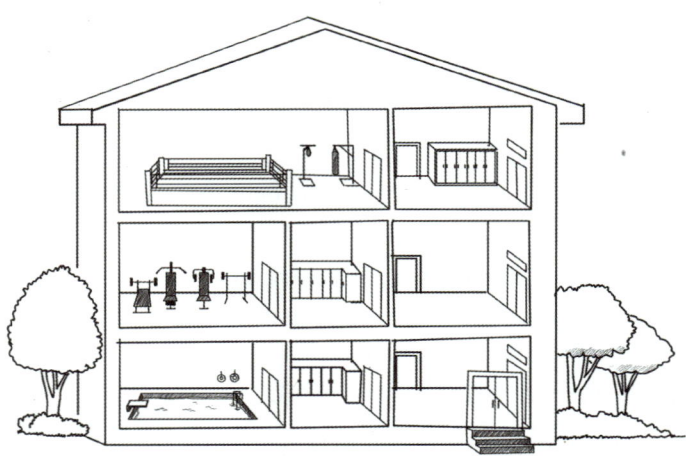

**A** Well, it's a large building, three stories high, and it looks like it's some sort of gym. There are trees on the outside. There's a glass door and a set of stairs at the bottom. I guess the room that I'm most interested in is on the third floor. It has a boxing ring and lockers. I'm interested in this room because I like boxing, and I also like cage fighting. Anyway, that room has lockers for the boxers to put their clothes in, and it looks like there are some punching bags, too.

음, 이것은 3층 높이의 큰 건물인데, 일종의 체육관 같습니다. 밖에는 나무들이 있습니다. 아래쪽에는 유리문과 계단이 있습니다. 제가 가장 관심 있는 방은 3층인 것 같습니다. 그 방에는 권투 링과 사물함이 있습니다. 제가 이 방에 관심이 있는 이유는 제가 복싱을 좋아하고, 케이지 격투기도 좋아하기 때문입니다. 어쨌든, 그 방에는 복싱선수들이 옷을 넣을 수 있는 사물함이 있고, 샌드백도 있는 것 같습니다.

**Directions**

Listen to the following question. You will have 30 seconds to think about your answer, and one minute to speak. Give as much detail as possible. Now listen to the question.

다음 질문을 들어보십시오. 30초 동안 답변을 생각할 수 있고, 1분 동안 말할 시간이 주어집니다. 가능한 한 자세히 말해주십시오. 이제 질문을 듣겠습니다.

> **Where do you usually get together with your friends? What do you usually talk about? Give your answer in as much detail as possible.**
>
> - - - - - - - - - - - - - - - - - - - - - - - - - - - - - - - - - - - - - - - - - - - - - - - - -
>
> **당신은 친구들과 주로 어디에서 모이나요? 당신은 주로 무슨 얘기를 하나요?**
> **가능한 한 자세하게 답변해 주세요.**

**Now think about your answer.**

이제 당신의 답변을 생각해 보세요.

**A** I guess the place that I normally get together with my friends is at a cafe called The Coffee House nearby my office. Of course, there's plenty of coffee there, and there's a lot of conversation going on. Well, we usually talk about love, politics, music, and so on. Also, we often gossip about who's going out with whom, who's going to quit their job, who's pregnant, and so on. Basically though, everyone is there to chat and forget about work for a while.

저는 친구들과 주로 모이는 장소가 회사 근처 커피하우스라는 카페인 것 같습니다. 당연히, 그곳에는 커피도 충분하고, 많은 대화도 계속되죠. 음, 우리는 보통 사랑, 정치, 음악 등에 대해 이야기합니다. 또한, 우리는 누가 누구와 데이트하는지, 누가 일을 그만둘지, 누가 임신했는지 등에 대한 이야기를 종종 합니다. 기본적으로, 모든 사람들이 그곳에서 수다를 떨고 잠시 동안 일에 대해 잊어버립니다.

# Actual Test 1 Sample Answer

**Directions**

Look at the pictures below. These pictures show a story. In a moment you will tell the story. First, you will have 30 seconds to look at the pictures. Then you will have one minute to tell the story. Begin the story with:

아래 그림들을 보십시오. 이 사진들은 이야기를 보여줍니다. 잠시 후, 당신은 그 이야기를 하게 될 것입니다. 먼저, 그림을 볼 수 있는 30초의 시간을 갖게 될 것입니다. 그 후 1분 동안 이야기를 말할 시간이 주어집니다. 다음으로 이야기를 시작하십시오.

> "Last weekend, Ellen was walking home from school."
> -------------------------------------------------------
> "지난 주말, 엘렌은 학교에서 집으로 걸어가고 있었습니다."

**Now think about your answer.**

이제 당신의 답변을 생각해 보세요.

Ⓐ Last weekend, Ellen was walking home from school. While she was walking, it started to rain. As it began to rain harder, Ellen decided to hold a book over her head and run home. Apparently, she got pretty wet. When she got home, she went to bed, got under her blankets, and tried to warm-up. Unfortunately, it didn't work. She got sick, and a doctor came to check on her. After the doctor left, her mother brought her some hot soup to make her feel better.

지난 주말, 엘렌은 학교에서 집으로 걸어가고 있었습니다. 그녀가 걷고 있을 때, 비가 내리기 시작했습니다. 비가 더 많이 내리기 시작하자, 엘렌은 책을 머리 위로 들고 집으로 뛰어가기로 결심했습니다. 보아하니, 그녀는 꽤 젖었더군요. 그녀가 집에 왔을 때, 그녀는 잠자리로 가서 담요를 덮고, 몸을 데우기 위해 노력했습니다. 불행하게도, 그것은 효과가 없었습니다. 그녀는 병이 났고, 의사가 그녀를 진찰하러 왔습니다. 의사가 떠난 후, 그녀의 어머니는 그녀의 몸을 낫게 하기 위해 뜨거운 수프를 가져다 주었습니다.

# Actual Test 1 Sample Answer

**Directions**

Listen to the following question. You will have 30 seconds to think about your answer and one minute to speak. Now listen to the question.

다음 질문을 들어보세요. 30초 동안 답변을 생각할 수 있고, 1분 동안 말할 시간이 주어집니다. 이제 질문을 듣겠습니다.

> **What do you think are the most important factors to consider when choosing a job? Explain your opinion in as much detail as possible.**
>
> 직업을 선택할 때 고려해야 할 가장 중요한 요소는 무엇이라고 생각하십니까?
> 당신의 의견을 최대한 자세히 설명하십시오.

**Now think about your answer.**

이제 당신의 답변을 생각해 보세요.

**A** I think the most important factors to look for in a job should be working environment, compensation and location. First, working environment is important because most employees spend most of their time at their jobs. Compensation is also important because unless one feels like he is treated fairly, he will not give his best at what he does. Lastly, the location of the job is important. If one spends too much time on the street to go to work, then he will feel so tired by the time he gets to work and his whole day won't be as efficient.

저는 일자리를 구하는 데 가장 중요한 요소는 근무 환경, 보상, 그리고 위치라고 생각합니다. 첫째, 대부분의 직원들은 직장에서 대부분의 시간을 보내기 때문에 근무 환경이 중요합니다. 정당하게 대우를 받는다고 느끼지 않는 한 자신이 하는 일에 최선을 다하지 않을 것이기 때문에 보상도 중요합니다. 마지막으로, 직장의 위치가 중요합니다. 만약 일하러 가기 위해 길에서 너무 많은 시간을 보낸다면, 그는 출근할 때쯤 너무 피곤할 것이고 그의 하루 전체가 그만큼 효율적이지 못할 것입니다.

# Actual Test 1 Sample Answer

**Directions**

Listen to the following question. You will have 30 seconds to think about your answer, and one minute to speak. Give as much detail as possible. Now listen to the question.

다음 질문을 들어보세요. 30초 동안 답변을 생각할 수 있고, 1분 동안 말할 시간이 주어집니다. 가능한 한 자세히 말해주십시오. 이제 질문을 듣겠습니다.

> When you were a child, what did you usually do after school?
> Describe what you did in as much detail as possible.
>
> ---
>
> 당신이 어렸을 때, 방과 후에 주로 무엇을 했나요?
> 당신이 했던 일을 가능한 한 자세히 묘사하세요.

**Now think about your answer.**

이제 당신의 답변을 생각해 보세요.

**A** When I was a child, I would go and explore my surroundings with my friends after school. This included many different things. For example, we often went fishing, had snowball fights, built forts, went swimming, and other kind of stuff. And sometimes, we even looked for trouble that we could cause. We sometimes stole Christmas lights off of houses, and then we threw them into the street, so that we could hear them go "pop!" But most of all, we typically just went out for fun.

제가 어렸을 때, 저는 방과 후에 친구들과 함께 주변을 탐험하곤 했습니다. 여기에는 많은 다양한 것들이 포함되어 있습니다. 예를 들어, 우리는 종종 낚시를 가고, 눈싸움을 하고, 요새를 짓고, 수영을 하고, 다른 종류의 것들을 했습니다. 그리고 때때로, 우리는 심지어 우리가 일으킬 수 있는 장난을 찾기도 했습니다. 우리는 가끔 집에 있는 크리스마스 전등을 훔쳤고, "펑!"하는 소리를 들을 수 있도록 그것들을 거리에 던졌습니다. 하지만 무엇보다도, 우리는 대게 그냥 놀러 나갔습니다.

# PART 07　Actual Test 1 Sample Answer

Imagine that you have a foreign friend, Harper, who is visiting your country for the first time. You are now having dinner with her in a restaurant, and she is going to ask you some questions.

당신의 나라에 처음으로 방문하는 하퍼라는 외국인 친구가 있다고 상상해 보세요. 당신은 지금 그녀와 레스토랑에서 저녁을 먹고 있고, 그녀는 당신에게 몇 가지 질문을 할 것입니다.

**전화벨 소리**

**Q** Hi, it's really good to see you again. How have you been?

**A** I'm doing pretty well. How are you?

**Q** 안녕, 다시 만나게 되어 정말 반가워. 어떻게 지냈어?

**A** 나는 아주 잘 지내고 있어. 너는 어떻게 지내고 있어?

**Q** I'm pretty good, thanks. I'm really excited to be here, and I can't wait to go sightseeing! Would it be alright if I asked you some questions?

**A** Of course, Harper! What would you like to know?

**Q** 나는 꽤 잘 지내. 여기 오게 돼서 너무 기대되고, 빨리 관광하고 싶어! 내가 너에게 몇 가지 질문을 해도 괜찮을까?

**A** 물론이지, 하퍼! 뭘 알고 싶니?

**Q** Alright. I'm planning to stay for about three days, so I'd like to see a historically significant place before I leave. Which one would you recommend?

**A** There are a few places to go in Seoul, actually. The one I like best is Gyoung-bok Palace, the symbol of Chosun Dynasty. It's an hour's drive from the hotel where you're staying.

**Q** 좋아. 나는 3일 정도 머물 예정이라, 떠나기 전에 역사적으로 의미 있는 곳을 보고 싶어. 어떤 것을 추천하니?

**A** 사실, 서울에는 갈 곳이 몇 군데 있어. 내가 가장 좋아하는 것은 조선 왕조의 상징인 경복궁이야. 네가 묵고 있는 호텔에서 차로 한 시간 거리야.

**Q** Great. I would also like to try some of your country's traditional foods. What kind of food is your country known for, and where would you recommend I go to try some?

**A** Let's see, someplace traditional, yes, there's a nice restaurant called the *Han-kook-Gwan* down the street. As you can guess, they serve world famous Korean cuisines, and the waiters and waitresses wear traditional costumes.

**Q** 좋네. 나는 너희 나라의 전통 음식도 먹어보고 싶어. 너희 나라는 어떤 종류의 음식이 유명하고, 어디서 먹어보는 게 좋을까?

**A** 어디 보자, 전통적인 장소라면, 길 아래쪽에 〈한국관〉이라는 멋진 식당이 있어. 네가 짐작할 수 있듯이, 그들은 세계적으로 유명한 한국 음식을 제공하고 종업원들은 전통 의상을 입어.

**Q** That sounds yummy! Maybe we can go there tonight? Speaking of going out tonight, I'd like to go shopping for some presents. Where can we go to find some practical and inexpensive gifts?

**A** Let's see, practical and inexpensive gifts, probably the best place would be Dongdaemoon night market in the east from the Gyoung-bok Palace. The prices aren't bad, and there are plenty of practical things for sale.

**Q** 맛있겠다! 우리 오늘 밤에 거기 갈 수 있을까? 오늘 밤 외출 얘기가 나와서 말인데, 선물을 사러 가고 싶어. 실용적이고 비싸지 않은 선물을 어디서 찾을 수 있을까?

**A** 어디 보자, 실용적이고 저렴한 선물이라면 경복궁에서 동쪽에 있는 동대문 야시장이 가장 좋을 것 같아. 가격도 나쁘지 않고, 실용적인 것도 많이 팔고 있거든.

**Q** Okay, I think that about covers it. Is there any other place you think I should see? Why would you recommend that I see it?

**A** Seoul Tower is also a place to go on a clear day. Although I went up to the base of the tower by a cable car, I can tell you still get a wonderful view of Seoul from the base as it is so high up.

**Q** 그래, 그 정도면 될 것 같아. 내가 가 봐야 할 다른 장소가 있니? 왜 내가 그걸 보기를 권하려는 거야?

**A** 맑은 날에는 서울 타워도 가볼 만한 곳이야. 비록 나는 케이블카를 타고 타워의 아래쪽으로 올라갔지만, 아래쪽이 높은 곳에 있기 때문에 너는 여전히 서울의 환상적인 경치를 볼 수 있어.

**Q** That sounds great. Thanks.

**Q** 좋다. 고마워.

# Actual Test 1 Sample Answer

**Directions**

Look at the four pairs of shoes pictured below. Two pairs are formal, and two pairs are casual. In a moment, you will discuss both the advantages and disadvantages of formal and informal shoes. First, you will have 30 seconds to think about your answer. Then you will have 1-1/2 minutes to speak.

아래 그림에 있는 네 켤레의 신발을 보세요. 2켤레는 정장용, 2켤레는 일상용입니다. 잠시 후, 정장용 및 일상용 신발의 장단점에 대해 논의할 것입니다. 먼저, 30초 동안 답변에 대해 생각할 시간이 주어집니다. 그런 다음 1분 30초 동안 말할 시간이 주어집니다.

**Now think about your answer.**

이제 당신의 답변을 생각해 보세요.

Ⓐ The main advantage of formal shoes is that they make your appearance more professional. Specifically, in job interviews, wearing formal shoes can make the difference between getting the job and not getting the job. The disadvantage is that formal shoes are typically expensive. Additionally, they're usually not too good for your feet. If you're standing a lot, or walking a lot, your feet might be uncomfortable.

The advantages of casual shoes are that they are comfortable and they typically cost less. Having comfortable feet is important for good health. Also, comfortable shoes come in a wide range of prices, so finding an affordable pair isn't difficult. The disadvantage of casual shoes is that they often make you look unprofessional, which is why wearing casual shoes to a job interview is not recommended.

정장용 신발의 가장 큰 장점은 겉모습을 더욱 전문적으로 만들어 준다는 것입니다. 특히, 취업 면접에서 정장 구두를 신는 것이 취업이 되고 안 되고 차이를 만들 수 있습니다. 단점은 정장 신발이 일반적으로 비싸다는 것입니다. 또한, 일반적으로 발에 좋지 않습니다. 당신이 많이 서 있거나 많이 걸으면, 발이 불편할 수 있습니다.

일상용 신발의 장점은 편안하고 일반적으로 비용이 적게 든다는 것입니다. 편안한 발은 좋은 건강을 위해 중요합니다. 또한, 편안한 신발은 가격이 다양하기 때문에 저렴한 신발을 찾는 것이 어렵지 않습니다. 일상용 신발의 단점은 종종 당신을 전문적이지 않아 보이게 한다는 것이며, 그것이 면접을 볼 때는 일상용 신발을 신는 것은 권장하지 않는 이유입니다.

**Directions**

Look at the map below. Imagine that you are working at the City Zoo. A visitor calls you and asks you how to get to the zoo from the bus stop. First, you will have 30 seconds to study the map. Then you will have one minute to tell the visitor how to find the zoo. The visitor does not have a map, so make sure that your directions are very clear.

아래 지도를 보세요. 당신이 시티 동물원에서 일하고 있다고 상상해 보십시오. 방문객이 당신에게 전화를 걸어 버스 정류장에서 동물원으로 가는 방법을 묻습니다. 먼저 30초 동안 지도를 살펴볼 수 있습니다. 그 후 1분 동안 방문객에게 동물원을 어떻게 찾는지 말할 수 있는 시간이 주어집니다. 방문객은 지도를 가지고 있지 않기 때문에, 당신의 안내가 정확해야 합니다.

Now study the map.
이제 당신의 답변을 생각해 보세요.

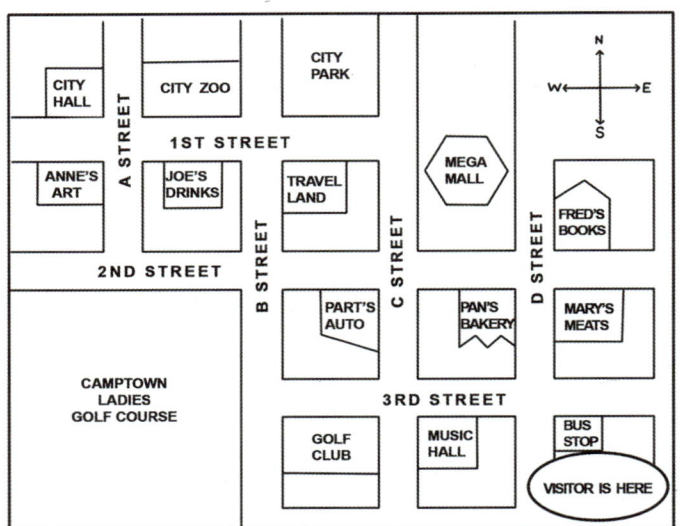

**전화벨 소리**

Q Hello, I am on my way to the zoo from the bus stop on D street. Could you tell me how to get there from here?

A Hi, this is Hailey. Sure, I can tell you how to get here from the bus stop. Go north on D Street; pass Pam's bakery on your left, and turn left on 2nd Street. Continue on 2nd Street; pass Joe's Drinks on your right, and turn right on A Street. Continue on A Street, cross 1st Street, and you'll be at the City Zoo. We're in between City Hall and City Park.

안녕하세요, 저는 헤일리입니다. 네, 버스 정류장에서 여기까지 어떻게 오는지 알려 드릴게요. D번가에서 북쪽으로 가셔서 왼쪽에 있는 〈Pam's bakery〉를 지나 2번가에서 좌회전하세요. 2번가에서 계속 가다가 오른쪽에서 〈Joe's Drinks〉를 지나 A번가에서 우회전하세요. A번가를 따라 계속 가다가, 1번가를 건너면 〈City Zoo〉을 찾을 수 있습니다. 우리는 시청과 공원 사이에 있어요.

# Actual Test 1 Sample Answer

**Directions**

Listen to the following description of a disagreement between a girl and her parents. Then suggest how they should deal with the problem. You will have 30 seconds to think about your answer, and one minute to speak. Now listen.

한 소녀와 그녀의 부모님 사이의 의견 불일치에 대한 다음 설명을 들어보세요. 그런 다음 문제를 어떻게 처리해야 할지 제안해 주세요. 답변에 대해 30초 간 생각할 시간이 주어지며, 1분 동안 말할 시간이 주어집니다. 이제, 들어보십시오.

This problem involves a disagreement between a girl and her parents over whether or not the girl should go to college. The girl is in her last year of high school, and she does not want to go to college. Instead, she would like to go into business for herself, so that she could help her family by earning money. She points out that college tuition is very expensive, and she insists that the money could be used to start up a successful business instead. However, her parents want her to go to college because they feel that the education she would receive would help her get a good job, which would help her earn more than what she could earn from her own business. What do you think they should do and why?

이 문제는 그 소녀가 대학에 가야 하는지 말아야 하는지에 대한 소녀와 그녀의 부모님 사이의 의견 불일치와 관련된 것입니다. 그 소녀는 고등학교 마지막 학년이고, 대학에 가고 싶어하지 않습니다. 대신, 그녀는 돈을 벌어서 가족을 도울 수 있도록 스스로 사업을 하고 싶어 합니다. 그녀는 대학 등록금이 매우 비싸다고 지적하며, 대신 그녀는 그 돈이 성공적인 사업을 시작하는 데 사용될 수 있다고 주장합니다. 하지만, 그녀의 부모님은 그녀가 받을 교육이 그녀가 좋은 직업을 얻는 데 도움이 될 것이고, 이것은 그녀가 자신의 사업으로 벌 수 있는 것 이상을 벌도록 도울 것이라고 생각하기 때문에 그녀가 대학에 가기를 원합니다. 당신은 그들이 무엇을 해야 한다고 생각하며 그 이유는 무엇입니까?

**Now think about your answer.**

이제 당신의 답변을 생각해 보세요.

**A** I think that they should compromise. For example, the girl should be able to go out and find a job that she likes. She could work at it for one year, and get valuable work experience. At the end of one year, she could begin college and work part time. This way, she could pay for her college tuition using the job skills learned in the interim between high school and college. I think that both the parents and the daughter could be satisfied with this compromise.

저는 그들이 타협해야 한다고 생각합니다. 예를 들어, 그 소녀는 밖에 나가서 자신이 좋아하는 직업을 찾을 수 있어야 합니다. 그녀는 1년 동안 그곳에서 일하고, 귀중한 업무 경험을 얻을 수 있습니다. 1년이 끝나면, 그녀는 대학에 입학하여 아르바이트를 할 수 있습니다. 이런 식으로, 그녀는 고등학교와 대학교 기간 중간에 배웠던 직업 기술을 사용하여 대학 등록금을 지불할 수 있을 겁니다. 저는 이 타협안에 대해 부모와 딸 모두 만족할 수 있다고 생각합니다.

**Directions**

Look at the picture below, and listen to the following situation. Then explain how you would solve the problems associated with the situation. Answer in as much detail as possible. You will have 30 seconds to think about your answer, and one minute to speak. Now listen.

아래 그림을 보고, 다음의 상황을 들어보세요. 그런 다음 상황과 관련된 문제를 어떻게 해결할 것인지 설명하십시오. 가능한 한 자세하게 답변하세요. 답변에 대해 30초 간 생각할 시간이 주어지며, 1분 동안 말할 시간이 주어집니다. 이제, 들어보십시오.

Suppose you are going to attend an important business meeting in a foreign country. When you arrive at the venue, you realize that you have left the documents you were to use for the meeting on a table in your hotel room. The meeting is about to start, so you don't have enough time to go back to your hotel room and get them. The meeting is very important to the future of the company, and the documents are necessary to ensure its success. What would you do in such a situation?

당신이 외국에서 열리는 중요한 비즈니스 회의에 참석한다고 가정해보세요. 당신이 행사장에 도착했을 때, 당신은 회의에 사용하기로 한 서류를 호텔 방의 테이블 위에 놓고 왔다는 것을 깨달았습니다. 회의가 곧 시작할 것이어서, 호텔 방으로 돌아가서 가져올 시간이 충분하지 않습니다. 그 회의는 회사의 미래에 매우 중요하며, 그 서류들은 회사의 성공을 보장하기 위해 필요합니다. 그런 상황에서 당신은 어떻게 하시겠습니까?

**Now think about your answer.**

이제 당신의 답변을 생각해 보세요.

**A** In a situation like this, I think that the best thing to do would be to speak honestly with the business associates. I would explain to them what had happened, and I would apologize that the papers would be late. Then I would ask them to excuse me for a few minutes while I called the hotel and asked them to deliver the papers to the location of the business meeting. Once I confirmed that the papers were going to be delivered, I would go back to the business meeting and discuss the main points of the project with the associates. When the papers arrived, I would discuss the details of the project with the associates.

이런 상황에서는, 거래처와 솔직하게 이야기하는 것이 최선일 것이라고 생각합니다. 저는 그들에게 무슨 일이 있었는지 설명하고, 서류가 늦는 것에 대해 사과할 것입니다. 그 후 제가 호텔에 전화해서 업무 회의 장소로 서류를 전달해달라고 부탁하는 동안 그들에게 양해를 구할 것입니다. 일단 서류가 전달될 예정이라는 것을 확인하면, 저는 다시 비즈니스 회의로 돌아가서 프로젝트의 주요 사항에 대해 동료들과 의논할 것입니다. 서류가 도착하면, 저는 동료들과 프로젝트에 대한 세부사항을 논의할 것입니다.

# Actual Test

# 02

**해당 실전 문제는 기초실력 검정 및 학습 진단용으로 활용해볼 수 있습니다.**

MP3 파일을 들으며 문제를 풀어보고, 녹음 어플 혹은 음성 메모 기능을 사용해 실제 시험처럼 본인의 답변을 녹음해 보세요. 중간에 멈추지 말고, 처음부터 끝까지 실제 시험이라 생각하고 임해보세요.

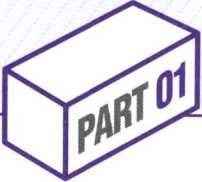

# PART 01

**Directions**

In a moment, you will answer some questions about yourself. Answer them as best as you can. Please speak clearly and loudly.

**Directions**

Look at the picture of a concert hall. In a moment, you will describe the concert hall. First, describe the concert hall in general, and then describe at least one part of the concert hall in detail. You will have 30 seconds to think about your description. Then you will have one minute to speak.

Now think about your answer.

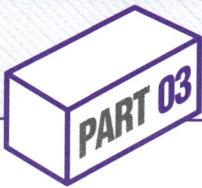

PART 03

Listen to the following question. You will have 30 seconds to think about your answer, and one minute to speak. Give as much detail as possible. Now listen to the question.

How do you usually celebrate your birthday?
Describe a particular birthday that is very memorable to you.

Now think about your answer.

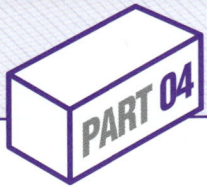

**Directions**

Look at the pictures below. These pictures show a story. In a moment, you will tell the story First you will have 30 seconds to look at the pictures. Then you will have one minute to tell the story. Begin the story with :

"Yesterday, Adam was buying a bicycle."

Now think about your answer.

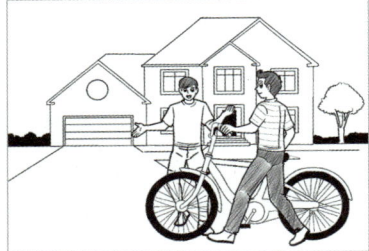

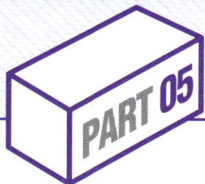

**Directions**

Listen to the following question. You will have 30 seconds to think about your answer and one minute to speak. Now listen to the question.

> Do you think that taking medicine every time you feel sick is good?
> Explain your opinion in as much detail as possible.

Now think about your answer.

**PART 06**

Listen to the following question. You will have 30 seconds to think about your answer and one minute to speak. Give as much detail as possible. Now listen to the question.

> Describe a favorite game that you like to play when you were a child. Why did you like this game? Explain your answer in as much detail as possible.

Now think about your answer.

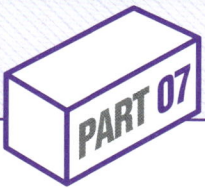
**Directions**

Imagine that your childhood friend Mia is calling to tell you that she is visiting for a week. She has been living abroad for many years and cannot wait to see the place she grew up in. She is now going to ask you a few questions.

**Directions**

Look at the two modes of transportation. In a moment, you will discuss both the advantages and disadvantages of each mode of transportation. First, you will have 30 seconds to think about your answer. Then you will have 1-1/2 minutes to speak.

Now think about your answer.

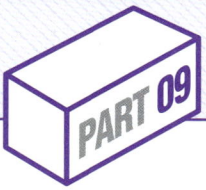

**Directions**

Look at the map below. Imagine that you have ordered a refrigerator from a local appliance store and have asked them to deliver it to your place. However, the man assigned to deliver the refrigerator is not familiar with location. In a moment, he will give you a call to ask for directions. First, you will have 30 seconds to study the map. Then you will receive the phone call. You will have one minute to give the delivery man the directions. He does not have a map, so be sure that your directions are very clear.

Now study the map.

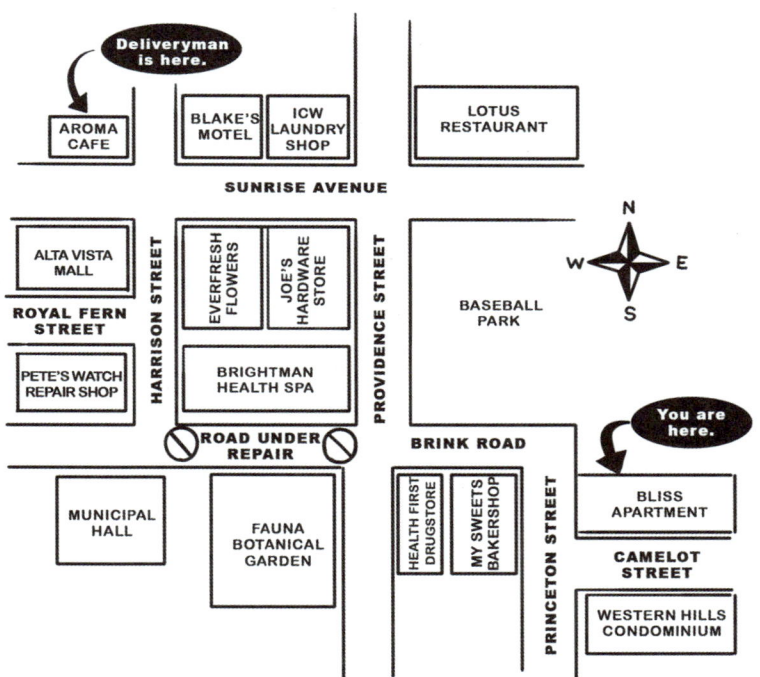

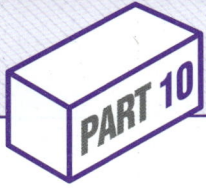

**Directions**

Listen to the following description of a disagreement between a husband and wife. Then suggest how they should deal with the problem. You will have 30 seconds to think about your answer and one minute to speak.

Now listen.

Bob and his wife, Carol, are planning to stop renting an apartment and buy a house of their own. They are now arguing over the best location to buy a house in and settle. Bob wants to get a real estate property in the city and live where they will be close to their offices. Carol, on the other hand, insists on living in a residential area outside the city where it is quiet and the air is clean. Bob argues that getting a house in the city will allow them to reach the commercial establishments quickly. He also believes that the city is a center of culture where their children will have an exciting and educational life. However, Carol maintains that life in the city is very expensive. The money they'd be spending in the city could be used for a lot more important things in the suburbs like better education for their children. What do you think they should do?

Now think about your answer.

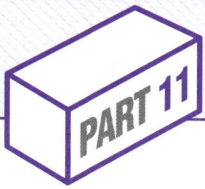

**Directions**

Look at the picture below and listen to the following situation. Then explain how you would solve the problems associated with the situation. Answer in as much detail as possible. You will have 30 seconds to think about your answer and one minute to speak.

Now listen.

Suppose you own a small business that is not doing so well. You believe that you can still turn your business around if you could invest more money in improving your facilities. You have tried borrowing the amount you need from banks and other lending institutions, but it would take a long time before they release the loan. By then, it will be too late to save your business. You have also approached a friend for a Loan, but he is asking for a big interest on his money. You are against paying him back at the interest rate he is asking which well exceeds the acceptable rates. However, not taking the loan will mean increasing the chances of bankruptcy for your business. What would you do in this situation?

Now think about your answer.

**Directions**

In a moment, you will answer some questions about yourself. Answer them as best as you can. Please speak clearly and loudly.

잠시 후에, 본인에 대한 몇 가지 질문에 답변할 것입니다. 할 수 있는 한 최선을 다해 답변하세요. 명확하고 큰 소리로 말씀해 주세요.

---

**Q** Hello. I'm going to ask you a few questions. I hope you don't mind.
First of all, what is your name?

**A** My name is Jiwon Kim.

**Q** 안녕하세요. 몇 가지 질문을 드리겠습니다. 실례가 되지 않길 바랍니다. 먼저, 성함이 어떻게 되시나요?

**A** 제 이름은 김지원입니다.


**Q** Is that your full name?

**A** Yes, it is my full name, but you can call me Won for short.

**Q** 그게 당신의 전체 이름인가요?

**A** 네, 전체 이름이지만 짧게 원이라고 불러도 됩니다.


**Q** And how do you spell your family name?

**A** My family name is spelled K-I-M.

**Q** 그리고 당신의 성은 철자를 어떻게 쓰나요?

**A** 제 성의 철자는 K-I-M입니다.


**Q** When were you born?

**A** I was born on February 21th, 2000.

**Q** 당신은 언제 태어났나요?

**A** 저는 2000년 2월 21일에 태어났습니다.


**Q** And where were you born?

**A** I was born in Busan.

**Q** 그리고 당신은 어디서 태어났나요?

**A** 저는 부산에서 태어났습니다.

**Q** Where do you live now?

**A** I live in Busan now. I have never moved away since I was born here.

**Q** 당신은 지금 어디에 사시나요?

**A** 저는 지금 부산에 살고 있습니다. 이곳에서 태어난 이래로 이사간 적이 없습니다.


**Q** What is your favorite kind of movie?

**A** I love watching comedy movies because I enjoy the laughter they bring.

**Q** 어떤 종류의 영화를 가장 좋아하세요?

**A** 저는 코미디 영화가 가져다 주는 웃음을 즐기기 때문에 코미디 영화 보는 것을 좋아합니다.


**Q** Where do you usually buy your school or office supplies?

**A** I usually buy office supplies at the stationery store near my office. I love to go there since the store is so big that I can find whatever I need for my work there.

**Q** 학용품이나 사무용품은 주로 어디에서 구매하시나요?

**A** 저는 보통 사무실 근처에 있는 문구점에서 사무용품을 구매합니다. 가게가 너무 넓어서 일하는데 필요한 건 그곳에서 다 찾을 수 있기 때문에 그곳에 가는 것을 너무 좋아합니다.


**Q** Why do you prefer that particular store?

**A** As I mentioned earlier, the reason why I prefer that store is because the store is big and has almost everything I need. Besides, the owner is really nice, and sometimes he gives me discounts on items I often buy.

**Q** 왜 그 가게를 선호하시나요?

**A** 아까도 말했듯이, 제가 그 가게를 선호하는 이유는 가게가 크고 제가 필요한 거의 모든 것을 갖추고 있기 때문입니다. 게다가, 사장님은 정말 친절하시고, 가끔 제가 자주 사는 물건도 할인해 주십니다.


**Q** What kind of work do you do?

**A** I am a computer program developer at DY Online Company. I am in the game software program department where I create and maintain the online games. I love what I am doing here.

**Q** 어떤 종류의 일을 하시나요?

**A** 저는 DY Online Company의 컴퓨터 프로그램 개발자입니다. 저는 온라인 게임을 만들고 관리하는 게임 소프트웨어 프로그램을 하고 있습니다. 저는 제가 여기서 하는 일이 너무 좋습니다.

**Q** What do you like to do during weekends?

**A** I like to meet my friends during weekends because I am quite busy during weekdays that I am not able to arrange time with them. I usually have dinner with my friends and talk about some important issues which we would like to share.

**Q** 주말에 무엇을 하는 것을 좋아하세요?

**A** 저는 평일에는 꽤 바빠서 친구들과 시간을 낼 수 없기 때문에 주말에 친구들을 만나는 것을 좋아합니다. 저는 주로 친구들과 저녁을 먹으며 우리가 공유하고 싶은 중요한 문제들에 대해 이야기합니다.


**Q** Which country would you like to visit if you have the chance? Why do you want to go there?

**A** If I had the chance to travel, I would like to visit Budapest because, there, I can enjoy the beautiful scenes of the Mediterranean and all those fancy hotels.

**Q** 당신은 기회가 된다면 어느 나라를 방문하고 싶나요? 당신은 왜 그곳에 가고 싶은가요?

**A** 만약 제가 여행을 간다면, 저는 부다페스트에 가고 싶습니다. 왜냐하면 그곳에서 저는 지중해의 아름다운 풍경과 멋진 호텔을 즐길 수 있기 때문입니다.


**Q** Thank you very much.

**Q** 정말 감사합니다.

# Actual Test 2 Sample Answer

**Directions**

Look at the picture of a concert hall. In a moment, you will describe the concert hall. First, describe the concert hall in general, and then describe at least one part of the concert hall in detail. You will have 30 seconds to think about your description. Then you will have one minute to speak.

공연장의 그림을 보세요. 잠시 후에, 당신은 공연장에 대해 설명할 것입니다. 먼저, 공연장을 전반적으로 묘사한 다음, 적어도 공연장의 한 부분 이상을 자세히 묘사하세요. 본인의 설명을 생각할 30초의 시간을 갖게 될 것입니다. 그 후 1분 동안 말할 시간이 주어집니다.

**Now think about your answer.**

이제 당신의 답변을 생각해 보세요.

**A** This is a picture of a concert hall. It looks like a symphony orchestra is performing for an audience. I can see the members of the orchestra arranged in three rows and playing different musical instruments. At the back row are members playing violins. In the middle row are those playing cellos. In front are members playing trumpets. There are many spectators enjoying the performance in the auditorium.

이것은 공연장의 그림입니다. 이는 마치 교향악단이 관객들을 위해 공연을 하는 중인 것 같습니다. 저는 오케스트라 단원들이 3열로 배열되어 다양한 악기를 연주하는 것을 볼 수 있습니다. 뒷줄에는 바이올린을 연주하는 멤버들이 있습니다. 가운데 줄에는 첼로를 연주하는 사람들이 있습니다. 앞에는 트럼펫을 연주하는 멤버들이 있습니다. 객석에는 공연을 즐기는 많은 관객이 있습니다.

**Directions**

Listen to the following question. You will have 30 seconds to think about your answer, and one minute to speak. Give as much detail as possible. Now listen to the question.

다음 질문을 들어보세요. 30초 동안 답변을 생각할 수 있고, 1분 동안 말할 시간이 주어집니다. 가능한 한 자세히 말해주십시오. 이제 질문을 듣겠습니다.

> How do you usually celebrate your birthday?
> Describe a particular birthday that is very memorable to you.
>
> 당신은 보통 생일을 어떻게 축하하나요?
> 당신에게 매우 기억에 남는 특정한 생일을 묘사하세요.

**Now think about your answer.**

이제 당신의 답변을 생각해 보세요.

Ⓐ The most memorable birthday I have ever had was my 20th birthday. In Korea, one's 20th birthday is a special day worth celebrating because people consider a person who reaches 20 as having reached maturity and adulthood. On that day, my family prepared special food and a cake for me. My friends gathered at my house to surprise me and wish me good luck. We enjoyed the party so much.

저에게 가장 기억에 남는 생일은 20번째 생일입니다. 한국에서, 사람들이 스무 살이 된 사람을 성숙과 성년에 도달했다고 생각하기 때문에 축하할 만한 특별한 날입니다. 그 날, 우리 가족은 저를 위해 특별한 음식과 케이크를 준비했습니다. 제 친구들이 저희 집에 모여 저를 깜짝 놀라게 하고 행운을 빌어주었습니다. 우리는 그 파티를 매우 즐겼습니다.

# Actual Test 2 Sample Answer

**Directions**

Look at the pictures below. These pictures show a story. In a moment, you will tell the story First you will have 30 seconds to look at the pictures. Then you will have one minute to tell the story. Begin the story with :

아래 그림들을 보십시오. 이 사진들은 이야기를 보여줍니다. 잠시 후, 당신은 그 이야기를 하게 될 것입니다. 먼저, 그림을 볼 수 있는 30초의 시간을 갖게 될 것입니다. 그 후 1분 동안 이야기를 말할 시간이 주어집니다. 다음으로 이야기를 시작하십시오.

> "Yesterday, Adam was buying a bicycle."
>
> "어제 아담은 자전거를 사고 있었습니다."

**Now think about your answer.**
이제 당신의 답변을 생각해 보세요.

Ⓐ Yesterday, Adam was buying a bicycle. First, he went to the local bike shop and looked around for a bike he liked. He finally chose a yellow bike which he asked a store clerk to take down from display. He paid for it in cash at the cashier and excitedly left the shop with his new purchase. Adam met a friend on his way back home. He showed off his brand-new bicycle to his friend and told him how much he'd always wanted to have it. His friend also admired the bike. Adam offered to take his friend to his meeting on his bicycle. It was a single-seat bicycle, however, so Adam's friend rode it by stepping on foot pegs by the rear wheel.

어제, 아담은 자전거를 사고 있었습니다. 먼저, 그는 동네 자전거 가게에 가서 그가 좋아하는 자전거를 둘러보았습니다. 그는 마침내 노란 자전거를 선택했고 가게 점원에게 자전거를 진열대에서 내려 달라고 부탁했습니다. 그는 계산대에서 현금으로 지불하고 신나게 새로운 구매품을 가지고 가게를 떠났습니다. 아담은 집으로 돌아오는 길에 친구를 만났습니다. 그는 친구에게 자신의 새 자전거를 자랑했고 그가 얼마나 갖고 싶어했는지 말했습니다. 그의 친구도 그 자전거에 감탄했습니다. 아담은 그의 친구를 약속에 자전거로 데려다 주겠다고 제안했습니다. 하지만 그것은 1인승 자전거였기 때문에 아담의 친구는 뒷바퀴 옆에 있는 발 고정대를 밟고 탔습니다.

# Actual Test 2 Sample Answer

**Directions**

Listen to the following question. You will have 30 seconds to think about your answer and one minute to speak. Now listen to the question.

다음 질문을 들어보세요. 30초 동안 답변을 생각할 수 있고 1분 동안 말할 시간이 주어집니다. 이제 질문을 듣겠습니다.

---

Do you think that taking medicine every time you feel sick is good?
Explain your opinion in as much detail as possible.

아플 때마다 약을 복용하는 것이 좋다고 생각하십니까?
당신의 의견을 최대한 자세히 설명하십시오.

---

**Now think about your answer.**

이제 당신의 답변을 생각해 보세요.

**A** In my opinion, taking medicine every time I feel sick is not good for my health. First of all, the basic reason is that it could affect my immune system. There is a possibility that taking too much medicine, either orally or through injection, may weaken our immune system. This is because our body may become too dependent on these medicines so our immune system no longer creates natural responses to diseases.

In addition, some medicines contain toxic elements which could be harmful to the body if taken too often. So, while I am not against taking medicine in general, I also think it should be done in moderation and only when needed.

제 생각으로는, 아플 때마다 약을 먹는 것은 건강에 좋지 않다고 생각합니다. 우선, 기본적인 이유는 제 면역 체계에 영향을 줄 수 있기 때문입니다. 입이나 주사를 통해 너무 많은 약을 복용하는 것은 우리의 면역 체계를 약화시킬 가능성이 있습니다. 이것은 우리의 몸이 이러한 약들에 너무 의존하게 되어 우리의 면역 체계가 더 이상 질병에 대한 자연스러운 반응을 만들지 못하기 때문입니다.

게다가, 일부 의약품에는 너무 자주 복용할 경우 인체에 해로울 수 있는 독성 물질이 포함되어 있습니다. 그래서 저는 일반적으로 약을 먹는 것에 반대하지는 않지만, 약 또한 필요할 때만 적당히 먹어야 한다고 생각합니다.

## Directions

Listen to the following question. You will have 30 seconds to think about your answer and one minute to speak. Give as much detail as possible. Now listen to the question.

다음 질문을 들어보세요. 30초 동안 답변을 생각할 수 있고, 1분 동안 말할 시간이 주어집니다. 가능한 한 자세히 말해주십시오. 이제 질문을 듣겠습니다.

> Describe a favorite game that you like to play when you were a child. Why did you like this game?
> Explain your opinion in as much detail as possible.
>
> 당신이 어렸을 때 즐겨 했던 가장 좋아하는 게임을 묘사해 보세요. 당신은 왜 이 게임을 좋아했나요?
> 당신의 답변을 가능한 한 자세히 설명하세요.

**Now think about your answer.**

이제 당신의 답변을 생각해 보세요.

Ⓐ Looking back to my childhood, my favorite game was the Nintendo game, Super Mario. My father bought that game for me as a birthday gift. It was so entertaining that I even skipped meals to play it. The reason why I loved playing that game was that I loved its characters and the storyline. I also loved discovering the game's secret power-ups like the super mushroom and star.

어린 시절을 돌아보면, 제가 가장 좋아했던 게임은 닌텐도 게임인 〈슈퍼 마리오〉였습니다. 저희 아빠가 생일 선물로 그 게임을 사 주셨습니다. 그 게임은 너무 재미있어서 식사도 거르고 게임을 했습니다. 제가 그 게임을 좋아했던 이유는 그 게임의 캐릭터와 스토리가 너무 마음에 들었기 때문입니다. 또한 슈퍼 버섯과 별 같은 게임의 비밀 파워 업을 발견하는 것도 좋았습니다.

# Actual Test 2 Sample Answer

**Directions**

Imagine that your childhood friend Mia is calling to tell you that she is visiting for a week. She has been living abroad for many years and cannot wait to see the place she grew up in. She is now going to ask you a few questions.

당신의 소꿉친구 미아가 일주일 동안 방문한다고 당신에게 전화하는 것을 상상해 보세요. 그녀는 수년 간 외국에서 살아왔고 그녀가 자랐던 곳을 빨리 보고 싶어합니다. 그녀는 이제 당신에게 몇 가지 질문을 할 것입니다.

**전화벨 소리**

**Q** Hello, it is so nice to talk to you again. Thanks for offering me to stay at your place during my visit.

**Q** 안녕, 너랑 다시 통화하게 돼서 너무 좋다. 내가 방문하는 동안 너의 집에 머물 수 있게 제안해줘서 고마워.

**Q** So tell me, what is the biggest change that has happened in our neighborhood since I have left?

**A** It has changed a lot but, in my opinion, the biggest change in our neighborhood is that all the store buildings went through remodeling, and it looks very neat and clean now. I'm sure you'll be surprised to see it.

**Q** 그래서 말해봐, 내가 떠난 이후 우리 동네에서 발생했던 가장 큰 변화가 뭐야?

**A** 많은 것들이 변했지만, 내가 보기에는, 우리 동네의 가장 큰 변화는 모든 상점 건물들이 리모델링을 거쳤고, 지금은 정말 깔끔하고 깨끗해 보인다는 점이지. 그걸 보면 너는 분명 놀랄 거야.

**Q** Really? That's interesting. Listen, I would need to buy some clothes, a pair of shoes, and some personal items when I arrive. Which department store offers these at the best prices?

**A** How about going to an outlet instead of a department store? As my first choice, I'd like to suggest you go to SJ Outlet near my place. You can find many high-quality products at reasonable prices. I guarantee you'd be satisfied with them.

**Q** 정말? 그거 흥미롭네. 들어봐, 내가 도착하고 나면 옷을 좀 사고, 신발 한 켤레와 개인용품도 좀 사야 하거든. 어느 백화점에서 이것들을 가장 좋은 가격에 살 수 있을까?

**A** 백화점 대신에 아울렛에 가는 건 어때? 나의 첫 번째 선택으로, 나는 네가 우리 집 근처에 있는 SJ 아울렛을 가는 것을 제안하고 싶어. 합리적인 가격에 질 좋은 제품을 많이 찾을 수 있거든. 네가 만족스러워 할 거라고 장담해.

**Q** Okay, that's the first place I may visit once I get there. I'd also like to have some authentic Italian cuisine after shopping. Can you take me to a good Italian restaurant?

**A** All right, I think you are lucky since I've just found the perfect place for you. Why don't we go to Soabe Italia and have dinner there tonight? This restaurant is famous for its talented head chef who built his career in a seven-star hotel in Dubai. I visited this restaurant last weekend, and the food was great. You will love it.

**Q** 알았어, 그곳은 내가 도착하고 나면 가장 먼저 방문할 곳이네. 쇼핑하고 난 뒤에는 정통 이탈리아 요리도 먹고 싶어. 나를 좋은 이탈리안 레스토랑에 데려다 줄 수 있니?

**A** 좋아, 내가 너에게 딱 맞는 곳을 찾았으니 너는 운이 좋은 것 같아. 우리 오늘 밤 〈소아베 이탈리아〉에 가서 거기서 저녁을 먹는 건 어떨까? 이 레스토랑은 두바이의 7성급 호텔에서 경력을 쌓았던 재능 있는 헤드 셰프로 유명해. 나는 지난 주말에 이 식당을 방문했고, 음식이 정말 맛있었지. 너는 좋아하게 될 거야.

**Q** Great! I can't wait to try it. You know, it's been a long time since we saw a movie together. Maybe we can see one after dinner. What cinema would you suggest?

**A** Have you ever tried a 4D movie? If you want to try it, I suggest that we go to SUPER PLEX-G Theater around the public park. Let's go there and see a 4D movie which has been recently released.

**Q** 좋아! 빨리 먹어보고 싶다. 있잖아, 우리 같이 영화 본 지 오랜 시간이 지났잖아. 저녁 식사 후에 한 편 볼 수 있을 것 같은데. 어떤 영화관을 제안해 줄래?

**A** 너 4D 영화 본 적 있어? 만약 보고 싶으면, 나는 우리가 공원 주변에 있는 SUPER PLEX-G 극장에 가는 것을 제안할게. 그곳에 가서 최근에 개봉한 4D 영화를 보자.

**Q** I would love doing that. What do you think of finishing the day with a nice cup of coffee and some pastries? Do you know any good coffee houses around?

**A** That's a great idea! I'd love to have a cup of coffee with you after seeing a movie. Around the theater, there are many excellent coffee shops and bars. I would like to suggest you to choose the one which you would like.

**Q** 그렇게 하고 싶다. 맛있는 커피 한 잔과 페이스트리 몇 개로 하루를 마무리하는 것에 대해 어떻게 생각해? 주변에 괜찮은 커피숍을 알고 있어?

**A** 좋은 생각인데! 영화를 보고 난 뒤에 너와 함께 커피 한 잔 하는 것 정말 좋다. 극장 주변에는, 훌륭한 커피숍과 바가 많이 있지. 나는 네가 원하는 한 곳을 고르도록 제안하고 싶어.

**Q** That sounds good. Coffee houses weren't very popular when I was living there. I would also like to go swimming the following day. Where is the best place in town for a dip nowadays?

**A** Oh, do you still enjoy swimming? That's good. Hmm... let me see... I recommend a place like the Eurasian Gym where you can swim whenever you want. It opened just a few months ago. I'm certain you'll be satisfied with its state-of-the-art and clean facilities. Isn't it great?

**Q** 좋아. 내가 거기 살고 있을 때는 커피하우스가 별로 인기 없었지. 나는 다음 날에는 수영도 하러 가고 싶은데. 요즘 동네에서 물놀이하기 가장 좋은 곳은 어디야?

**A** 오, 너 아직도 수영을 즐겨 하니? 잘됐네. 흠... 어디 보자... 나는 네가 원하는 언제든지 수영할 수 있는 유라시안 체육관과 같은 곳을 추천할게. 그곳은 불과 몇 달 전에 문을 열었어. 나는 네가 그곳의 최신식이고 깨끗한 시설에 만족할 거라고 확신해. 좋지?

**Q** That's wonderful. I know I'll enjoy my stay here.
멋지네. 나 여기서 즐겁게 지낼 수 있을 거야.

**Directions**

Look at the two modes of transportation. In a moment, you will discuss both the advantages and disadvantages of each mode of transportation. First, you will have 30 seconds to think about your answer. Then you will have 1-1/2 minutes to speak.

두 가지 교통수단을 보세요. 잠시 후, 여러분은 각 교통수단의 장점과 단점을 모두 논의하게 될 것입니다. 먼저, 30초 동안 답변에 대해 생각할 시간이 주어집니다. 그런 다음 1분 30초 동안 말할 시간이 주어집니다.

**Now think about your answer.**

이제 당신의 답변을 생각해 보세요.

**A** Basically, there are several advantages and disadvantages to riding the bus and taking taxis. First, I think the two main advantages of riding the public bus are low fare and accuracy. That is, bus fare is much cheaper, and since buses run routinely in specific areas during certain hours, we could be more punctual in reaching our destinations by taking it. However, a disadvantage of the public bus is inconvenience: you would have to share space with other people on a bus. Buses also make frequent stops, and that could be time-consuming.

On the other hand, the advantages of riding a taxi are convenience and speed. Taxis can go almost anywhere anytime. In addition, taking a taxi can save you time because the taxi driver could drive fast and take shortcuts. Its disadvantage is, of course, it is more costly. The farther your destination is, the higher your fare would be.

기본적으로 버스와 택시를 타는 것에는 여러 가지 장점과 단점이 있습니다. 첫 번째, 저는 공영 버스를 타는 것의 두 가지 주된 장점은 저렴한 요금과 정확성이라고 생각합니다. 즉, 버스 요금이 훨씬 저렴하고, 특정 시간대에 특정 구역 내에서 버스가 일상적으로 운행되기 때문에, 우리는 그것을 타고 목적지에 더 정확하게 도착할 수 있습니다. 하지만, 공영 버스의 단점은 불편함 입니다. 당신은 버스 안에서 다른 사람들과 공간을 공유해야 할 것입니다. 또한 버스는 자주 정차하므로 시간이 많이 걸릴 수 있습니다.

반면에, 택시를 타는 것의 장점은 편리함과 속도입니다. 택시는 거의 언제 어디서나 갈 수 있습니다. 게다가, 택시를 타는 것은 택시 기사가 빨리 운전하고 지름길로 갈 수 있기 때문에 시간을 절약할 수 있습니다. 물론, 그것의 단점은 비용이 더 많이 든다는 것입니다. 목적지가 더 멀수록 요금이 더 높아집니다.

# Actual Test 2 Sample Answer

### Directions

Look at the map below. Imagine that you have ordered a refrigerator from a local appliance store and have asked them to deliver it to your place. However, the man assigned to deliver the refrigerator is not familiar with location. In a moment, he will give you a call to ask for directions. First, you will have 30 seconds to study the map. Then you will receive the phone call. You will have one minute to give the delivery man the directions. He does not have a map, so be sure that your directions are very clear.

아래 지도를 보세요. 당신이 지역 가전제품 매장에서 냉장고를 주문하고 그들에게 당신의 집으로 배달해달라고 요청했다고 상상해 보세요. 하지만 냉장고 배달 담당자는 위치를 잘 모릅니다. 잠시 후에, 그가 길을 물어보기 위해 당신에게 전화를 할 것입니다. 30초 동안 지도를 살펴볼 수 있습니다. 그 후 당신은 전화를 받을 것입니다. 당신은 1분 동안 기사님께 길을 알려드릴 것입니다. 그가 지도를 가지고 있지 않기 때문에, 당신의 안내가 정확해야 합니다.

**Now study the map.**
이제 지도를 살펴보세요.

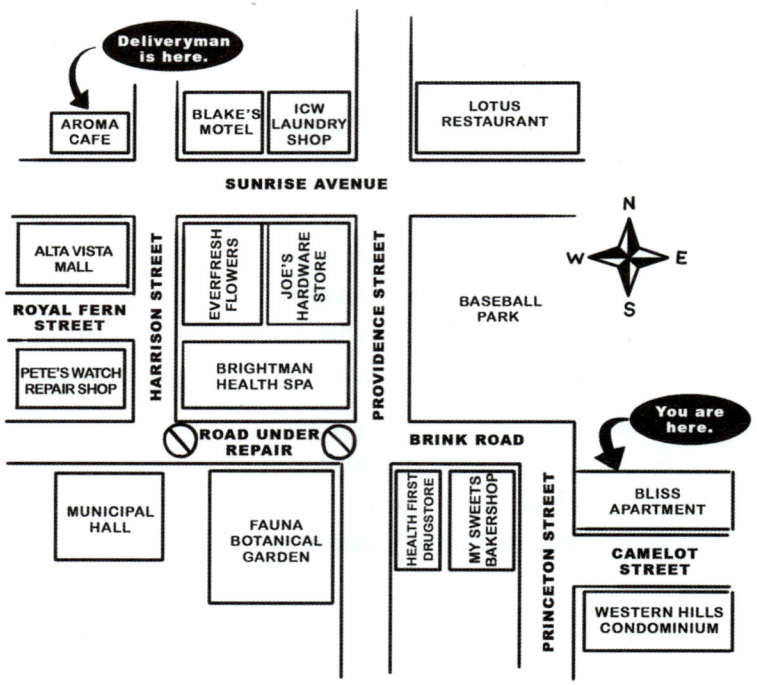

**Q** Hello, I am trying to find your place to deliver the refrigerator which you bought the other day. I am not familiar with this area so could you tell me the directions? Right now, I am here at Aroma Cafe.

안녕하세요, 귀하께서 저번에 구매하신 냉장고를 배달할 곳을 찾고 있습니다.제가 이 지역을 잘 몰라서 그러는데 길 좀 알려 주시겠어요? 저는 지금 아로마 카페에 와 있습니다.

**A** All right, at the Aroma Cafe, head east on Sunrise Avenue until you find Providence Avenue. Turn right to the south on Providence Avenue. While you are moving, you will see Brightman Health Spa on your right and Baseball Park on your left at the intersection. You would have reached Brink Road by then. Turn left on Brink Road, and you will pass Health First Drugstore and My Sweets Bakeshop on your right. Drive along and turn right at the end of the road. Drive down Princeton Street until you reach Camelot Street on your left. At the corner of Princeton and Camelot Streets is Bliss Apartment which is where I live. I'll be waiting for you.

알겠어요, 〈Aroma Cafe〉에서 Providence Avenue를 찾을 때까지 Sunrise Avenue를 따라 동쪽으로 가세요. Providence Avenue에서 남쪽으로 우회전하세요. 이동하시는 동안, 교차로의 오른쪽에는 〈Brightman Health Spa〉가, 왼쪽에는 〈Baseball Park〉가 있습니다. 그때쯤이면 Brink Road에 도착하셨을 겁니다. Brink Road에서 좌회전하시면 오른쪽에 있는 〈Health First Drugstore〉와 〈My Sweets Bakeshop〉을 지나실 겁니다. 차를 몰고 가다가 길 끝에서 우회전하세요. Carmelot Street에 다다를 때까지 Princeton Street를 따라 내려가세요. Princeton과 Carmelot Street의 모퉁이에는 제가 사는 〈Bliss Apartment〉가 있습니다. 기다리고 있겠습니다.

**Directions**

Listen to the following description of a disagreement between a husband and wife. Then suggest how they should deal with the problem. You will have 30 seconds to think about your answer and one minute to speak. Now listen.

남편과 부인 사이의 의견 불일치에 대한 다음 설명을 들어보세요. 그런 다음 문제를 어떻게 처리해야 할지 제안해 주세요. 답변에 대해 30초 간 생각할 시간이 주어지며, 1분 동안 말할 시간이 주어집니다.  이제, 들어보십시오.

Bob and his wife, Carol, are planning to stop renting an apartment and buy a house of their own. They are now arguing over the best location to buy a house and settle in. Bob wants to get a real estate property in the city and live where they will be close to their offices. Carol, on the other hand, insists on living in a residential area outside the city where it is quiet and the air is clean. Bob argues that getting a house in the city will allow them to reach the commercial establishments quickly. He also believes that the city is a center of culture where their children will have an exciting and educational life. However, Carol maintains that life in the city is very expensive. The money they'd be spending in the city could be used for a lot more important things in the suburbs like better education for their children. What do you think they should do?

밥과 그의 아내 캐롤은 아파트 임대를 중단하고 자신들의 집을 살 계획입니다. 그들은 지금 집을 매매해서 정착하기에 가장 좋은 위치를 놓고 논쟁을 벌이고 있습니다. 밥은 도시에 부동산을 얻어 사무실과 가까운 곳에 살고 싶어합니다. 반면에 캐롤은 조용하고 공기가 깨끗한 도시 외곽의 주택가에 살기를 주장합니다. 밥은 도시에 집을 얻으면 그들이 상업 시설들에 빠르게 도달할 수 있을 것이라고 주장합니다. 그는 또한 도시가 그들의 아이들이 흥미롭고 교육적인 삶을 살 문화의 중심지라고 생각합니다. 하지만, 캐롤은 도시에서의 삶은 매우 비싸다고 주장합니다. 그들이 도시에서 지출할 돈은 교외 지역에서 자녀들을 위해 더 나은 교육과 같이 훨씬 더 중요한 일에 사용될 수 있다고 합니다. 당신은 그들이 무엇을 해야 한다고 생각합니까?

**Now think about your answer.**

이제 당신의 답변을 생각해 보세요.

**A** I agree with Bob's idea of getting a real estate property in the city. As Bob mentioned, it is true that the city is a center of culture where their children would have a lot of chances to experience and learn new meaningful things. Carol may be right that it would be great for children to live away from the city where it is quiet and the air is clean, but I am not sure how that can have a positive effect on their education. Also, although Carol insists that it is too expensive to live in the city, it would also cost a lot to commute from a house in the suburbs to the workplace. As a result, I prefer Bob's idea to Carol's idea.

저는 도시에서 부동산을 얻으려는 밥의 생각에 동의합니다. 밥이 말했듯이 도시는 아이들이 새롭고 의미 있는 것을 경험하고 배울 수 있는 많은 기회를 가질 수 있는 문화의 중심지인 것은 사실입니다. 아이들이 도시에서 떨어져 조용하고 공기가 깨끗한 곳에 살면 좋겠다는 캐롤의 말이 옳을지 모르지만, 그것이 교육에 어떻게 긍정적인 영향을 미칠 수 있을지 모르겠습니다. 또한 캐롤은 도시에서 살기에는 너무 비싸다고 주장하지만, 교외의 집에서 직장까지 통근하는 데에도 많은 비용이 들 것입니다. 결과적으로, 저는 캐롤의 아이디어보다 밥의 아이디어가 더 좋습니다.

# Actual Test 2 Sample Answer

**Directions**

Look at the picture below and listen to the following situation. Then explain how you would solve the problems associated with the situation. Answer in as much detail as possible. You will have 30 seconds to think about your answer and one minute to speak. Now listen.

아래 그림을 보고, 다음의 상황을 들어보세요. 그런 다음 상황과 관련된 문제를 어떻게 해결할 것인지 설명하십시오. 가능한 한 자세하게 답변하세요. 답변에 대해 생각할 시간이 30초 주어지며, 1분 동안 말할 시간이 주어집니다. 이제, 들어보십시오.

Suppose you own a small business that is not doing so well. You believe that you can still turn your business around if you could invest more money in improving your facilities. You have tried borrowing the amount you need from banks and other lending institutions, but it would take a long time before they release the loan. By then, it will be too late to save your business. You have also approached a friend for a Loan, but he is asking for a big interest on his money. You are against paying him back at the interest rate he is asking which well exceeds the acceptable rates. However, not taking the loan will mean increasing the chances of bankruptcy for your business. What would you do in this situation?

당신이 그렇게 잘 되지 않는 작은 사업을 하고 있다고 가정해 봅시다. 당신은 시설을 개선하는 데 더 많은 돈을 투자할 수 있다면 여전히 사업을 되돌릴 수 있다고 생각합니다. 당신은 은행 및 기타 대출 기관에서 필요한 만큼의 대출을 시도했지만, 대출이 풀리기까지는 오랜 시간이 걸릴 것입니다. 그 때쯤이면, 당신의 사업을 살리기에는 너무 늦을 것입니다. 당신은 또한 대출을 위해 친구에게 접근했지만, 그는 그의 돈에 대한 큰 이자를 요구하고 있습니다. 당신은 그가 요구하는 이자율이 수용 가능한 이자율을 훨씬 초과하는 이자율로 그에게 되갚는 것에 반대합니다. 그러나, 대출을 받지 않으면 사업이 파산할 가능성이 높아질 것입니다. 이 상황에서 어떻게 하시겠습니까?

**Now think about your answer.**

이제 당신의 답변을 생각해 보세요.

**A** If I were in this situation, I would borrow money from my friend even at the high interest rate he is asking for. I guess it's the risk I have to take to save my business. I believe that immediate action is the most important thing to keep my business from closing. Once my business starts to pick up again, I can start paying my friend back little by little. It might take longer than usual to pay him back because of the high interest, but at least I get to pay him back; and I would have saved my business in the process which is the important thing. That is what I would do if I were in this situation.

만약 제가 이런 상황이었다면, 친구가 높은 이자율을 요구할 지라도 돈을 빌렸을 것입니다. 그것은 제가 사업을 살리기 위해 감수해야 할 위험이라고 생각합니다. 제 사업이 폐업하지 않기 위해서는 즉각적인 조치가 가장 중요하다고 생각합니다. 사업이 다시 회복되기 시작하면 친구에게 조금씩 돈을 갚아 나갈 수 있습니다. 이자가 높아서 그에게 되갚는 시간이 평소보다 오래 걸릴 수도 있지만, 적어도 그에게 되갚게 되고 그 중요한 과정에서 제 사업을 살릴 수 있었을 것입니다. 제가 이 상황에 처했다면 그렇게 했을 것입니다.